동일본대지진과 일본의 진로

일본 사회의 패러다임 변화

이 도서의 국립중앙도서관 출판시도서목록(CIP)은
서지정보유통지원시스템 홈페이지(http://seoji.nl.go.kr)와
국가자료공동목록시스템(http://www.nl.go.kr/kolisnet)에서 이용하실 수 있습니다.
(CIP제어번호: CIP2013020969)

국민대학교 일본학총서

동일본 대지진과 일본의 진로

일본 사회의 패러다임 변화

김기석 엮음

한울
아카데미

차례

감사의 글 9

들어가는 말
동일본대지진과 일본의 변화 김기석 ——————————————— 13
    1. 들어가는 말 13
    2. 동일본대지진은 일본 사회에 어떤 영향을 미쳤는가? 과연 일본은 변화하는가? 18
    3. 동일본대지진은 한국 및 한일 관계에 어떤 교훈을 남겼는가? 22
    4. 동일본대지진은 국제사회에 어떤 교훈을 남겼는가? 25
    5. 동일본대지진과 향후 과제 28

제1부 동일본대지진과 일본

패러다임 전환과 정치적 변화:

동일본대지진 이후 일본 사회의 패러다임 전환과 지역 커뮤니티 고선규 ——————— 37
    1. 문제 제기 37
    2. '전후'에서 '3·11 재난 이후' 시대로 39
    3. 프로젝트형 정치의 시대로 43
    4. 다극형 사회로의 전환과 생활양식의 변화 45
    5. 에너지정책의 변화 49
    6. 지역사회의 사회적 관계 변화 56
    7. 결론 60

동일본대지진으로 본 복구와 부흥의 정치경제학 양기호 ──────── 62

    1. 대재난과 정치적 쟁점 62
    2. 부흥과 복구의 정책 과정 69
    3. 부흥 재원과 소비세 논쟁 74
    4. 도호쿠 재건과 지자체 78
    5. 요약과 전망 85

경제적 변화:

대재해 이후 일본 경제정책의 변용:
간토·한신아와지·동일본대지진, 전후의 비교 분석 김영근 ──────── 90

    1. 서론 90
    2. 대재해 이후 일본 경제정책의 전개와 변용 101
    3. 대재해 이후 일본의 경제정책 및 부흥정책의 비교 분석 118
    4. 결론: 재해 부흥 프로세스와 일본 경제정책의 귀결 121

동일본대지진 사태로 본 일본 서플라이 체인의 특징과 한계 김도형 ──────── 127

    1. 머리말 127
    2. 국내 권역 간 서플라이 체인의 특징: 자동차 부품과 전자 부품을 중심으로 130
    3. 일본의 글로벌 서플라이 체인의 특징 142
    4. 국내 및 글로벌 서플라이 체인 피해와 일본형 서플라이 체인의 한계 159
    5. 맺음말 174

사회적 변화:

동일본대지진에 대한 일본 시민사회의 대응 정미애 ──────── 185

    1. 들어가며 185
    2. 동일본대지진에 관한 시민사회의 대응 양상 188
    3. 동일본대지진에 관한 시민사회의 대응에서 주목할 점 197
    4. 재해 지원을 위한 인프라: 재팬플랫폼 201
    5. 맺음말 205

제2부 동일본대지진과 한일 관계

동일본대지진 보도와 대일 이미지의 구성:
조선일보와 한겨레신문의 대일 보도 비교분석　문연주 ──────────── 213

1. 서론　213
2. 연구 문제와 연구 방법　218
3. 분석 결과　222
4. 결론　238

제3부 동일본대지진과 역내 관계

후쿠시마 원전 사고와 일본의 원자력정책 거버넌스　이유진 ──────── 245

1. 들어가며　245
2. 일본의 원전 거버넌스와 후쿠시마 사고의 구조적 배경　247
3. 원자력정책 거버넌스의 변화 가능성　267
4. 한국에 주는 시사점　285

포스트 후쿠시마 원자력 안전 거버넌스와 국제 협력　전진호 ──────── 291

1. 서론　291
2. 후쿠시마 원전 사고　293
3. 한일 원자력 안전 관리 거버넌스 비교　301
4. 한중일 원자력 안전 협력의 모색　312
5. 결론　322

☞ 본문에 등장하는 지명 원어는 다음과 같다.

가고시마(鹿島)	마키노하라(牧之原)	오카자키(岡崎)
가나가와(神奈川)	미야기(宮城)	오키나와(沖繩)
가리와(刈羽)	미야코(宮古)	와카야마(和歌山)
가시와자키(柏崎)	사가(佐賀)	요요기(代々木)
간사이(關西)	사이타마(埼玉)	요코스카(橫須賀)
간토(關東)	산리쿠(三陸)	요코하마(橫浜)
게센누마(氣仙沼)	센다이(仙台)	이바라키(茨城)
겐카이(玄海)	센카쿠(尖閣)	이시노마키(石卷)
고베(神戶)	스기나미(杉並)	이와누마(岩沼)
고사이(湖西)	시가(滋賀, 縣)	이와테(岩手)
고엔지(高円寺)	시가(志賀, 町)	주부(中部)
교토(京都)	시부야(澁谷)	주에쓰(中越)
군마(群馬)	시즈오카(靜岡)	주오(中央)
규슈(九州)	시코쿠(四國)	주코쿠(中國)
긴키(近畿)	아네요시(姉吉)	지바(千葉)
나가노(長野)	아시야(芦屋)	지요다(千代田)
나가사키(長崎)	아오모리(靑森)	하네다(羽田)
나고야(名古屋)	아와지(淡路)	하마도리(浜通り)
니가타(新潟)	아이치(愛知)	하마오카(浜岡)
니시노미야(西宮)	아키타(秋田)	한신(阪神)
도라노몬(虎ノ門)	야마가타(山形)	홋카이도(北海道)
도마리(泊)	에도가와(江戶川)	효고(兵庫)
도치기(栃木)	오나가와(女川)	후지사와(藤澤)
도카이(東海)	오마에자키(御前崎)	후쿠시마(福島)
도쿄(東京)	오사카(大阪)	후쿠오카(福岡)
도호쿠(東北)	오이(大飯)	후쿠이(福井)
롯카쇼(六ヶ所)	오즈(大津)	히로시마(廣島)

감사의 글

　동일본대지진이 일어난 지 벌써 2년 반이 지났지만, 그날의 충격은 여전히 뇌리에 강력하게 남아 있다. 연이어 발생한 후쿠시마 사태는 한동안 필자를 TV와 컴퓨터에서 떨어질 수 없게 만들었고, 온종일 대지진에 관련된 국내외 뉴스와 영상들을 검색하고 분석하면서 일주일 이상을 보냈던 기억도 있다. 그러다 3월 말에 일본 정치경제 연구자들의 모임인 현대일본학회 월례발표회에 참석해 다른 연구자들과 이런저런 얘기를 나누던 중 일본 연구자로서 이러한 중차대한 시기에 무언가 해야 한다는 생각을 했다. 그리고 그러한 생각이 급작스럽게 4월 중순에 일본으로 가서 현장을 경험하자는 아이디어로 발전한 것이다. 무엇보다 아직 대지진과 쓰나미의 여파로 신음하는 현장을 될 수 있는 한 빨리 방문해 역사적 장면들을 머릿속에 새겨두어야 한다고 생각했다. 누가 먼저라고 할 것도 없이 국민대학교의 이원덕, 광운대학교의 전진호, 인하대학교의 김웅희 세 교수도 뜻을 같이해주었다.

다시 기억해보아도 새로운데, 당시에도 지금 못지않게 일본의 상황에 대한 큰 공포가 우리나라를 휩쓸고 있었다. 매스컴들은 연일 일본 관련 기사, 특히 후쿠시마 사태의 이런저런 문제들에 대한 기사들을 쏟아내었고, 그 때문에 부풀어 오른 방사능에 대한 막연한 불안감은 비가 오는 날에 초등학교가 휴교하는 사태를 낳는 지경에 이르렀다. 그러한 상황에서 일본에 가겠다고 나서자 주변의 많은 지인이 걱정했다. 가족은 물론이고 심지어 출장 업무를 담당하던 학교 직원이 공무국외여행신고서를 검토하고는 전화를 걸어와 "너무 위험한 곳에 가시는 것 아니냐"라고 우려할 정도였다. 사실 필자 자신도 안전을 확신할 수 없어 원자공학을 전공하는 지인에게 괜찮을지 물어 안전을 확인하기도 했다. 하지만 4월 15일에 하네다 공항에 도착한 우리 일행은 현지의 차분한 분위기에 조금 놀라면서, 신칸센이 끊겨 열차로 접근할 수 없는 상태이므로 차를 빌려 고속도로를 통해 센다이 시로 들어갔고, 당시 가장 인명 피해가 컸던 것으로 알려진 센다이 북부의 이시노마키 시를 둘러보았다.

당시의 참담한 느낌을 여기에 다 표현할 수는 없지만, 전체적으로 심경은 복잡했다. 물론 쓰나미의 참상은 기사로 접한 것보다 훨씬 놀라웠다. 여러 의미에서 그것이 인간의 탐욕과 오만의 산물이라는 것도 느낄 수 있었다. 반면에 리히터 규모 7.0에 가까운 지진을 겪은 센다이 시의 피해가 뜻밖에 가벼우며, 후쿠시마 사태에 대한 일본인들의 감각에 비해 우리의 공포가 심각하게 과장되어 있음도 확인했다. 그러면서 점점 이 사건이 일본 사회의 본질에 관한 이해와 향후 일본 사회의 변화 방향성에 적지 않은 영향을 미칠 것이라는 확신이 들었고, 따라서 그러한 이슈를 한국인의 시각에서 조망하는 책을 만들어야겠다는 생각을 굳혔다.

5박 6일의 여정을 마치고 귀국한 후, 일본의 각 분야를 연구하는 현대일본학회의 대표적 학자들에게 참여를 권유했고 대부분 흔쾌히 수락해주었다. 아마 많은 분이 일본 연구자로서 지닌 일종의 본능적 감각을 통해 우리가 현장에서 느낀 분석의 필요성을 공유했기 때문일 것이다. 그래서 일단 아이디어 단계의 초고를 6월에 현대일본학회 춘계학술회의에서 발표했고, 그때부터 이 책은 본격 추진되었다.

하지만 이후 2년 반 가까이 흐른 지금에야 책이 나오게 된 것은 전적으로 엮은이의 게으름 때문이다. 물론 참여를 결정했다가 개인적 사정으로 참여할 수 없게 된 몇몇 분의 결정을 기다리거나, 너무도 빠른 진행을 보이는 후쿠시마 사태와 일본 정치경제의 변화 때문에 섣불리 책을 마무리 짓겠다고 결심하기 어려워 관망했다는 식의 변명도 없지는 않다. 따라서 그런저런 사정들에도 이 책이 늦게나마 결실을 본 것은 애정을 품고 힘을 보태준 여러 분의 공이다.

일본 현지 조사 계획을 처음부터 기획하고 주도했던 국민대학교 일본학연구소의 이원덕 소장은 이후로도 현대일본학회 학술회의에 대한 지원과 참여는 물론 이 책이 일본국제교류기금(Japan Foundation)의 재정적 지원을 받을 수 있도록 연결해주는 등 물심양면에서 지원을 아끼지 않았다. 일본국제교류기금 측도 책의 취지에 공감해 흔쾌히 재정 지원을 허락해주었고, 늦어지는 출간을 인내를 갖고 기다려주었다. 현대일본학회의 2011년도 임원진들은 학술회의를 원만하게 진행하고자 노고를 아끼지 않았고, 이 책의 가능성을 확인하는 데에 공헌해주었다. 도서출판 한울 역시 책의 기획 단계부터 취지에 적극적으로 공감하고 다양한 형태의 지원을 아끼지 않아 큰 힘이 되어주었다. 책을 편집하는 과정에서 수고해주신 국민대학교 일본학연구소 관계자들과 한울의 김경아 씨, 이황재 씨에게도 감사의 마음을 전한다. 예정보다 출간이 늦어졌음에도 끝까지 열정을 버리지 않고 열심히 교정에 임해주시고 좋은 책이 되도록 여러 가지 조언과 격려를 아끼지 않으신 김도형 교수님 이하 필진에게 무엇보다 죄송한 마음과 함께 감사의 말씀을 전해드린다. 이 모든 분의 도움이 없었다면 이 책을 출간할 수 없었을 것이다.

2013년 10월
춘천 연구실에서
필자들을 대신하여
김기석

들어가는 말

동일본대지진과 일본의 변화

김기석

1. 들어가는 말

2011년 3월 11일 오후 2시 46분경에 일본 북동쪽 연안에서 발생한 규모 9.0의 강력한 대지진은 최대 높이 40m[1]에 이르는 거대한 지진해일(쓰나미)과 함께 일본 동북부 지방을 강타했고, 연이어 후쿠시마 제1원자력발전소에서는 방사능이 누출되는 사고가 일어났다. 그리고 이를 통해 비단 일본인들뿐 아니라 전 인류는 대자연의 거대함, 인간의 나약함과 오만이 가져오는 엄청난 결과들이 파노라마처럼 펼쳐지는 것을 보았다. 이때의 지진과 쓰나미로 약 1만 8,000명이 죽거나 실종되었고, 도호쿠 지방의 해안 도시들은 거의 다 바닷물에 씻겨나간 셈이 되어, 재산 피해는 한신·아

---

[1] 이와테 현 미야코 시의 아네요시 마을은 지형 조건으로 말미암아 무려 38.9m까지 치솟은 쓰나미가 덮쳤다고 한다.

와지대지진의 2배에 달하는 20조 엔(약 280조 원)에 이르는 것으로 알려졌다(Hayashi, 2012: 189~190). 쓰나미 외에도 지진 진동, 액상화 현상, 지반침하, 댐·철도·도로의 붕괴와 같은 인프라 손상 등은 홋카이도 남쪽에서 도호쿠 지방을 지나 도쿄 만을 포함하는 간토 남부 지역에 이르기까지 광범위한 지역에 폭넓은 피해를 낳았다.

이어진 후쿠시마 원전 사태의 피해는 그 내용의 심각성과 문제 자체가 내포한 기술적 어려움 때문에 언제 해결할 수 있을지조차 알기 어려운 상황이다. 지진이 발생한 지 약 1시간 뒤, 최대 높이가 14~15m에 이르는 거대한 쓰나미가 후쿠시마 현의 도쿄전력 산하 후쿠시마 제1원자력발전소를 덮쳤고, 전원을 잃어 냉각할 수 없게 된 원자로 1호기와 3호기가 노심용융을 일으키면서 폭발해 방사능을 다량으로 누출하는 사고가 발생했다. 결국 이 사건은 체르노빌 원자력발전소 사고와 같은 수준인 7등급 원자력 발전 사고로 기록되었다. 이후 원전에서 누출된 방사능은 일본 사회는 물론 주변 국가들을 패닉 상태로 몰아넣었고, 원전 사태로 난민이 된 후쿠시마 주민들은 대부분 고향을 떠나 타지로 이주하거나 아니면 정부에서 마련한 가설 주택에서 거주하고 있어 원전 사고가 일어나기 전으로 복귀하기란 사실상 불가능한 상태다. 또한 지진과 쓰나미, 원자력발전 사고가 동시에 발생한 이 복합 재해로 피해를 당한 일본인은 약 40만 명에 이르는 것으로 추계되었고, 부흥청의 집계에 따르면 2013년 2월 초까지 여전히 피난 중인 일본인은 31만 명을 넘는 것으로 알려졌다(마키노 에이지, 2012: 23; ウィキペディア, 東日本大震災 항목).

사실 일본은 비교적 자연재해에 익숙한 나라다. 지진, 화산 분화, 태풍, 산불, 호우, 홍수, 폭설, 쓰나미 등 인류에게 대규모 피해를 주는 자연재해 대부분이 발생할 뿐 아니라, 그 규모도 국토 면적이나 인구 규모보다 거대한 사례가 허다하다. 따라서 일본 역사에서는 1896년의 메이지산리쿠(明

治三陸)지진과 쓰나미, 1923년의 간토대지진, 1995년의 한신·아와지대지진 등 굵직한 대규모 자연재해의 기록들이 끊이지 않고 지속적으로 이어져왔다. 그리고 그런 엄혹한 자연조건 속에서도 일본인들은 철저한 안전의식의 함양을 포함해서 다양한 수준의 방법으로 대처해왔으며, 자연재해와 끊임없이 싸운 결과 전후 일본은 전 세계에서 가장 안전한 곳 중 하나라는 '안전 대국' 신화를 만들어왔다. 지구에 있는 그 어떤 사회와 비교해보더라도 일본 사회가 지닌 안전에 대한 신념과 민감성, 지속적이고 과감한 투자, 끊임없는 노력 등은 높이 평가할 만한 것이었다. 필자는 여러 가지 이유로 비교적 다양한 규모의 지진을 경험해왔는데, 만약에 누군가가 같은 규모의 지진을 어느 나라에서 경험하고 싶은지 묻는다면 단연코 일본이라 대답할 것이다.

이러한 사실들을 감안하더라도 동일본대지진은 인재에 가까운 대재앙임이 틀림없다. 지진과 쓰나미의 거대한 규모와 엄청난 피해 못지않게 거기에서 파생한 2차 피해, 즉 후쿠시마 원전 사태까지 포함하는 복합적·연쇄적 재해(혹은 3중 재해)의 양상을 보임으로써 수많은 자연재해를 극복한 경험을 축적해왔던 일본마저 겪어보지 못한 미증유의 사태를 낳았다. 이를 통해 일본처럼 재난에 잘 대비된 사회도 대자연의 위력 앞에서는 무기력할 수밖에 없다는 현실, 그리고 과학의 힘으로 절대 안전[2]을 자부하던 일본 원전도 이른바 '상상 외[想定外]'의 상황이 발생함으로써 가공할 핵무기 같은 존재로 변할 수 있다는 사실을 확인할 수 있다. 그런데 흥미로운

---

2 이는 그야말로 신화에 가까우며, 실제로는 여러 유형의 문제가 제기되어왔다. 예컨대 2007년의 가시와자키가리와 원전 방사능 누출 사건, 1995년의 몬주(文珠) 사고, 1999년의 도카이 촌 사고 등은 잘 알려진 사례이며, 무엇보다 1999년의 시가 발전소 사고, 1978년의 후쿠시마 발전소 사고 등이 은폐되어왔던 것으로 밝혀지면서 안전 신화는 조작된 것이었다는 주장도 나왔다(이병선, 2007).

사실은 그런 엄청난 재해의 이면에 인간의 탐욕과 오만이 자리하고 있었다는 점, 그리고 이와 관련해서 여전히 일본에서는 비교적 가까운 장래에 발생할 것으로 예상되는 도카이대지진에 대한 두려움이 커지고 있다는 점이다.

이런 거대한 미증유의 복합적 재해가 일본 사회의 다양한 영역에 광범위한 영향을 미친 것은 두말할 필요도 없다. 지난 2년간 일본은 국내적으로 정치·경제·사회·문화·지방분권·매스컴·NGO 등 다양한 영역에서 대재난의 피해가 증폭된 원인, 대처 과정의 문제점, 복구 방법, 향후 일본 사회의 진로 등을 놓고 수많은 정치적·경제적·정책적·학술적 논쟁과 실험을 포함하는 엄청난 사회적 여진을 경험했다. 사태에 대응하는 과정에 리더십에 문제를 드러낸 간 나오토(菅直人) 총리는 퇴진 의사를 밝혀야만 했다. 이후 집권한 노다 요시히코(野田佳彦) 총리 역시 복구하는 데에 드는 비용의 재원 조달 방법을 논의하는 과정에서 불거진 소비세 증세 문제로 민주당의 분열을 초래했고, 결국 정권을 자민당에 넘기기도 했다. 또한 일본 기업들은 지진과 쓰나미로 발생한 엄청난 설비 피해와 인프라 피해 때문에 상당 기간 기업 활동에 지장을 받았고, 일본의 수많은 지역이나 글로벌 기업들은 재해의 피해에서 기업 활동을 정상화하고자 적지 않은 노력을 기울여야 했다(Urata, 2011). 한편 이른바 제3의 피폭지가 된 후쿠시마 사태를 보면서 일본인들의 가치관에 적지 않은 변화가 일어났고 대규모 반핵·반원전 시위가 조직되는 등 가치관 내지 문화적 변화도 관찰된다(마키노 에이지, 2012). 또한 후쿠시마 원전의 해체를 위한 구체적 방안에 대한 논의로부터 그 재원을 어떻게 마련해 어떤 방식으로 추진해나갈 것인가, 앞으로 에너지정책을 어떻게 할 것이며 정기 점검을 마치고 다시 가동할 예정인 원전들을 어떻게 할 것인가 등 수많은 이슈에 대한 논란이 계속되었다. 이에 민주당 정권은 장기적으로 일본이 원전을 포기하는 정책을 지향했지만, 2012년 말에 집권한 자민당의 아베 신조(安倍晋三) 정권은 안전이 확인된 원전을 재가동하겠다고 천명한 상태다. 나아가 민주당 정권이 수립한 2030년대 원전 제로 정책을 전면적으로 재검토할 가능성이 있다. 이처럼 일본 사회의 구체적인 수많은 영역에서 변화의 양상을 찾아내는 것은 어렵지 않은 일이며, 일본 사회의 변화에 대한 학문적·정책적 논의는 현재진행형으로서 앞으로도 상당 기간 지속되지 않을 수 없을 것이다.

나아가 동일본대지진은 일본 국내의 사건으로 머무는 데에 그치지 않고 동아시아의 주변 국가들은 물론 전 세계적 차원으로도 영향을 미쳤다. 1980년대 이후 전반적으로 나타난 동아시아의 지역화(regionalization) 추세 속에서 일본이 구축해온 역내의 긴밀한 다국적 생산 네트워크와 공급 사슬은, 대재해로 일본 도호쿠 지역이 당한 경제적 피해를 고스란히 주변 국가들로 전파하는 통로 역할을 했다. 1979년의 스리마일 섬 원전 사고, 1986년의 체르노빌 원전 사고와 마찬가지로 후쿠시마 원전 사고가 일어난 이후 일본과 주변국들은 이것이 결코 일본만의 문제가 아님을 사태의 다양한 진전을 통해서 절감했다. 바다와 공기를 통해 방사능이 전파될 가능성은 곧 역내 국가의 국민들에게 커다란 불안감을 안겼고, 관련 국가들과의 외교문제로 비화했다. 또한 모든 역내 국가는 정보를 긴밀하게 교환하고 진솔하게 협력하는 것이 피해의 확산과 불필요한 불안, 신뢰의 추락을 방지하는 데에 긴요한 조건임을 절감했다. 이를 통해 전 세계에서 확대 일로를 걷던 원전정책들은 수정되었고, 원전의 위험성에 대해 다시 한 번 각성이 이루어졌다.

2. 동일본대지진은 일본 사회에 어떤 영향을 미쳤는가?
과연 일본은 변화하는가?

동일본대지진을 사회과학적 관점에서 분석하고 그것이 일본에 미친 영향에 초점을 맞추는 것은 지극히 자연스러운 접근이다. 앞에서 간략히 언급했듯이 대지진은 일본 사회의 전반적인 구성과 작동에 상당한 영향을 미쳤으며 이 책의 연구자들은 그 때문에 나타난 폭넓은 변화를 다양한 시각과 관점에서 분석해내었다. 이 분석들은 일본 사회의 전반적인 패러다임 변화로부터 정치적 변동, 경제적 영향과 변화의 노력들, 시민사회의 대응 과정과 역량 등 일본 사회가 변화해나가는 방향성을 짐작할 수 있는 중심적 테마들로 구성되었다.

고선규의 논문은 3·11 대지진이 일본 사회의 패러다임을 바꾸는 획기적 계기가 될 것이라는 확고한 관점에 토대를 두고 일본 사회가 변화하는 방향을 진단한다. 고선규는 3·11이 일본의 '전후' 사회를 '3·11 재난 이후' 사회로 시대적 전환을 하게 만든 의미 있는 사건이었다고 진단한다. 그리고 그런 거시적 주장을 일본인들의 공통 인식, 사회구조, 정당정치, 생활방식, 에너지정책, 지역사회의 사회적 관계 등 몇 가지 핵심 문제 영역에 나타난 변화들을 관찰하고 종합함으로써 검증한다. 예컨대 3·11은 전후 일본 사회에 내재해 있던 다양한 신화를 무너뜨림으로써 일본인들의 인식적 변화를 가져왔다고 본다. 또한 광범위한 영역에 걸친 재난에 대응하고 복구에 나서는 과정에서 지방정부의 역할이 중요함을 깨달아 지방분권의 필요성에 대한 인식이 높아지고, 기존의 여야가 대립하고 합의하는 정당구조와 행정구역 중심의 대응보다는 프로젝트 중심의 대응이 필요하다는 인식이 높아진다고 주장한다. 따라서 지역사회의 사회적 관계도 민간 중심으로 재편되고 있으며, 중앙정부의 무능력을 비판하는 의식과 변화를 바라는 압력도 높아지고 있다고 본다.

　양기호의 연구는 동일본대지진 이후 피해를 복구하고 새로운 경제적·사회적 부흥을 달성하기 위해 일본 사회가 대응해나간 과정을 정치와 경제의 상관관계 속에서 규명하고자 노력한다. 양기호는 대지진에 대응하는 과정에 나타난 정부와 도쿄전력의 비효율성과 무능력 문제를 거버넌스의 부재로 묶어낸 후, 좀 더 효율적인 피해 복구와 정책 기구를 모색하고자 제기되었던 다양한 아이디어와 논의를 소개하면서 그 결과로 나타난 부흥청, 부흥특구, 재난 지역 지자체를 위한 특례 조치, 지역별 부흥 프로젝트 등을 분석한다. 그리고 이 모든 문제의 핵심 중 하나인 복구와 부흥을 위한 재원 문제로서 소비세 문제를 다루고, 재해로 가장 큰 피해를 본 도호쿠 지역 지자체를 상대로 정책적 대응 논의가 진전되는 과정을 소개한다. 특히 소비세 문제는 결국 민주당 정권의 몰락을 촉진한 가장 중요한 이슈 중 하나가 됨으로써 정치경제학적 시각에서 일본을 바라보는 연구자에게는 핵심 이슈일 수밖에 없음을 밝힌다.

　김영근의 논문은 일본 사회가 재난에 대응하는 노하우를 역사적으로 축적해가는 과정을 경제정책에 초점을 맞추어 추적하고 비교해서 분석한다. 김영근은 1923년의 간토대지진, 1945년 이후의 전후 복구, 1995년의 한신·아와지대지진, 2011년의 동일본대지진 등을 전반적 피해 규모, 복구 체제의 특성, 국제경제와의 연관관계 등 다양한 각도에서 비교하고 분석한다. 그리고 일본 사회과학계에서 개념화를 위해 보편적으로 쓰는 관행 중 하나인 'ㅇㅇ체제'의 방식을 적극 도입해 각 재해에 대응하는 방식을 간토대지진 - 전간(戰間)체제, 1945년 이후 - 전후(戰後)체제, 한신·아와지대지진 - 재간(災間)체제, 동일본대지진 - 재후(災後)체제의 형태로 규정한다. 김영근은 각 재해가 일어난 뒤 경제정책에 변화가 발생했는지를 주요 정책 결정자의 역할, 재원을 조달하기 위한 수단인 재정정책, 글로벌 경제의 변동에 따른 일본 경제정책의 대응 방향 등에 초점을 맞추면서 비교해, 전반적으로 재해가 일본 사회의 경제정책 결정에 상당한 변화를 초래해왔음을 보여준다. 특히 김영근이 각각의 사례에 부분적으로 시도하는 재해와 대외경제정책의 상관관계에 관한 분석은 이론적으로 좀 더 세련화된다면 점차 글로벌화되고 지역화되어가는 오늘날의 세계에서 흥미로운 분석적 잠재력을 가진 시도가 될 것으로 보인다.

과연 동일본대지진은 일본에 어느 정도의 경제적 피해를 주었는가? 정부는 그 피해액을 20조 엔 정도로 추산했지만, 이는 재해를 통해 직접적으로 본 재산 피해만을 집계한 것이다. 좀 더 면밀한 조사를 통해 기업들이 지진과 쓰나미로 본 피해까지 포함한다면 그 규모는 눈덩이처럼 불어날 것이 틀림없다. 실제로 그 규모를 산정하는 것은 쉽지 않은 일이다(McKay, 2011 참조). 김도형의 논문은 그러한 기업들의 피해가 발생하고 확산된 하나의 경로를 이른바 공급 사슬(supply chain)의 관점에서 분석해 규명한다. 김도형의 분석 전략은 권역 간 공급 사슬의 연계관계를 밝힌 후 그것이 기업들의 거래에 어느 정도 피해를 주었는지를 체계적으로 밝혀내는 것이다. 이는 자동차 부품과 전자 부품의 사례를 통해 규명되는데, 김도형의 분석 전략은 일본 기업의 국내 지역별 공급 사슬의 특징에 관한 분석으로부터 글로벌 공급 사슬로까지 확대해나가는 것이다. 말하자면 재해의 경제적 피해가 일본 기업이 1990년대 이후 활발히 구축해온 글로벌 공급 사슬의 망을 통해 다른 나라들에도 미쳤을 것이라는 문제의식에 입각한 것이다. 예컨대 부품 수만 개를 조립해 생산하는 자동차는 양질의 부품들을 그 생산자가 적기에 공급하는 효율적인 공급 사슬을 구축하고 활용함으로써 경쟁력을 가질 수 있었다는 것이다(Urata, 2011 참조). 김도형의 연구 결과는 일본 자동차 및 전자산업의 공급 사슬이 산업 연관적 특성과 관리상의 특성, 대규모 재해에 대한 취약성 등을 가지고 있었다는 것이며, 따라서 앞으로 유사한 피해의 재발을 막으려면 좀 더 체계적으로 재구성할 필요가 있다는 것이다.

동일본대지진의 발발과 진행 과정에 일본 사회와 일본인들이 보여준 모습들에는 찬사와 부정적 평가가 공존한다. 정부는 늑장 대응, 리더십 공백, 시스템 붕괴, 관료적 비효율성과 느린 정책 결정 과정 등으로 피해자들의 불편을 가중하는 등 일본 국내는 물론 국제사회에 많은 실망을 안겨주었고, 이는 결국 정권을 자민당에 내주는 커다란 계기 중 하나가 되었다. 반면 일본 시민사회가 보여준 성숙한 시민 의식과 질서, 배려, 공동체 정신 및 나눔과 봉사 정신 등은 세계적 찬사를 받았다. 엄청난 대재난에 처했으면서도 일본 국민은 법질서를 존중하고 남을 배려하며 결코 격앙된 감정을 표출하지 않았다. 또한 대재난과 관련해 일본 매스컴들이 보여준 빠르고 정확하며 냉정한 보도 태도 등은 일본 사회의 현재 모습이 지구상에 있는 대부분 국가에 하나의 모델이 될 수 있다는 찬사를 받기도 했다. 그러면서도 한편으로 이는 결국 체제에 순응적이고 변화를 추구하지 않는 일본 사회의 병리 현상들을 가져온 원인으로 비판받기도 했다.

정미애의 논문은 세계가 경이롭게 바라보았던 일본의 성숙한 시민사회가 구체적으로 어떤 배경과 계기, 메커니즘을 통해서 구현되었던 것인지를 실증적으로 보여준다. 이 과정에서 눈에 띄는 부분은 그런 일본의 대응 노하우가 결국은 역사적 재해의 경험, 특히 한신·아와지대지진을 통해서 얻은 것이며, 이때의 경험을 토대로 시민사회가 봉사 활동의 체제를 조직하고, 체계적으로 연습하며 관리하는 등 면밀히 대비함으로써 3·11이 발생했을 때 피해지 주민들이 겪는 어려움을 경감하는 데에 큰 도움을 주는 성과를 보여주었다는 점이다. 정미애의 연구는 일본 사회가 이 문제에 대처하는 방식을 전통적인 공공 부문과 시민사회 부문의 상호작용이라는 관점에서 바라보는 문제의식으로 제시하고자 시도한다. 즉, 공적 부문과 시민사회의 협력 조직인 '재해볼런티어센터'와 순수 시민사회 조직인 '동일본대지진 지원 전국네크워크', '일본생협연합회(JCCU: Japanese Consumers' Co-operative Union)'의 활동 내용과 성과들을 분석적으로 대비하는 전략을 채택하는 것이다. 나아가서 '볼런티어 버스'처럼 동일본대지진을 계기로 나타난 새로운 유형의 활동으로서 민간과 기업, 정부가 융합된 대응 방식도 소개한다. 정미애는 일본이 이러한 재해에 대응한 경험을 외국의 재해 지원에 어떻게 활용하는지 점검해봄으로써 대외정책의 맥락에서 정부와 시민사회가 어떻게 협력하는지를 중첩적으로 분석한다.

3. 동일본대지진은 한국 및 한일 관계에 어떤 교훈을 남겼는가?

이번 사태는 한일 관계에도 여러 가지 함의와 교훈을 주었다. 재난 초기에 한국민이 일본과 일본인에게 보여준 따뜻한 관심과 사랑은 일본인들에게 진한 감동을 선사했다. 지진 발생 다음날인 12일 구조견 2마리와 구조대 5명을 세계 최초로 급파했고, 이틀 후인 14일에는 구조대 102명을 피해 지역인 센다이에 보냈다. 물자 지원에도 적극적이었다. 담요, 생수, 비상식량 등 피해지의 주민에게 필요한 비상물품을 대량 지원했다. 민간 단체들은 물론 KBS도 방송을 통해 대대적인 모금에 나서 3월 말까지 누적 모금액이 300억 원을 넘어섰고, 한 달여 만인 4월 18일에는 총 560억 원의 성금을 모았다(연합뉴스, 2011.4.18). 서울의 일본인 밀집 지역에 '일본인 힘내라(かんばれ日本)'는 격려 문구가 일본어로 나붙기까지 한 것은 한국민이 일본에 가져왔던 이중적 감정에 비추어볼 때 매우 의미 있는 변화인 것처럼 보였다.

일본 내 한국인이 차분하게 대응한 것도 일본 정부에 큰 도움이 되었다.

예컨대 후쿠시마 사태가 점차 악화하면서 자국민 보호라는 명분하에 원전 인근 자국민에게 철수 명령을 내리고 전세기까지 동원했던 중국·영국·프랑스·이탈리아·러시아·호주 등이나, 일본 정부가 대피 반경을 후쿠시마 피해지에서 30km로 공식 발표했는데도 80km 이내에 있는 자국민에게 대피 명령을 내렸던 미국과 달리 한국 대사관이 끝까지 냉정함을 잃지 않고 철수 명령을 자제했던 것은, 한국 내에서 일부 비판이 있었음에도 일본인들에게는 두고두고 기억될 것이다. 말하자면 이는 일본 정부의 발표 내용에 대한 불신이 일본 내부는 물론 전 세계적으로 퍼져나가던 와중에 일어난 일이어서 일본 정부에 대한 신뢰를 국제사회에 공식적으로 표명하는 효과를 거둔 것이 되었고, 일본 정부로서는 신뢰도 유지에 도움이 되었던 것이다. 이처럼 다양한 측면에서 한국은 일본의 가장 가까운 이웃으로서 손색이 없는 움직임을 보였다.

그런 분위기를 조성하는 데에 매스컴은 중심적 역할을 했다. 대지진 초기 한국 매스컴은 일본에 우호적이고 친밀한 태도를 나타내는 일에 앞장섰다. '가깝고도 먼' 일본에서 '가까운 일본'을 전면에 내세운 것이다. 이때의 언론 보도들은 일본의 어려움에 공감하면서 진한 인도적 형제애와 박애 정신을 깔고 있었다. 하지만 3월 말 일본이 독도 영유권 문제를 담은 교과서 개정안의 검정 결과를 내놓을 것임이 알려지면서 분위기는 일변했다. 독도 영유권 문제와 역사 교과서 문제가 등장하자 일본의 이미지는 가장 가깝고 성숙하고 절제된 이웃에서 순식간에 파렴치한 침략국으로 반전되었다. '먼 일본'으로 이미지가 교체된 것이다. 한일 관계에서 영토 문제나 역사 문제가 지니는 폭발력은 물론 한국 사회가 일본을 상대로 보이는 이중적 감정은 이미 여러 차례 다양한 사례를 통해서 증명되었다. 그러나 이보다 더 극적 반전을 보여준 사례는 없었으리라고 생각한다. '가까운 일본'의 이미지가 강력했던 만큼 '먼 일본'의 이미지로 반전한 것은 훨씬 더

극적일 수밖에 없었던 것이다.

　문연주의 논문은 한국 주요 매스컴이 동일본대지진을 한 달간 보도한 내용을 면밀히 분석함으로써 한국 사회가 대재난에 직면한 일본을 어떻게 바라보는지에 대해 흥미로운 자화상을 그려주며, 그것이 어떤 프리즘을 통해 어떻게 굴절되는지까지 보여준다. 문연주는 동일본대지진을 보도하는 한국 매스컴의 태도가 초기에 얼마나 우호적이었는지, 그리고 그것이 독도 영유권과 역사 교과서 문제를 둘러싸고 얼마나 극적으로 급변했는지를 ≪조선일보≫와 ≪한겨레≫의 기사들을 실증적으로 분석해 규명해낸다. 문연주가 보수적인 ≪조선일보≫와 진보적인 ≪한겨레≫를 분석 대상으로 선택한 것은 신문의 이데올로기적 성향에 따라 일본에 대한 이미지가 차별성을 보이는지를 규명해보기 위한 분석 전략이기도 하다. 문연주의 흥미로운 발견은 수많은 이슈 영역에서 첨예하게 대립하는 양상을 보이는 두 신문이 동일본대지진에 직면한 일본을 다루는 양상과 내용에서는 우호적 이미지로 묘사하면서 시작했다가 역사 문제나 교과서 문제를 둘러싸고 부정적 이미지로 변화한다는 점에서는 거의 차별성을 보이지 않음을 밝힌다.

　NHK를 비롯한 일본 매체의 신속하고 차분하면서도 감정에 치우치지 않는 보도 시스템과 태도는 한국 언론의 감정적이고 선정적이며 정확성이 결여된 보도 태도와 대비되면서 한국 사회에 재난방송 체제의 정비와 관련한 의미 있는 함의를 전달하기도 했다(이연, 2012). 무엇보다 한국의 재난방송 체제를 재정비하려면 충분한 인력과 인프라를 확충하도록 정부가 지원해야 하고, 차분한 재난방송을 할 수 있도록 언론사의 합리적 보도 태도와 방향에 관한 가이드라인을 정할 필요가 있다는 등의 지적이 있었다.

　문연주의 분석이 시사하는 흥미로운 사실 또 하나는 동일본대지진 이후 한국 시민들의 반응이 실제로 진행되어나간 과정은 매스컴의 그런 보도 태도에도 비교적 성숙한 자세를 잃지 않았다는 것이다. 비록 교과서 검정 문제가 터진 이후 일부 네티즌의 과격한 언사가 매체에 등장하거나 자발적 모금액이 줄어드는 등 부분적 부작용이 없지는 않았으나, 한국민들은 언론 매체들의 보도 태도가 변화했는데도 대체적으로 일본에 대한 태도를 크게 바꾸지 않았다. 한국 정부는 교과서 문제와 일본에 인도적 지원을 하는 문제는 별개의 사안임을 명확히 밝히는 등 적극적으로 대응했으며, 이에 따라 일본에 대한 지원은 계획된 대로 큰 차질 없이 진행되었다.

사실 일본과의 영토 분쟁과 역사 분쟁은 오랜 갈등을 겪으면서 국민의 마음속에 일본에 대한 도덕적 우월감과 현실적 열등감을 난마처럼 얽히게 해서 그 해결을 정치화하고 객관화하는 데에 어려움을 준 측면이 없지 않았다. 독도 문제나 역사 문제가 발생하면 강력한 국민감정이 분출되고 모든 협력 이슈가 그 폭발력에 묻혀버리곤 했다. 하지만 이제 사회 각 분야에서 한국이 일본과 대등하거나 경우에 따라서는 앞선 모습까지 나타나면서 좀 더 차분하고 객관적으로 일본을 바라볼 수 있는 사회심리적 여건이 조성되었다는 것이 동일본대지진을 대하는 한국민의 태도를 통해서 확인되었다. 다문화사회의 도래와 함께 '타자'에 대한 이해가 높아지고 관용의 분위기가 확산된 것도 일조했을 것이다. 비록 여전히 시간이 필요하겠지만, 이제 영토 문제 혹은 역사 문제와 일본과의 정치경제적 협력 문제를 전략적으로 구분함으로써 좀 더 실용성 있는 정책을 개발하고 실행할 수 있는 사회적 여건이 조성되어가고 있는 것이다.

4. 동일본대지진은 국제사회에 어떤 교훈을 남겼는가?

동일본대지진은 앞에서도 지적했듯이 후쿠시마 원전 사태와 연계되면서 유사 이래 최초이자 최고의 재앙으로 진행되었다. 2년이 지난 현재까지도 원전 사태는 해결되지 못하고 있으며, 완전히 해결하려면 30년 정도가 걸릴 것이라고 추산하지만 실제로는 앞으로도 얼마나 많은 재원과 시간이 필요할지 모르는 상태다.

이유진과 전진호의 연구는 후쿠시마 사태를 통해서 본 일본의 원자력정책 및 거버넌스의 문제와 그것이 한국 혹은 글로벌한 차원의 원자력정책에 대해 던지는 함의를 찾아낸다는 매우 유사한 문제의식에 기반을 둔다. 단지 이유진은 일본의 국내적 정책 결정 거버넌스 및 과정과 함의에 좀 더 초점을 맞추는 반면, 전진호는 국제적인 비교를 통해서 한일 혹은 동아시아적 함의에 중점을 두고 분석한다. 따라서 두 논문의 통합적 이해는 후쿠시마 원전 사태가 원자력 거버넌스와 정책 결정 과정의 변화에 미치는 영향을 포괄적으로 이해하는 데에 도움을 줄 것이다.

이유진에 따르면 급속한 산업화와 1970년대의 석유 위기를 겪으면서 일본의 원자력산업은 정부 관료, 정치가, 업계 단체, 학계, 언론 등이 공존하는 견고한 원자력무라(村)를 건설해 이른바 안전 대국의 신화를 구축하면서 배타적이고 자기 이익을 추구하는 방식으로 확장적이며 야심적인 원자력정책들을 수립하고 집행해왔다. 원자력 안전 관리 체계를 보면 참여자 사이에 폐쇄적인 정보 독점, 견고한 기득권적 무사안일의 문화, 상호유착관계가 만연해 있었으며, 그러한 체제로는 예상치 못하게 발생한 후쿠시마 사태에 적절히 대응할 수 없었다. 물론 후쿠시마 사태는 다양한 사회적 비판과 정치적 압력으로 정책 결정을 개방화하고 정치화함은 물론 상향적 정책 투입을 강화하는 방향으로 제도적 혹은 과정적 개혁을 논의하거나 시도하는 계기를 제공했다. 하지만 이유진은 후쿠시마 사태의 충격파가 가라앉으면서 점차 기존 기득권 집단의 반격이 시도되고 있는 데다, 원전정책을 근본적으로 논의할 절호의 기회라고 생각되었던 2012년 12월의 총선에서 원전정책이 경제문제나 복지문제, 정치적 이슈들에 가려져 거의 이슈화되지 못함으로써 정책의 근본적 변화는 사실상 어려운 상태로 회귀하는 것이 아닌가 하는 우려를 내비친다.

전진호는 후쿠시마 원전 사고를 유발한 일본의 원자력 안전 거버넌스의 문제점들을 지적하고 그것이 한국 원자력 거버넌스와 한중일 원자력 거버넌스 협력에 던지는 함의를 체계적으로 정리한다. 전진호는 경제산업성을 중심으로 한 일본 내 문제점 분석을 통해 제시된 시사점들, 즉 원자력정책의 전환, 원전의 안전 관리, 원자력 안전 관리 거버넌스, 초기 대응 매뉴얼과 문제 해결 로드맵, 정보공개 및 전달, 국제 협력 등을 정리해낸 후 이런 문제들을 한국 및 여타 원자력 선진국가들의 원전 안전 관리 거버넌스 체제의 현황과 비교한다. 이런 비교를 통해서 전진호는 한국도 원자력정책을 전면 재검토해 원전 건설을 최소화하고 대체에너지에 투자를 강화하는 등 성장에서 안전으로 원전정책의 기조를 전환할 필요가 있으며, 행정체제도 원자력발전사업과 안전 규제 기능의 분리 독립을 의무화하는 국제 규범에 맞게 재정비할 필요가 있음을 주장한다. 또한 후쿠시마 사태를 계기로 원자력 안전 문제가 국경을 넘어선 방사성 피해, 오염수 방출에서 비롯된 해양오염, 농산물 오염 등 주변 국가에 다양한 방식으로 영향을 미치는 역내의 핵심적 안보 문제임이 확인되었으므로 한중일 3국 간의 원자력 안전 협력이 좀 더 활성화될 필요가 있음을 주장한다. 즉, 원자력 안전 협력 네트워크를 강화하고 양자 협력을 넘어 지역 협력 체제를 구축함으로써 원자력 관련 사고 시 신속하고 협력적인 대응을 촉진하고 정보 교류를 강화할 필요가 있으며, 이를 통해 포스트 후쿠시마 시대의 전반적인 원자력 안전을 높여야 한다는 주장이다.

이 같은 연구자들의 문제의식에도 반영되었듯이, 원전 사고는 한국은 물론 중국을 비롯한 이웃 국가들에도 적지 않은 과제를 던졌다. 한국은 편

서풍의 영향으로 방사능의 영향권 밖에 있다고 정부가 발표했는데도 후쿠시마에서 누출된 방사능이 미량이나마 검출됨으로써 사회적으로 큰 파장이 일고 방사능 비에 대한 과도한 공포가 확산되었으며, 일본산 농산품은 물론 심지어 일부 공산품에 대한 거부감까지 나타났다. 또한 일본이 후쿠시마 원전 내부에서 발생한 방사능 오염수를 바다에 내버리면서 미국에만 내용을 통보하고 정작 당사국인 한국에는 통보조차 하지 않은 것은 외교적 마찰로 비화했다. 또한 한국 내의 원전 안전성을 다룬 논의는 물론 한국의 장기적인 원전정책을 재고할 필요성을 놓고 문제의식이 고양되기도 했다.

전진호의 지적처럼 동일본대지진의 발발로 동아시아에서 원자력 안전을 위한 협력의 제도화와 다자적 협력 체제의 건설은 매우 시급한 과제로 등장했다. 하지만 본질적으로 원자력산업에서 정보 교환과 솔직한 협력은 쉽지 않다. 한국과 일본은 산업적 관점에서 경쟁관계에 놓여 있으므로 기술 협력이 어려울 뿐 아니라, 원자력이 가지는 정치적·군사적 의미 역시 역내 국가 간 협력 체제의 건설을 방해하는 요소다. 동아시아의 정치·안보 협력은 대체적으로 비전통적 안보 분야의 협력이 중요한 대안으로 떠오르고 있는데, 동일본대지진의 중요성은 비전통적 안보 이슈와 그 이슈를 위해 역내 국가들이 협력할 필요성을 다시 한 번 일깨운 데에 있다.

5. 동일본대지진과 향후 과제

동일본대지진 이후 이제 2년여가 지났지만 일본 사회는 여전히 많은 변화의 와중에 있다. 점차 흥분과 놀라움이 가라앉으면서 일본 사회는 이전의 사례들과 마찬가지로 또 다시 일보 진전한 안전 사회로 나아가기 위한 다양한 노력을 기울이고 있다. 그리고 그 노력이 어느 정도 성공할 수 있는지, 어떤 방향으로 나아갈 것인지 등을 분석하는 것은 앞으로 일본 사회가 진행해나갈 방향을 이해하는 데에 중요한 단서를 제공할 것이다. 말하자면 사회과학적 관점에서 포스트 대지진 혹은 포스트 후쿠시마의 일본은 앞으로 일본 사회가 전개해나갈 방향의 이해를 돕는 중요한 소재들을 풍부히 담고 있는 것이다.

이와 관련한 중요한 분석적 초점은 일본 사회가 축적해온 역사적·사회적 학습 능력과 과정이다. 정미애, 김영근, 이유진 등의 연구는 일본 사회가 이 미증유의 재해에 대응한 방식이 이전의 경험을 통해 학습한 역사적 경험을 반영한다는 것을 보여준다. 그런 학습 능력은 재해에 대한 복구 체제와 대응 체제를 만들고, 합리적 방법으로 재원을 조달하며, 장기적인 재난 대응 정책으로 발전해나가는 데에 큰 역할을 했다. 하지만 그것이 포스트 대지진의 일본에서도 반드시 긍정적 결과를 가져올 것이라고 낙관적으로 전망하기에는 아직 이르다.

여기에는 이유가 있다. 포스트 대지진의 일본을 바라보는 사회과학자의 관점에서 강조해야 할 중요한 사실은 대재해가 결코 '진공' 속에서 발생한 것이 아니라는 점이다. 말하자면 일본 사회는 대지진 이전부터 여러 정치경제적·사회문화적·제도적 특성을 가진 사회였고, 그런 특성들을 반영한 다양한 현상이 진행되어온 맥락 속에서 발생한 대지진은 결코 기존 현상들과 완전히 동떨어진 변화를 낳지 않는다는 점이다. 예컨대 이유진이 보여주듯이 강고한 원자력무라 혹은 거버넌스의 기득권 집단은 원전 사고의 충격이 가라앉자 서서히 자신들의 주장을 강화해 대지진 이전의 원자력정책을 되살리는 듯한 모습을 보이고 있다. 아베 정권이 원자력발전소를 재가동하기로 결정한 것은 그 중요한 징표이며, 포스트 후쿠시마 2년의 일본 사회는 의외로 이를 덤덤히 받아들이는 듯한 모습이다. 사고 직후의 격앙된 모습은 어느덧 현격히 약화되었다. 따라서 포스트 대지진 혹은 포스트 후쿠시마의 일본이 이번 대지진의 경험을 살려 과거와 어느 정도 달라지는 모습을 보일 수 있는지 관찰하는 작업은 여전히 연구자의 과제로 남아 있다.

또한 3·11 대지진은 일본의 국제적 위상에 의미 있는 변화가 발생하는 미묘한 시점에 발생함으로써 동아시아의 협력이나 구조적 변화를 분석하는 연구자들의 관심을 끌고 있다. 사실 2011년은 중국이 일본을 제치고 세계 제2위의 경제 대국으로 발돋움한, 뒤집어서 말한다면 1960년대 말 이후 일본이 줄곧 지켜오던, 미국에 이은 세계 제2위 경제 대국의 지위를 중국에 내주고 3위로 물러앉은 해다. 물론 대지진으로 말미암은 일본 경제의 침체는 그런 변화를 촉진하는 촉매제가 되었을 것이다. 하지만 그것은 이미 충분히 예견된 일로, 중국의 급속한 성장이 낳은 결과인 동시에 일본의 잃어버린 20년이 초래한 결과이기도 했다.

일본은 제2차 세계대전 이후 동아시아(혹은 아시아·태평양) 지역에서 주도적인 지위(혹은 패권적 지위)를 확보하고자 부단히 노력해왔었다. 불행한 역사적 기억과 민족주의적 감정이 지배적인 역내 여건 속에서 급속히 성장한 경제력을 바탕으로 역내 국가들과 주로 경제 분야의 협력 체제를 구축하려고 노력해왔던 것이다. 일본은 오랫동안 역내 국가들에 대한 정부개발 원조(ODA: Official Development Assistance)의 최고 공여자였고, 아시아개발은행(ADB: Asian Development Bank)의 중심적 역할을 담당해왔으며, 아시아태평양경제협력기구(APEC: Asia-Pacific Economic Cooperation)와 아세안지역포럼(ARF: ASEAN Regional Forum), 동아시아정상회의(EAS: East Asia Summit) 등 다양한 지역 협력 기구를 만드는 데에 주도적 역할을 담당해왔다. 비록 미일안보조약에 의존하고 중요한 순간마다 미국이 적극적으로 견제해서 자국의 외교 전략을 성공적으로 성취하지는 못했지만, 최소한 1990년대까지 일본이 동아시아 발전을 견인하는 주도적 역할을 한다는 사실에는 이견이 별로 없었다.

하지만 2000년대의 일본은 이제 동아시아에서 중국에 주도권을 내주고 강대국이 아닌 중견국, 결손 국가가 아닌 보통 국가의 길을 모색해야만 하는 상황이다(Soeya, 2012 참조). 이제 일본이 정치경제적 활력을 찾아 다시 1980년대와 같은 영광을 재현하리라고 보는 이는 많지 않다. 대지진 이후 일본 정부가 보여준 무결정과 비효율의 극치는 일본 사회가 왜 그런 어려움에 직면했는지 보여주는 바로미터가 되었다. 그리고 그런 정치권의 문제는 다양한 정책 결정 과정에 녹아들어 있으며, 결코 쉽사리 개선될 성질의 것이 아님을 이후의 사태 진전이 증명하고 있다. 반면 중국 경제의 급성장은 이제 일본이 경제적 측면에서도 역내에서 주도적 역할을 하기가 더는 어려울 것이라는 시각을 보편화한다. 그렇지만 일본 시민사회가 보여준 성숙한 시민 정신과 봉사 정신, 공동체 의식 등은 일본이 왜 선진적 사회를 건설할 수 있었는지 알게 했으며, 앞으로도 안정된 사회적 여건을 성숙시켜나갈 수 있을 것이라고 기대할 수 있게 하는 중요한 요소다(Shu, 2011 참조).

연구자들의 지적처럼 동일본대지진은 동아시아 국가들의 관계가 어떻게 발전해나가야 하는지에 대한 의미 있는 함의와 실질적 기회를 제공했다(Shu, 2012; Nagy, 2011). 일본 시민과 사회의 성숙한 모습은 한국과 중국에도 매우 신선한 충격과 자각을 심어주었다. 재해에 직면했을 때 관료화된 정부의 대응보다 시민들의 자발적 봉사 활동이 훨씬 효과적 대안이 된다는 사실, 기존의 방송과 커뮤니케이션 수단보다 SNS 같은 뉴미디어들이 위험에 빠진 시민들에게 좀 더 효율성 있는 정보교환의 통로가 된다는 사실, 정부 관계가 경색되더라도 역내 국가들의 시민사회는 비교적 열린 마음으로 서로 돕고 협력할 수 있는 충분한 능력과 잠재력을 가졌다는 사실 등 대지진의 경험을 통해서 검증된 사실들은 앞으로 역내 국가 간 관계 구축을 위한 지침이 될 수 있다. 최소한 국가 간 정치, 안보적 관계보다 시민사회의 활력을 적극 활용한다면 역내 국가 간 관계는 좀 더 풍부하고 안정적이며 협력적인 관계로 발전해나갈 수 있는 것이다.

일본의 역내 위상이 변화함에 따라 한국 사회가 일본에 보이는 관심은 낮아지고 있다. 특히 대미 의존보다 아시아 중심적 외교를 표방하면서 출발했고 따라서 역사 문제나 영토 문제에 좀 더 전향적 자세를 보일 것으로 기대했던 민주당 정권에서도 오히려 한일 관계나 중일 관계가 영토 문제와 역사 문제를 둘러싸고 악화되는 것을 본 데다, 2012년 말에 이르러 역사 문제에 보수적인 아베 정권이 재등장하면서 한국 사회에는 일본과의 관계에 더는 기대할 것이 없다는 듯한 체념적 분위기마저 감지된다.

그러나 일본은 여전히 '가까운 이웃'으로서 잠재력을 충분히 지니고 있다. 한국이 재난을 당하면 누구보다도 먼저 도움의 손길을 내밀어줄 이웃이며, 무엇보다 다양한 영역에서 여전히 우리가 배울 부분을 여럿 가지고 있는 앞선 국가임이 틀림없다. 역설적이기는 해도 최소한 한국 사회가 당면한 고령화·소자화·양극화·도시화 등 수많은 사회적 문제들을 먼저 경험했으므로, 그 해결을 위해 고민하는 '고민의 선배' 역할은 충분히 할 수 있다. 일본인들이 지난 수백 년간 겪은 수많은 자연재해를 극복한 경험에 더해 동일본대지진의 쓰라린 경험을 앞으로 재난의 피해를 줄이고 좀 더 안전한 방재 시스템을 건설하는 토대로 활용함으로써 일보 진전된 안전 사회로 나아갈 것이 틀림없다면, 일본은 여전히 취약한 재난 대비 태세를 가진 한국에 중요한 반면교사다. 이 책의 연구자들이 시도한 분석들은 포스트 대지진의 일본이 우리에게 주는 가치를 발견하는 데에 의미 있는 지침을 제공해줄 것이다. 동일본대지진은 여전히 진행 중이기 때문이다.

참고문헌

마키노 에이지. 2012. 「아시아 문화연구와 후쿠시마 원전사고 이야기: 동아시아의 안정과 평화를 위하여」. ≪아시아문화연구≫, 제25집.
연합뉴스. 2011.4.18. "日 지진피해 성금 560억원 걷혀".
이병선. 2007. "일본 '원전 안전신화'? 언제부터?" from http://www.ohmynews.com/NWS_Web/View/at_pg.aspx?CNTN_CD=A0000423163
이연. 2012. 「2011년 도호쿠칸토재진재(東日本大震災)와 NHK의 재난방송」. ≪국제학논총≫, 제16집.
ウィキペディア. 東日本大震災 항목.

Hayashi, Toshihiko. 2012. "Japan's Post-Disaster Economic Reconstruction: From Kobe to Tohoku." *Asian Economic Journal*, Vol. 26, No. 3.
McKay, Huw. 2011. "Measuring the Impact of the Earthquake on Japan's Economy." East Asia Forum(28th March) from http://www.eastasiaforum.org
Nagy, Stephen R. 2011. "Opportunity in Crisis: Sino-Japanese Relations After the Earthquake." East Asian Forum(15th April) from http://www.eastasiaforum.org
Shu, Xiao. 2011. "Japan's Big Society: A Chinese Perspective on the Earthquake." East Asia Forum(23rd March) from http://www.eastasiaforum.org
Soeya, Yoshihide. 2012. "Japanese Middle-Power Diplomacy." East Asia Forum(22nd November) from http://www.eastasiaforum.org
Urata, Shujiro. 2011. "Keeping Japan's Disaster-Damaged Auto Supply Chains Competitive." East Asia Forum(15th June) from http://www.eastasiaforum.org

제1부
동일본대지진과 일본

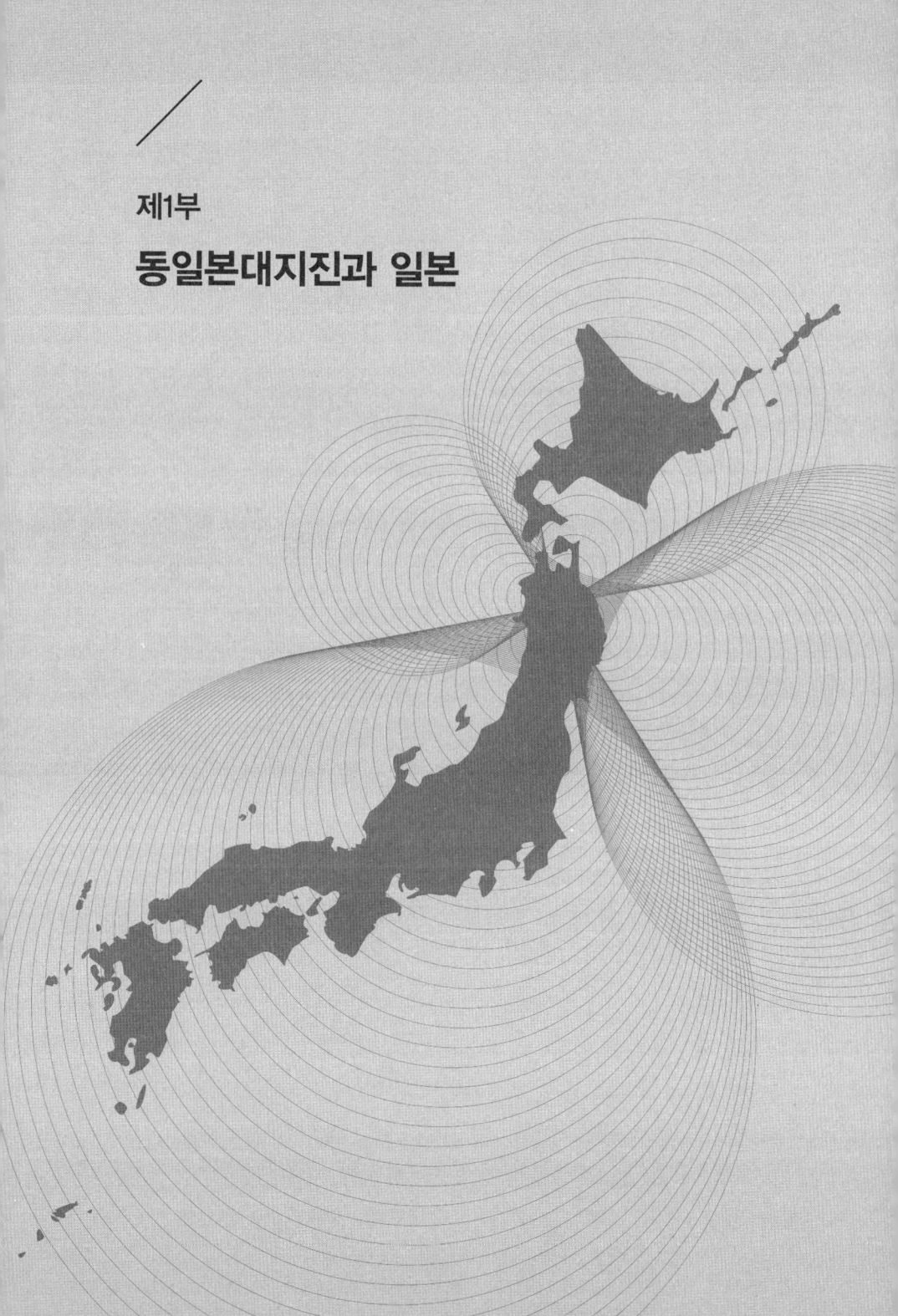

동일본대지진과 일본: 패러다임 전환과 정치적 변화

동일본대지진 이후
일본 사회의 패러다임 전환과 지역 커뮤니티

고선규

1. 문제 제기

2011년 3월 11일, 일본 동북부 지방에서 대지진과 쓰나미를 동반해 발생한 대재난은 일본 사회에 패러다임의 전환을 요구했다. 이에 따라 사회 전반에 걸친 구조적 대전환이 요구되고 있으며, 대지진의 피해 지역 주민뿐만 아니라 지역사회의 사회적 관계도 변화를 요구받고 있다. 이번 대지진은 복합형 재해로 이야기된다. 자연재해인 지진과 쓰나미에 인위적 재난의 성격을 지닌 원자력발전소 사고가 동반되었기 때문이다. 미국에서 발생한 9·11이 미국뿐만 아니라 전 세계에 커다란 영향을 미친것과 마찬가지로, 3·11 일본대지진 역시 일본뿐만 아니라 전 세계에 커다란 영향을 미쳤다.

제2차 세계대전 종결 이후 일본에서는 전쟁과 같은 '공통 체험'이 부재한 상황이 60년 이상 지속되었다. 그러나 2011년의 대재난은 시대적 구분을 위한 공통 체험으로 작용하게 될 것이다. 그러한 의미에서 3·11을 통해 대지진과 쓰나미, 원전 문제라는 강렬한 공통 체험이 일본인 모두에게 각인되면서 전후 시대가 종식되고 '3·11 재난 이후'[1]의 시대로 접어들게 되었다.

전후 시대에서 '3·11 재난 이후' 시대로 전환한 것에는 여러 의미가 있는데, 어떤 의미에서는 전후 일본이 지속적으로 추구해온 '고도성장과 그 이후'의 사회가 끝나고 새로운 사회로 패러다임이 전환되었다고 볼 수 있다. 전후 일본 사회는 고도성장형 정치, 경제, 문화, 사회구조를 기반으로 성립된 사회다. 그런데 3·11 지진으로 이러한 전후 시스템이 돌연 종식되고 새로운 패러다임의 시작을 알리는 '3·11 재난 이후' 시대로 변화한 것이다.

'3·11 재난 이후' 시대는 1923년의 간토대지진, 1945년의 일본 패망과는 차원이 다른 새로운 패러다임의 시작이라고도 볼 수 있다. 현재 일본이 직면한 재정금융상의 문제, 산업에너지정책 등의 구조적 문제뿐만 아니라 정보 통신 분야의 문제, 외교안전보장의 문제, 환경문제 등 다양한 측면에서 패러다임 전환적 인식의 변화를 요구한다. 그러한 측면에서 앞으로 전후 정치의 상식은 통용되지 않는, '3·11 재난 이후' 시대라는 새로운 비상식의 시대가 시작되었다고 볼 수 있다. 여당인 자민당 대 야당인 민주당이라는 전후의 정치적 대립 구도는 이제 더는 의미를 갖지 못하게 되었으며, 정치뿐만 아니라 사회 전반에 걸쳐 '3·11 재난 이후' 시대에 걸맞은 대담한 발상의 전환을 요구하고 있다.

---

1 '3·11 재난 이후'라는 시대구분은 어떤 공통 체험을 바탕으로 한 시대구분으로, 제2차 세계대전의 경험을 토대로 '전후'라는 시대구분이 이루어졌듯이, 2011년 3월 11일에 발생한 대지진을 공통 경험과 인식으로 본 구분이다. 동일본대지진복구구상회의의 의장대리를 맡았던 미쿠리야 다카시(御厨貴)의 아이디어이기도 하다.

이 글은 2011년 3월 11일에 일본 동북부 지방에서 발생한 대지진이 일본 사회에 어떠한 패러다임적 전환을 초래했는지 고찰하는 것이 목적이다. 이를 위해 일본인의 공통 인식, 사회구조, 정당정치, 생활방식, 에너지 정책, 지역사회의 사회적 관계에 주목해 살펴보기로 한다.

2. '전후'에서 '3·11 재난 이후' 시대로

3·11 일본 대재난은 인류사적 의미에서도 커다란 의미를 가진다. 3·11 대재난은 이전의 인류가 경험하지 못한 최대 규모의 자연재해라는 점에서 미국에서 일어난 9·11과는 그 성격이 다르다고 볼 수 있다. 3·11 대재난은 인류가 그간 축적해놓은 과학기술이나 지식의 범위를 초월한 규모의 자연재해였다는 점에서 인류와 문명에 보내는 일종의 경고라는 의미로 받아들여져야 할 것이다.

이러한 측면에서 3·11은 일본만의 문제가 아니라 전 세계 인류 모두의 문제로 인식해야 할 것이다. 또한 3·11 대재난에 대처하는 방법에서도 일본뿐만 아니라 전 세계가 지혜를 모아 대처해야 할 필요가 있다고 본다.

1923년 간토대지진 발생 이후 재난 복구 과정에서 고토 신페이(後藤新平)가 제기한 '제도(帝都)부흥원' 구상을 모방해 '도호쿠부흥원'을 만들자는 의견이 제기되고 있다. 당시 고토 신페이는 정당정치가가 진행한 현 복구 방법과는 달리 새로운 발상에 따라 '제도부흥원'이라는 새로운 국가 프로젝트를 제시했다(御厨貴, 2011: 14~16). 이번 3·11 대재난을 복구하는 과정에도 이러한 발상이 필요하지만, 그렇다고 이것으로 충분하다고만은 볼 수 없다. 간토대지진은 도쿄라는 도시 한 곳에 엄청난 피해를 주었지만, 이번 지진은 광범위한 지역에 걸쳐 피해를 주었다는 점에서 복구 방법도 달라져야 할 것이다. 이번 대재난에서는 농업이나 어업과 같은 제1차 산업 중심지에 많은 피해가 발생했다. 그러므로 재난 이전의 산업을 재생할 것인가, 아니면 다른 산업으로 전환해야 하는가 등을 진지하게 논의해야 할 것이다.

재난과 함께 발생한 후쿠시마 제1원자력발전소 사고는 간토 지방의 전력 공급에 큰 지장을 주고 있다. 이러한 측면에서 직접적으로 피해를 본 지방인 도호쿠 지방 뿐만 아니라 도쿄를 포함한 간토 지역, 더 나아가서는 일본 전체의 산업 구조나 에너지정책에 관련해 구조적 전환이 요구된다. 따라서 3·11 대재난 이후 복구 과정은 단순한 복구 작업이 아니라 새로운 일본을 만든다는 국가 개조 또는 국가 재건이라는 측면에서 접근해야 할 것이다.

1995년 1월 17일에 한신·아와지대지진이 발생한 후의 복구 과정에서도 '한신·아와지지진복구위원회'가 구성되었다. 그 당시 지진복구위원회는 총리의 자문기관 성격을 띤, 1년간 설치된 한시적 조직에 지나지 않았다. 그런데 이번 3·11 지진 복구 과정은 이러한 발상으로는 도저히 대처하기 어려운 다양한 문제를 안고 있다고 볼 수 있다. 제2차 세계대전 말기의 도쿄 대공습이나 1995년의 한신·아와지대지진의 경우는 '복구'에 방점이 주어졌으나, 이번 3·11 대재난에는 복구 차원의 접근이 아니라 일본이라는 국가를 새롭게 재편성하고 만들어간다는 대대적인 발상의 전환이 필요하다(御厨貴, 2011: 174~176).

일본에서는 1945년 패전 이후 현재까지 전후 시대가 지속되어왔다. 전후 시대에도 세부적으로는 '고도성장 이후 시대', '오일 쇼크 이후 시대', '탈냉전 시대', '거품경제 붕괴 이후 시대' 등 다양한 측면에서 전후 시대를 새롭게 정의하기 위한 논의나 시도가 진행되어왔다. 전 세계적으로 보더라도 일본의 고도성장과 행정 관료 시스템으로 지탱되어온 '1955년 체제'

는 매우 드문 사례다. 전후 정치 시스템은 쇼와(昭和) 천황이 죽은 이후에 1955년 체제가 붕괴되었어도 좀처럼 허물어지지 않고 그 형태가 유지되어왔다. 제2차 세계대전 이후 일본 국민 모두가 공통 체험이 없었기 때문이다. 일본에서 전후 시대가 종식되려면 새로운 공통 체험이 필요했는데, 그 계기가 바로 2011년의 3·11 대재난이었다.

3·11이 향후 일본인의 공통 체험으로 작용하게 되는 이유는 앞서 말한 바처럼 자연재해와 인재가 복합된 형태의 대재난이었다는 점에 있다. 지금까지 일본 사회는 지진과 쓰나미 같은 자연재해를 예방하고자 다양한 정책들을 강구해왔다. 그리고 원자력발전은 안전하다는 '안전 신화'를 유지하려고 부단히도 노력해왔다.

그렇지만 상상을 초월한 대재난으로 일본의 다양한 강구책은 무의미하게 되었으며, 이러한 재난을 예방할 수 있는가 하는 근본적 문제가 제기되었다. 3·11 재난 이후 도호쿠 지방 외의 지역에서도 피해는 계속되고 있다. 재난 당시 일본인들은 전기, 가솔린 등 일상생활 속에서 공기처럼 당연한 것으로 향유해오던 생필품이 조달되지 않는 초유의 경험을 했다. 그리고 전기, 가솔린을 필두로 한 식료품, 생활 물자의 원활하지 못한 공급은 일본 사회의 상상을 초월해서 발생했다. 따라서 이번 3·11 대재난을 계기로 일본인의 기본적인 생각과 행동 양식에 커다란 변화가 일어나게 되었으며, 이러한 변화는 장기적으로 일본 사회에 변혁이 일어나는 계기로 작용하게 된다는 점에서 이번 3·11 대재난은 새로운 시대의 시작으로 인식할 수 있을 것이다.

메이지유신 이후 일본이 추구해온 근대화 노선, 즉 과학기술의 발달, 인구 증가, 고도성장 노선은 이미 그 한계를 드러내고 있었다. 이러한 시점에서 발생한 3·11 대재난은 일본 사회를 변혁해가는 새로운 압력으로 작용하게 될 것이다. 메이지유신 이후 일본 사회의 변혁은 기본적으로 외국 세력의 '외압'에 크게 좌우되었으나, 이번 3·11 대지진에서는 '자연재해'로 말미암아 변화가 일어났다고 볼 수 있다.

'3·11 재난 이후' 시대는 어떠한 시대인가 하는 물음을 제기할 수 있을 것이다. 지금까지 일본인은 뛰어난 근면성을 바탕으로 외국과 경쟁하며 국제화·정보화 시대에도 잘 대응해왔다. 그러나 일본 사회는 이러한 시대적 변화에 따른 압력을 항상 받아오면서 제대로 대응하지 못한 측면도 있다. 향후 일본이 GDP 부분에서 세계 제1위 국가가 되는 것은 어렵다고 볼 수밖에 없으며, 국제사회에서 일본의 다양한 영향력은 감소해갈 것이다. 따라서 이러한 현실을 인정하고 국제사회와 상호 공존하려는 새로운 발상이 필요하다. 전후 사회가 고도성장과 같은 '스피드(speed)'를 추구해왔다고 한다면, 앞으로는 '슬로 라이프(slow life)'적 생활방식을 수용하는 인식의 전환이 필요하다. 재난 이후 시대에는 사회의 정보화가 진전되는 현실과 함께 고령자가 갖는 경험과 지혜를 존중하고 일본이 고령화 사회라는 것을 솔직히 인정하면서 무리 없이 공존하는 사회를 추구해야 할 것이다.

2011년 3월 5일에 신아오모리(新靑森) 역까지 전 노선이 개통된 도호쿠 신칸선은 개통 이후 일주일도 되지 않은 시점에서 대지진의 발생으로 교량과 전신주가 약 500곳 이상 파괴되어 운행을 정지했다. 규슈 신칸선의 전 노선 개통은 지진 발생 다음날인 3월 12일이었으나, 지진의 여파로 기념식과 개통 이벤트를 모두 중지했다. 이렇듯 일본 사회가 추구해온 스피드 중시의 기본적 인식이 한계에 다다랐음을 인식할 필요가 있다. 정치에서도 사회적 변화에 부응하는 정당 재편성이 필요하다. 정당 재편성은 국제화 사회의 흐름을 전면적으로 수용하는 유연성을 가진 정치 세력이 주도해야 할 것이다.

'3·11 재난 이후' 시대는 일본 국내뿐만 아니라 인접 국가인 한국, 북한,

중국에도 적지 않은 영향을 미쳤다. 3·11 대재난은 동아시아 각국이 일본과 자국의 관계성을 재고하는 계기이기도 했다. 전후 시대에는 식민지 경험과 제2차 세계대전이라는 전쟁이 절대시되어 각국은 일본에 전쟁 책임을 요구했고, 이러한 비판을 토대로 자국의 정치와 국제 관계를 형성해온 측면이 존재한다. 그러나 3·11 이후 시대에는 일본을 적대시하는 것만으로 이 지역의 문제를 해결하지는 못할 것이다. 북한의 핵 의혹과 관련해서 후쿠시마 제1원자력발전소 사고는 핵 개발과 핵 관리가 얼마나 어려운 문제인가를 새삼 인식하는 계기가 되었다. 미일 관계에서도 2009년 민주당 정권이 집권한 이후의 일본에서는 미국을 배제하는 것이 주요 정책이었으나, 3·11을 계기로 안전보장 측면에서 관계 재구축이 진전되는 계기가 되기도 했다.

3·11 대지진을 계기로 재난 이후 시대의 일본에서는 안전보장 등을 받으려면 미국과 협력하는 것이 불가피하다는 인식을 다시 가지게 되었으며, 오키나와 문제를 재인식하는 계기가 되었다. 이러한 측면에서 일본의 대외 인식에도 3·11은 새로운 인식의 전환점이 되었다.

3. 프로젝트형 정치의 시대로

2011년 3·11 대지진을 수습하는 과정에서 정치권과 정당이 보여준 태도는 일본 국민들에게 실망 그 자체로 다가왔다. 재난 복구 관련 예산을 처리하는 과정에서도 여야 양당 간의 이해관계는 여전히 중요한 이슈로 작용했으며 간 나오토 총리의 사임 여부나 총선거 요구 등은 재해 복구보다 당리당략을 우선시 하는 일본 정치의 병폐 현상을 고스란히 드러냈다. 재난 복구를 위한 추경예산의 확보는 여당인 민주당을 이롭게 하고 반대로 야당인 자민당에는 불리하다는 전후 정치적 발상으로 말미암아 예산 처리 과정이 늦어지기도 했다. 그리고 재난 복구 예산의 확보를 명분으로 기존의 민주당이나 자민당이 주장해왔던 공공사업 관련 예산이 부활하는 등 전후 정치적 행태로 되돌아가는 양상들도 여러 곳에서 보였다.

'3·11 재난 이후' 시대의 정치는 기존의 여야 간 이해관계나 당리당략에 따른 협상의 결과물이 아니라 앞으로 일본 사회가 지향해갈 근본적인 방향에 입각해 이루어지는 정치여야만 할 것이다. 1923년의 간토대지진 이후 지진 복구 프로젝트 또는 제2차 세계대전 이후 전후 복구, 더 나아가 1995년의 한신·아와지대지진 복구 사업에서 볼 수 있었던 프로젝트 지향형 정치가 이루어져야 한다. 간토대지진 이후 고토 신페이는 1918년에 성립한 정당내각과는 달리 메이지유신의 번벌 세력을 배후로 삼아 정당의 이해관계를 초월한 국가 프로젝트를 추진했다. 고토 신페이는 당시 30억 엔이라는 천문학적 국가 예산을 동원해 지진 복구 사업을 추진했다. 비록 재난 복구 계획은 정당 간의 이해관계로 축소되기는 했으나, 고토 신페이는 간토대지진을 계기로 새로운 국가 건설이라는 패러다임을 창출하려고 노력한 정치가로 평가받을 수 있을 것이다. 1995년의 한신·아와지대지진 발생 직후 지진 복구정책의 모델은 당연히 고토 신페이와 '제도부흥원'이었다. 당시 무라야마 도미이치(村山富市) 사회당 위원장을 총리로 하는 자민당·사회당·신당 사키가케의 3당 연립 정권은 자민당 부총재인 오부치 게이조(小渕恵三)를 중심으로 부흥원 설치를 요구하고 경제 평론가 사카야 다이이치(坂屋太一)도 부흥원 설치를 요구했으나, 자민당 내의 반대로 실현하지 못했다. 결국 지진 복구를 지휘하는 기관인 총리의 자문 기관으로서 한시적으로 기능하는 지진복구위원회가 설치되는 데에 그치고 말았다.

이번 지진 복구 과정에서는 한신·아와지대지진과 같은 대응책으로는 적절하게 대응할 수 없을 것이다. 피해 지역이 이와테, 미야기, 후쿠시마,

이바라키 등 광범위한 여러 지역에 걸쳐 있을 뿐만 아니라 각 현, 각 시정촌(市町村) 지역의 목소리도 당연히 수렴해야 한다. 그리고 그러기 위해서는 기존의 구상과 시스템을 뛰어넘는 새로운 조직이 필요하다. 이에 따라 향후 일본 사회의 존재 양태의 하나로서 지방 분권의 필요성이 강조되고 있으며, 국가 위기관리 체제하에서는 중앙 정부의 국가 주권과 지방 정부의 분권 여부가 조화와 균형을 이루어야만 한다.

4. 다극형 사회로의 전환과 생활양식의 변화

전후 일본 사회는 무수한 신화를 생성하고 유지해왔다. 그 대표적인 신화로는 고도성장 신화, 은행 부동산 신화, 토지 신화, 성장 신화, 중류 신화, 검찰 신화, 원전 안전 신화, 자가 소유 신화, 모노즈쿠리(もの造り) 신화 등이 있는데, 이처럼 1960년대에서 1990년대까지 일본 사회에는 다양한 신화가 존재했다. 그러나 2000년대에 접어들어 전후 사회를 지탱한 다양한 신화는 거의 사라지고 말았다. 유일하게 남은 신화는 장수 신화 정도일 것이다. 전후 일본 사회는 다양한 신화가 권력으로 존재하는 사회였다. 이러한 각종 신화를 이용해 국민들에게 '절대 안심', '제로 리스크'와 같은 완벽성을 추구하는 사회였다. 그러나 이번 3·11 대지진을 계기로 일본 사회에 존재하는 많은 신화가 한꺼번에 사라지는 등 일본 사회의 위기관리 시스템이 가진 문제점이 대두되었다.

3·11 대지진 이후 일본 사회에서는 '희망학'이 새로운 관심 영역으로 등장했다. '희망학'에서 말하는 희망은 스토리텔링(story telling)이다. 지진 이후 일본 사회에서는 '간바레 니혼(日本)'이라는 슬로건을 일본 전역으로 발신하고 있다. 그러나 이 슬로건이 담은 의미를 잘 생각해보면 공허한 구

호에 그친다는 것을 알 수 있다. '간바레 니혼'만으로는 미래에 대한 희망이 생기지 않는다. 많은 사람이 '간바레 니혼'이라고 말하지만, 이미 여름철에는 절전에도 동참했고 피해 지역에 의연금도 보냈는데 더 어떻게 '간바레 니혼'을 해야 할 것인가 하는 의문을 품을 것이다. '간바레 니혼'이라는 표어만으로는 희망의 에너지가 생기지 않는다. 1억 2,000만 일본 전 국민이 똘똘 뭉쳐 새로운 희망을 만들어내자고 언론이나 정치권에서 주장해도 공허한 목소리로 들려올 뿐이다. 그러므로 미래에 대한 희망을 품으려면 스토리텔링의 콘텐츠를 가져야 할 필요가 있다. 국민 모두가 미래에 대한 희망을 품으려면 한 사람, 한 사람이 스토리텔링의 콘텐츠를 소유하지 않으면 안 된다. 과거의 실패, 아픈 좌절, 전향 등과 같은 자기 콘텐츠를 가진 사람만이 미래에 대한 희망을 이어갈 수 있을 것이다.

일본의 전후 사회는 앞에서 언급한 각종 신화를 지키려고 달려온 시기이기도 하다. 그러나 이제는 그러한 신화가 주는 환상에서 깨어날 시기다. 1955년에 자민당과 사회당이라는 양당 대립구조가 성립한 이후 야당은 여당을 비판하기만 하면 괜찮다는 풍조가 만들어지고 그러한 흐름이 지금까지도 지속되어 일본 사회의 상징으로 남아 있다. 1955년 체제가 붕괴한 이후에도 여야는 표면상으로 대립하는 모습을 보여왔지만, 실제로 막후에서는 여야의 국회대책위원장이 밀실에서 합의한 바에 따르는 정치가 지속되어왔다. 그런데 오늘날 일본 사회는 이러한 정치적 행태로서는 대응하기 어려운 다양한 문제를 안고 있다.

'전후 사회'의 일본에서는 평생직장과 평생 거처할 수 있는 주택 마련, 평생 쓸 수 있는 안정적인 수입 확보를 토대로 한 안정 지향적 생활양식의 추구가 전형적인 일본인의 생활방식이었다고 해도 과언이 아니다. 그러나 이번 대지진은 평생직장으로서 회사, 평생 안심하고 거주할 공간으로서 집, 예금이나 현금 같은 생활 자금 등을 한 번에 휩쓸어 지나가고 말았다.

심지어는 가족마저도 쓰나미에 휩쓸려가는 상황이 발생한 것이다. 이러한 상황은 일본인들이 전후 사회에서 가장 중요한 목표로 추구해오던 여러 가치를 일거에 부정해버리는 결과가 되고 말았다. 종신직장이나 평생 거주할 집, 소득원 확보 등 어떤 하나에 의존하는 삶의 방식을 부정하고 그 대신 노매드라이프(nomad life) 사회로 전환하도록 촉진하는 계기가 되었다. 현재 일본은 리스크 분산형 생활양식에 더해 기업의 자산이나 데이터 인적 자원이 분산되고 있으며, 수도 기능의 분산과 개인 자산의 분산과 같은 리스크 분산형 생활양식은 개인적 차원에서도 진행되고 있다.

전후 일본 사회는 종신 고용을 전제로 성립된 사회다. 이번 3·11 지진은 대학을 졸업하고 종신 고용이 보장된 회사에 취업함으로써 일생의 안도감을 얻는 전통적인 일본의 안심 감각을 한꺼번에 날려 보냈다. 좀 더 정확하게 말하면 대지진이 이러한 안심 감각을 날려 보낸 것이 아니라, 이미 2000년대 이후 약화되어간 안전에 대한 환상을 대지진이 한꺼번에 날려 보낸 것이다(佐々木俊尚, 2012.5.3).

일본의 주식은 1989년에 찍은 3만 8,000엔대를 정점으로 1990년 가을에는 2만 엔대가 붕괴하는 선까지 하락했다. 일본 경기는 1990년 가을을 정점으로 계속 하락하고 있다. 이는 1990년대 이후의 지가도 마찬가지다. 취업 전선도 1992년이 정점이었고, 1993년 이후 기업들이 채용을 줄여 취업 빙하기가 본격화되었다. 거품 경제의 붕괴는 1991년에서 1992년에 걸쳐 시작되었다고 생각되지만, 당시의 많은 사람은 지가나 주식이 조금 하락하는 것일 뿐 경기는 아직 괜찮다는 인식을 공유했다. 이러한 상황 인식은 1990년대 중반까지 계속되었으며, 2000년대에 들어와 본격화된 세계화의 물결에 일본이 효율적으로 대응하기 어렵게 만들었다. 일본 기업의 국제 경쟁력은 세계 시장에서 점점 약화되어 일본은 글로벌 경제의 중간재 공급 국가로 전락했다. 그리고 이러한 흐름에 저항하고자 일본 기업은 해외 이전을 적극적으로 추진했고, 그 결과 국내 고용은 감소했다. 인도나 중국 등의 신흥 국가에서는 중산층의 대두가 보이지만, 일본에서는 중산층의 몰락이 현저하게 나타난다. 그러나 많은 일본인은 아직까지 상황을 제대로 인식하지 못하고 있다. 따라서 전후 사회의 고도성장과 평온을 깬 것은 다름 아닌 3·11 대지진이었다고 말할 수 있을 것이다.

일본의 전후 사회는 사회 구성원 대부분이 월급쟁이나 전업주부라는 사실을 전제로 성립한 사회였다. 월급쟁이는 종신 고용으로 일생의 안도감을 얻는 대신 회사 사회와 일본 사회의 기존 질서를 수용했다. 전업주부들도 안정된 생활을 위해 검소한 복장과 생활을 유지했다. 전후 사회에는 생활의 안정감을 위협하는 요소는 거의 없었으며, 인생의 근저를 바꿀 만한 새로운 철학이나 세계관을 스스로 수여할 동기도 전혀 없었다. 단지 안정된 자신의 생활에 약간의 변화를 줄 새로운 감각이나 가치관을 추구하는 것에 그쳤다. 그런데 이러한 일본 사회를 상대로 3·11 대지진이 근본적인 문제 제기를 시도한 것이다. 2000년대 이후 일본 사회는 생존 경쟁이 심화되는 시기로 접어들었고, 이제 전후 사회의 시대정신은 더는 기능하지 못했다.

2011년 대지진 이후 피해 지역 주민들이 느낀 장래에 대한 불안 의식은 높게 나타난다(2011년 센다이 시민 의식조사). 장래에 대해 불안을 느끼는 비율을 보면, 남성이 64%, 여성이 74%로 매우 높으며, 특히 여성의 불안 의식이 더 높게 나타난다. 대지진의 여파로 전력난이 발생하고 경기 침체, 복구 재원 마련을 위한 증세 방안 등으로 생활에 대한 불안이 증가하면서 장래에 대한 불안 인식은 피해 지역뿐만 아니라 일본 전역에서 높아졌다.

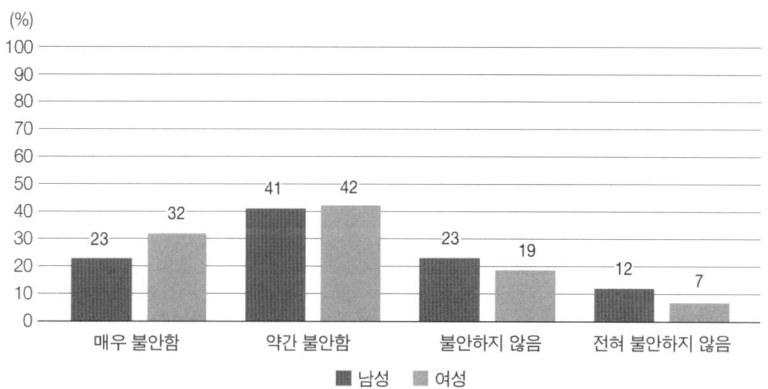

〈그림 2-1〉 지진 이후 장래에 대한 불안 의식의 증가

5. 에너지정책의 변화

2011년에 민주당의 간 총리는 대지진 복구를 위한 2차 추경예산 편성, 대지진 복구 재원 마련을 위한 특별 공채 발행 법안, 재생 가능한 에너지 특별조치법 등의 성립을 자신의 퇴진 조건으로 제시했다. 특히 재생 가능한 에너지 특별조치법과 관련해서는 간 총리가 매우 의욕적으로 추진하는 바람에 적지 않은 갈등을 유발했다. 더구나 재생 가능한 에너지 특별조치법은 기존 전력업계의 재편을 시도하는 법안으로 일본형 정치 시스템의 변혁을 시도한다는 점에서 매우 폭발력이 컸다.

기존의 일본형 정치 시스템은 자민당과 관료, 경제 단체나 기업, 특정 업계와 유착관계를 토대로 이루어졌다. 3월 11일 이후 도쿄전력 산하 후쿠시마 제1원자력발전소 방사능 유출 사태가 확대되면서 간 총리는 전력산업 부분을 개혁하려는 의지를 명확히 했다. 이에 따라 2011년 5월 6일에 주부전력 산하 하마오카 원자력발전소의 운전 정지를 결정했다. 그리고 5월 10일에는 일본 정부의 에너지기본계획을 전면적으로 재검토하라고 지시했다. 더 나아가 전력회사로부터 송전 부분을 분리하는 '발전·송전 분리 정책'을 추진하겠다고 천명했다. 그리고 5월 26일에는 G8 정상회의에서 1,000만 가구에 태양력 발전을 위한 태양광 패널을 설치하는 구상을 발표했다. 더구나 간 총리가 후쿠시마 원자력발전소 사고에 대응하는 과정에서 해수 주입을 거부했다는 정보가 자민당으로 유출되면서 자민당은 민주당과 간 정권에 대응하는 방향을 내각 퇴진 운동으로 전환하겠다고 천명했다. 결국 2011년 6월 1일에 자민당은 내각 불신안을 국회에 제출했고, 이러한 움직임에 민주당의 오자와 이치로(小沢一郎) 그룹이 찬성하면서 사태는 급진전했다. 결국 간 총리는 자민당과 민주당 오자와 그룹의 협공에 조건부 퇴진을 선언했다.

일본 정치에서 전력산업은 경제산업성이 주관하는 업무다. 민주당 정부 출범 이후, 정치가가 주도하는 정치 운영에 입지가 약해진 관료 집단은 전력산업 재편을 추진하는 간 총리에게 저항하며 입지를 회복할 기회로 인식했다. 경제산업성 장관은 간 총리가 G8 정상회의에서 발표한 '간 구상'에 반대를 시사하며 도쿄전력과 연합해 간 정권에 저항하기 시작했다. 결국 '간 정권' 대 '자민당·경제산업성·도쿄전력'이라는 대결 구도는 일본 정치를 혼란 속으로 빠져들게 했다. 간 총리는 일본의 기득 권익 집단과 권력투쟁을 전개하면서 전력산업의 이익 구조에 대항하는 개혁적 이미지를 통해 여론을 자신에게 유리하게 만들어, 권력을 유지하고 정권을 연명해가려는 전략을 구사했다.

일본의 전력산업은 전국을 10개 권역으로 분리해 독점적 산업구조를 유지하고 있다. 특히 원자력발전은 민간 전력회사에 독점적 권한을 인정하고 있다. 일본은 지금까지 국책에 따른 '대규모·집중형' 에너지정책을 추진해왔다. 그러나 이번 원전 사태를 계기로 대체에너지를 중심으로 하면서 지역이나 개인이 참여하는 '소규모·분산형' 형태로 근본적인 변화를

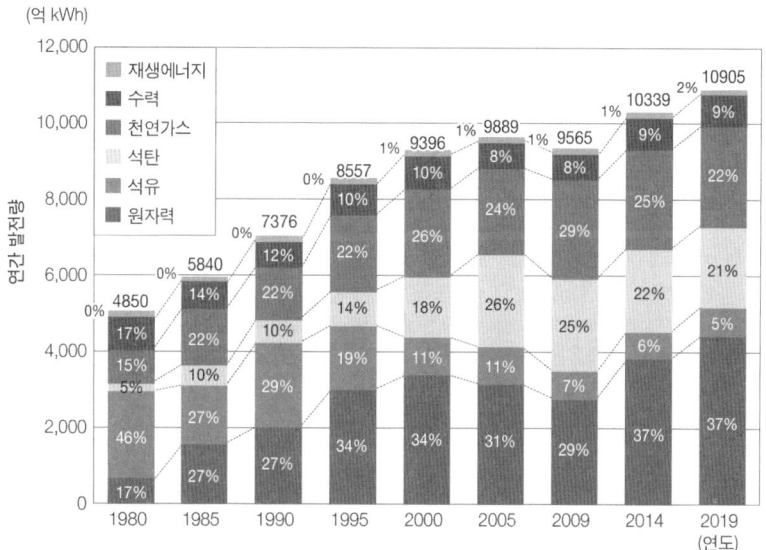

〈그림 2-2〉 일본의 에너지 기본 정책(2010년 책정안)

 계획하고 있다. 경제성장과 효율적인 에너지 확보를 위한 기존의 발전정책을 지속할 것인가, 아니면 부담 증가를 각오하면서 안전을 우선시하는 새로운 에너지정책을 추진할 것인가 하는 문제는 현재 일본 사회가 직면한 과제 중 하나다. 이러한 중요한 정책 결정은 권력투쟁과 간 전 총리의 정권 연명 전략에 맞물리면서 혼란을 거듭했다.

 일본의 전력 구성은 화력 62%, 원자력 29%, 수력 8%, 나머지 대체에너지 등이 1% 정도다. 2020년까지 CO_2 발생을 25% 삭감한다는 계획을 지키려면 화력의 비중을 늘리기가 어려운 상황이다. 그러므로 일본이 2030년까지 세운 에너지기본계획에 따르면 현재 54기가 있는 원자력발전소를 14기 증설해야 한다.

 그런데 간 총리는 원자력에 의존하지 않는 사회의 건설을 천명하면서 기존의 기본 계획을 백지화했다. 그 대신 현재 1% 정도에 지나지 않는 대체 가능한 자연재생에너지의 비율을 20%로 확대한다고 방침을 정했다. 대체 가능한 에너지 특별법을 제정해 각 가정이나 개인이 생산하는 수력·풍력·지열발전·조력·태양광에너지를 전력회사가 의무적으로 구입해주는 제도를 법제화한다는 계획이었다. 이러한 법안이 성립되면 각 가정이나 개인이 생산하는 대체에너지를 전력회사의 송전 설비를 통해 배송전할 수 있게 된다. 결국 대체에너지의 비중이 늘어나게 되면 전력회사는 원자력발전이나 화력발전의 비중을 줄이고 이에 따라 전력회사의 영향력도 감소한다는 것이다.

간 총리가 추진한 전력산업 개혁은 크게 두 가지로 요약된다. 하나는 송전·발전 분야의 분리이고, 다른 하나는 대체에너지 생산을 활성화하기 위해 전력회사가 강제적으로 구입하도록 의무화한다는 것이다. 현재 일본의 전력회사는 전체 경제에서는 물론 지역 경제와 관련해 매우 큰 비중을 차지한다. 10개 전력회사가 차지하는 설비투자의 총액은 1993년에 약 5조 엔 정도에 이르렀다. 지난 2009년에는 2조 엔 정도로 감소했지만 비중은 크게 변하지 않았다. 경제산업성이 에너지정책과 관련해 총리와 대립하는 태도를 견지하는 것은 경제산업성 소속 관청의 권한이 축소되는 것에 대항해 자신들의 이익을 보호하려 하는 동시에, 전력업계의 요청에 따른 것으로 볼 수 있다. 더구나 경제산업성 주도의 에너지정책을 총리 관저 주도로 전환하는 과정에서 정치권력 내부에 갈등이 발생했다고 볼 수 있다.

결국 전력산업의 개혁, 총리와 경제산업성의 대립, 권력 내 갈등, 산업계의 반발 등이 복합적으로 작용하면서 현재 일본 정치는 향후 에너지정책의 방향을 어디로 가져갈 것인지를 놓고 혼란을 거듭하는 상황이다.

일본은 2010년 기준으로 연간 17조 엔의 화석연료를 수입한다. 이중 가계에서 9조 엔 정도의 에너지를 소비하고 나머지 8조 엔 정도를 제조업 분야에서 소비하는 것으로 추정한다. 연간 CO_2 배출량은 약 11억 톤으로 일

본이 배출하는 온실가스의 90% 정도를 차지한다(エネルギー環境会議, 2012). 지난 3·11 이후 원전 사고의 여파는 에너지정책이 일본인의 건강과 생활에 직결되었음을 절감하게 했다. 그러므로 에너지정책은 국민의 생활과 직결된 문제임과 동시에 미래 세대에게도 영향을 미치는 문제라는 인식을 바탕으로 기존의 에너지정책을 백지화하고 새롭게 기본 계획을 마련했다.

3·11 이전에는 원자력을 기간전원(基幹電源)으로 설정한 에너지정책을 수립했다. 지구온난화 문제 해결에도 기여하며 더 나아가 에너지 안전보장을 확보하기 위해 원자력 비율을 2030년까지 50%로 확대하는 기본 계획을 책정했다. 그러나 후쿠시마 원전 사고로 기존의 정책 방향에 입각한 에너지정책은 추진할 수 없게 되었다.

이에 따라 2010년에 책정된 에너지기본계획을 백지화하고 2011년 6월에 국가전략담당장관을 필두로 관계부처의 장관으로 구성된 '에너지·환경회의'에서 원자력정책을 본격적으로 논의하기 시작했다. 논의의 초점은 탈 원전 의존 사회를 어떠한 방법과 일정을 통해 구축할 것인가 하는 문제였다. 간 정권에서 '탈원전 의존 사회' 구축이라는 정책 방향을 천명했다면, '에너지·환경회의'에서는 다양한 논의를 통해 향후 에너지정책의 방향성을 세 가지 방안으로 제시했다. 결국 노다(野田)정권은 2012년 6월 29일 '에너지·환경회의'를 통해 향후 일본 사회가 원자력발전에 어느 정도 의존해야 할 것인가를 결정하게 되었다(한일산업기술협력재단 일본지식정보센터, 2011). 그러나 2012년 12월 16일 총선거에서 자민당이 집권하면서 에너지정책을 수정할 가능성이 높아졌다.

'에너지·환경회의'에서 제시한 세 가지 시나리오는 ① 원자력 비율을 0%로 하는 안, ② 원자력 비율을 15%로 하는 안, ③ 원자력 비율을 20~25%로 하는 안 등이다.

에너지정책의 기본 방향을 결정하는 과정에서 일본 정부는 3가지 기준

<표 2-1> 원자력정책의 세 가지 시나리오

	2010년	0% 계획안		15% 계획안	20~25% 계획안
		추가 대책 이전	추가 대책 이후		
원자력	26%	0% (-25%)	0% (-25%)	15% (-10%)	20~25% (-5%~-1%)
재생에너지	10%	30% (+20%)	35% (+25%)	30% (+20%)	25~30% (+15~20%)
화석연료	63%	70% (+5%)	65%	55% (-10%)	50% (-15%)
비화석연료	37%	30% (-5%)	30%	45% (+10%)	50% (+15%)
발전 전력량	1.1조 kWh	약 1조 kWh (-10%)	약 1조 kWh (-10%)	약 1조 kWh (-10%)	약 1조 kWh (-10%)
에너지 소비	3.9억 kl	3.1억 kl (-7,200만 kl)	3.0억 kl (-8,500만 kl)	3.1억 kl (-7,200만 kl)	3.1억 kl (-7,200만 kl)
온실가스 배출량	-0.3%	-16%	-23%	-23%	-25%

에 주안점을 두었다. 첫째는 클린에너지 전환과 성장 확보이고, 둘째는 수요자 중심의 에너지 시스템으로 개혁하는 것이며, 셋째는 국제적 공헌과 다차원적 에너지정책 등이다.

그리고 에너지를 선택하면서 중요하게 고려해야 할 사항으로 다음과 같은 4가지를 강조했다. 첫째, 원자력의 안전 확보 및 미래 세대의 부담과 리스크 감소, 둘째, 에너지 안전보장의 강화, 셋째, 지구온난화 문제 해결에 공헌, 넷째, 비용 절감 및 산업과 고용의 공동화 방지 등이다.

2010년 일본의 발전 전력량은 1.1조 kWh로, 원유로 환산하면 3.9억 kl 에너지를 소비한 것으로 알려졌다. 원전이 차지하는 비중이 26%, 화석연료에 의존하는 비율은 발전 전력량의 63%로, 비화석 전원인 원전과 재생에너지는 37%를 차지한다. 전력 에너지 생산에서 배출되는 CO_2는 10.6억 톤, 온실효과가스 전체는 12.6억 톤이다. 이러한 상황을 고려해 '에너지·환경회의'에서는 에너지 절약을 통해 전력 소비량을 줄이고 원전 의존

〈그림 2-3〉 에너지정책 변화 시나리오(원자력 0%)

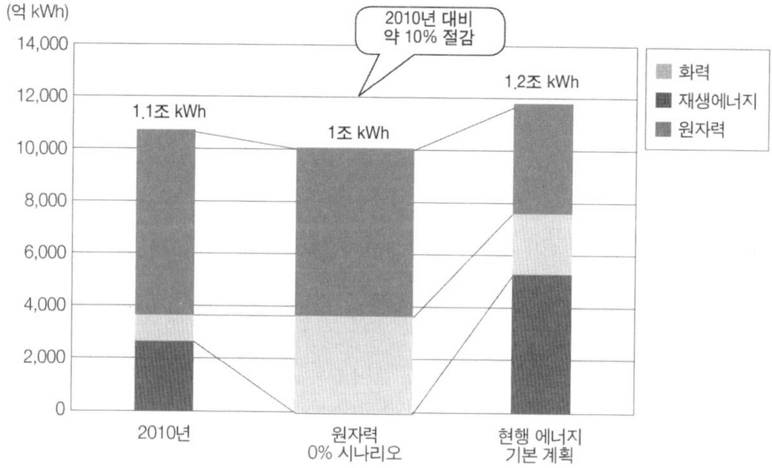

도를 낮추며, 화석연료 의존도를 줄이고 재생에너지 비율을 최대한 늘리는 방향으로 정책 방향을 설정했다.

일본 사회가 궁극적으로 원전 비율을 어느 정도로 결정할 것인가를 놓고 2012년 7월에 국민적 논의를 거쳐 9월 14일의 '에너지·환경회의'에서는 2030년까지 원자력발전을 전폐하는 장기 '에너지·환경전략안'을 채택했다. 이러한 결정을 위해 정부는 정보 제공 데이터베이스를 정비하고 타운미팅과 같은 형식의 의견 청취, 퍼블릭 코멘트 제도, 여론조사 등을 시행했다. 그러나 자민당 정권의 탄생 이후 일본의 에너지기본계획과 원자력정책대강, 지구온난화 대책, 녹색 환경 정책 등은 적지 않은 변화가 예상된다.

6. 지역사회의 사회적 관계 변화

2011년에 3·11 대지진이 발생한 이후 재난 복구 과정에서 정부의 기능이 정상화되기까지는 많은 시간이 소요되었다. 그리고 지역사회에서 주민을 구조하고 대피 시설을 지원해야 할 자치단체도 제 역할을 제대로 수행하지 못했다. 일부 피해 지역의 자치단체에서는 지방자치단체의 청사나 공무원이 피해를 보아서 구조 활동이나 지원 활동이 현실적으로 불가능해지기도 했다. 이에 따라 중앙정부의 피해 지원 활동을 지휘할 위원회를 구성하거나, 매뉴얼에 따른 대응으로 적기적소에 구조 활동 또는 피해 지원 활동을 전개하지 못했다. 중앙정부에 재난대응전략본부가 부재했다는 점과 구호물자나 응급 대응팀이 도착하기까지 나타난 일련의 대응 등을 고려한다면, 정부 지원이나 지방자치단체의 지원 활동을 기다리다가 피해를 본 사례도 적지 않다는 분석이다.

결국, 지역사회를 중심으로 하는 민간 주도의 피난이나 복구 전략이 유일한 대안으로 등장했다. 1995년의 한신·아와지대지진을 계기로 볼런티어 활동이 활성화되었듯이, 이번 대지진을 계기로 지역의 커뮤니티와 민간이 주도하는 볼런티어 활동이 대지진과 같은 위기 시에 사회를 지탱해주는 중요한 기능을 한다고 인식하게 되었다.

실제로 대지진 이후 센다이 시민을 대상으로 시행한 여론조사[2]를 보더라도 지역 주민이 중앙정부나 지역자치단체가 수행한 재난 대응 역할을 평가한 결과에서 '불만족' 비율이 높게 나타났음을 알 수 있다.

---

2 도호쿠 대학과 릿쿄 대학이 공동으로 2011년 11월 24일부터 27일까지 '생활과 방재에 대한 시민 의식조사'를 시행했다. 조사 대상인 센다이 시민 2,100명 중 1,532명이 설문에 참가해 회수율은 73%였다. 조사 방법은 확률 비례 2단계 무작위 추출로 표본을 추출하고 학생 조사원이 방문 조사하는 형식이었다.

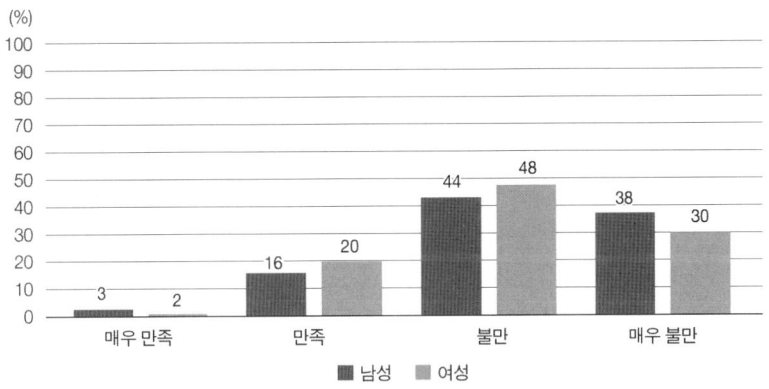

〈그림 2-4〉 중앙정부의 재해 대응 평가

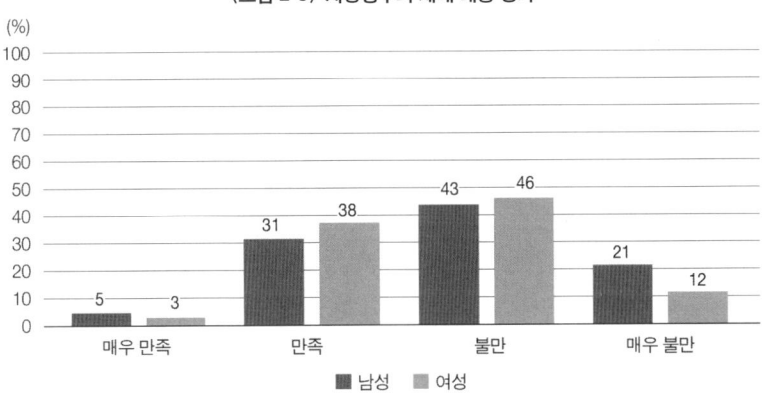

〈그림 2-5〉 지방정부의 재해 대응 평가

〈그림 2-4〉를 보면, 중앙정부의 재해 대응을 평가한 결과는 '불만'의 비율이 압도적으로 높은 것으로 나타났다. 그리고 '불만족'을 표시하는 비율이 남성 82%, 여성 78%로 나타났다. '만족'의 비율이 20% 정도에 머무르는 점을 고려하면, 동일본대지진에 대한 중앙정부의 대응에 불만족을 나타내는 비율이 아주 높다는 것을 알 수 있다. 지방정부의 재난 대응을 평가한 결과는 중앙정부를 평가한 것보다는 '불만족' 비율이 높게 나타나지 않았다. '불만족' 비율이 남성은 64%, 여성은 58%로 나타났다. 지방정부

에 대응에 '만족'하는 비율을 보면 남성은 36%, 여성은 41%로 중앙정부보다 두 배 높게 나타난다.

중앙정부와 지방정부의 만족도 차이는 재난 대응에서 맡은 역할의 차이에서 발생할 수도 있다고 생각된다. 실제로 재난 관련 가이드라인이나 방침을 결정하는 역할은 중앙정부가 하지만, 재난 시 구조 활동이나 구호물품 등을 배포하는 현장의 역할은 지방자치단체가 주도적으로 진행한다. 그렇지만 이번 대지진 발생 시 구호물품이 늦어지거나 각종 재난 대비 방침 하달이 늦어진 점을 고려하면 중앙정부를 상대로 보이는 높은 불만은 자연스러운 현상이라고 볼 수 있다(≪朝日新聞≫, 2011.8.31).

그리고 재난 지역의 주민이 중앙정부의 동향이나 대응 방안을 파악하는 수단은 매스미디어의 보도가 대부분을 차지한다. 그렇지만 지방정부의 대응이나 정보는 지방 미디어의 보도뿐만 아니라 실제 현장의 경험, 입소문 등 다양한 채널을 통해서 입수할 수 있다. 이러한 정보 획득의 차이도 대응 방안의 평가에 영향을 미칠 것으로 판단된다. 동시에 지방정부의 대응 방법에 대한 평가는 실제로 대지진 직후 미야기 현 무라이 요시히로(村井嘉浩) 지사의 신속한 대응이나 센다이 시 복구 작업이 다른 지역보다 빠르게 진행된 측면도 영향을 미쳤을 것으로 해석된다(河村和德, 2012).

그리고 재난이 발생한 이후 정부에 대한 불신이 증가한 비율을 보면 대재난에 대응하는 과정에서 정부가 제대로 대응하지 못했으며, 이는 결국 정부에 대한 불신을 키우는 결과가 되었음을 알 수 있다. 특히 남성보다는 여성이 정부에 더 실망했음을 알 수 있다. 이러한 결과는 생활 감각과 관련해본다면 납득이 어렵지 않은 부분이다.

중앙정부에 대한 불만과 불신의 증가는 지역사회 주민 간에 연대할 필요성을 제기한다. 실제로 〈그림 2-7〉에서 보이는 바처럼 대지진 이후 지역 주민 간의 긴밀감에 대한 반응은 높게 나타난다. 남성의 49%, 여성의

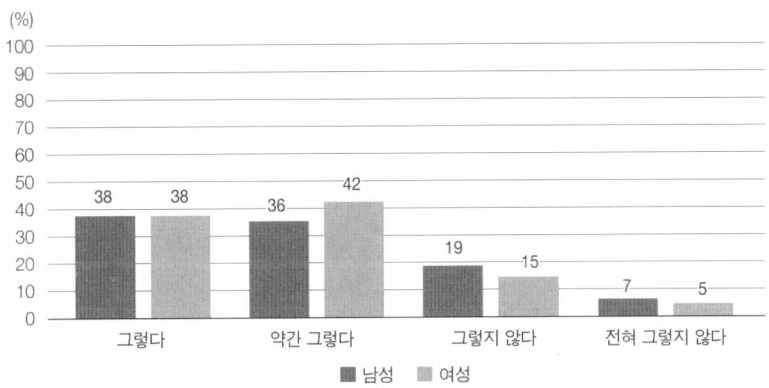

〈그림 2-6〉 재해 이후 중앙정부에 대한 불신 증가

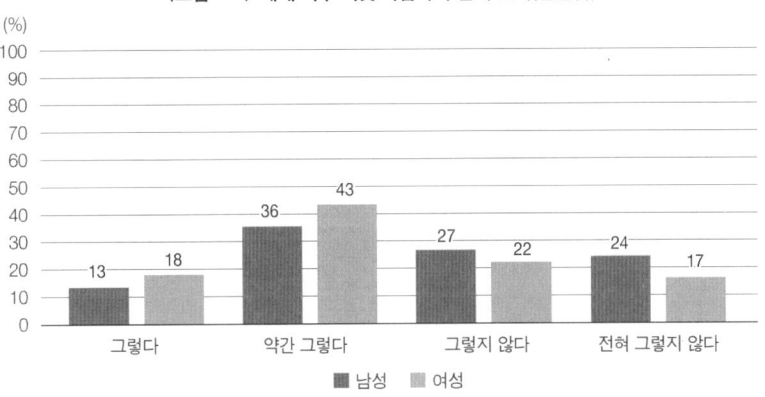

〈그림 2-7〉 재해 이후 이웃 사람과의 관계 변화(긴밀함)

61%가 재난 이후 이웃 사람과 긴밀도가 높아졌다는 반응을 보였다. 이러한 변화는 재난 과정에서 정부에 의존하기보다는 지역 주민 간의 상호부조를 통해 피난과 복구는 물론 지역사회의 재건도 가능하다는 쪽으로 인식이 변화했기 때문이라고 생각된다. 이러한 측면에서 2011년의 3·11 대지진은 일본 지역 주민의 인식에 커다란 영향을 미친 전환점이 되었다고 볼 수 있다.

7. 결론

 2011년 3월 11일에 발생한 동북부 지방의 대지진은 일본 사회를 '전후 시대'에서 '3·11 재난 이후' 시대로 전환한 사건이라고 평가된다. 패러다임 전환은 일본인의 공통 인식뿐만 아니라 사회구조, 정당정치, 생활방식, 에너지정책, 지역사회의 사회적 관계 등 다양한 방면에서 나타난다. 사회구조 측면에서 주목해본다면, 3·11 대지진은 일본 사회가 일극 중심의 사회에서 다극형 사회로 전환되는 계기를 마련했다. 정당정치의 측면에서도 기존의 여야 간 이해관계 대립이 아니라 재난 복구를 위한 프로젝트형 정치의 시대로 전환하도록 촉발하는 일대 전환점이 되었다. 그러나 여전히 정치는 정당정치의 영역에서 벗어나지 못하고 있는 실정이다.

 생활방식의 측면에서도 안정지향형 생활방식에서 탈피해 유목민적 생활방식을 지향하는 노마드라이프 사회로 전환이 촉진되는 계기가 되었다고 본다. 에너지정책에서도 일대 전환이 이루어졌다. 기존의 원자력 의존형 사회에서 탈피해 2030년에는 원자력을 전폐하게 되는 정책적 전환을 마련했다. 에너지 소비형 사회에서 재생 가능한 에너지를 생산하고 소비하는 사회로 전환하는 계기가 된 것이다.

 2011년의 3·11은 정부 의존적인 복구 시스템에서 탈피해 지역사회와 NPO·NGO가 주도하는 재난 대응 시스템으로 재편할 것을 요구했다. 그리고 지역사회를 중심으로 하는 민간 주도의 피난이나 복구 전략이 유일한 대안으로 등장했으며, 중앙정부에 대한 불신이 고조되고 중앙 주도의 행정 시스템에 불만이 높아졌다. 결국 지역 주민 상호 간의 연대나 친밀감을 토대로 한 지역사회의 중요성, 그리고 그 안에 존재하는 사회적 관계가 매우 중요한 사회적 네트워크로 등장하고 있다.

참고문헌

강익범. 2011. 「2011년 3월 11일 일본 동북부 대지진의 교훈」. ≪한국방재학회지≫, 제11호.
구본관. 2011. 「東일본 대지진의 경제적 영향과 전망」. ≪CEO Information≫, 제797호.
김기석 외. 2011. 「대재난과 일본의 진로: 일본 사회의 패러다임 변화」. ≪일본공간≫, 제9호.
김은경. 2011. 「기획특집: 일본 대지진 및 원전사고의 원인과 피해, 전망」. ≪도시문제≫, 제46호.
이찬우. 2011. 「삼박자 대재앙을 맞은 일본 사회의 변화 전망: 국민은 평정심 발휘, 정부는 우왕좌왕 한국 정부, 반면교사로 삼아야」. ≪민족21≫, 제122호.
이홍배. 2011. 「일본 대지진의 영향과 그 후」. ≪창&론≫, 제5호.
정성춘. 2012. 「동일본 대지진 피해복구를 위한 한일 협력방안」. ≪일본연구≫.
진창수. 2012. 「동일본 대지진 이후 일본의 정치변화와 한일관계」. ≪jpi 정책포럼≫.
한일산업기술협력재단 일본지식정보센터. 2011. 「일본의 에너지·자원 전략」from http://www.kjc.or.kr/cms/board/download.php?bid=issuebrief&no=36966&p_file=p_file0
エネルギー環境会議. 2012. 『革新的エネルギー·環境戦略』. エネルギー環境会議..
吉岡斉. 1999. 『原子力の社会史: その日本的展開』. 朝日選書.
山岡淳一郎. 2011. 『原発と権力: 戦後から辿る支配者の系譜』. 筑摩書房.
御厨貴. 2011. 『「戦後」が終り,「災後」が始まる』. 千倉書房.
佐々木俊尚. 2012. 「神話の崩壊と新しい日本社会の姿」. ネット未来地図mailing report 5.3..
池田信夫. 2011. 『原発「危険神話」の崩壊』. PHP研究所.
河村和徳. 2012. 「東日本大震災に対する政治の対応と対外認識への影響」. 日本政経社会学会 2012年 日韓シンポジウム "東日本大震災以後の日本社会のパラダイム変 換と日韓関係" 予稿集.

동일본대지진과 일본: 패러다임 전환과 정치적 변화

동일본대지진으로 본 복구와 부흥의 정치경제학

양기호

1. 대재난과 정치적 쟁점

일본 도호쿠 지방에서 미증유의 국가 재난인 3·11 동일본대지진이 발생한 지도 2년이 지났다. 그러나 대지진과 쓰나미, 방사능 피해라는 대형 재난은 아직도 일본 사회에 커다란 충격을 던지고 있다. 또한 수년 내에 도쿄 지역에서 대지진이 일어날 가능성과 후쿠시마 원자로 사고가 현재진행형이라는 상태에 일본 국민은 적지 않은 불안을 느끼고 있다. 한편 저출산과 고령화에 따른 일본 사회의 활력 감소, 20여 년 이상 계속되는 경기 침체, 증가하는 대형 국가 채무, 미국과 중국이 주도하는 G2 체제는 일본의 약해진 위상을 단적으로 표현한다. 2012년 12월에 재집권한 자민당의 아베 신조 내각이 정치·경제면에서 강한 일본을 모색하고 있지만, 얼마나 성공할지는 미지수다.

대재난이 일본열도를 휩쓸고 간 뒤, 일본 정부와 국회, 재계, 언론계, 시민사회는 부흥과 복구를 위한 다양한 대안을 검토해왔다. 일본 정부는 동일본대지진 부흥구상회의를 설치했고, 2012년 2월에는 부흥청을 출범시킨 바 있다. 그러나 부흥과 복구를 위한 과정에서 나타난 갈등과 대립으로 일본의 정치경제적 지형은 복잡해졌다. 불안정한 정치적 리더십과 자민당으로 정권이 교체되는 상황, 부흥과 복구를 위한 재원 마련과 소비세를 둘러싼 논쟁, 원자력발전 지속 여부에 관한 논란은 국민적 합의를 보지 못한 채 계속되고 있다.

이 글에서는 대재난 이후 부흥과 복구를 둘러싸고 나타난 정치적 쟁점을 살펴본 뒤에, 구체적인 부흥과 복구를 위한 정책 기구와 프로그램의 모색, 논쟁이 가열되고 있는 부흥 재원과 소비세 증세, 도호쿠 지역 지자체를 재건하는 문제 등을 중심으로 서술하고자 한다. 3·11 대지진에 대응하는 과정에서 일본의 정치와 경제에는 다양한 쟁점과 논쟁, 거버넌스 부재가 두드러졌다. 특히 부흥과 복구를 위한 정치적 리더십의 확립, 복구 계획과 부흥 재원 마련, 원자력발전에서 탈피하는 것에 관한 찬반 논란이 쟁점으로 부상했다(양기호, 2011: 141~158 참고).

첫째, 일본에서 정치적 불안정성과 리더십 부재는 심각하다. 2009년 9월 제45회 총선거를 통해 54년 만에 수평적으로 정권이 교체되었는데도, 일본 민주당은 정치적 안정감을 보여주지 못했다. 장기 집권했던 고이즈미 준이치로(小泉純一郎) 총리 이후 일본 총리는 대부분 1년 주기로 바뀌었다. 2006년부터 보면 자민당 출신 총리인 아베 신조, 후쿠다 야스오(福田康夫), 아소 다로(麻生太郞), 민주당 출신인 하토야마 유키오(鳩山由紀夫), 간 나오토, 노다 요시히코에 이르기까지 총리 재임 기간은 평균 1년 정도에 지나지 않는다.[1]

---

1 고이즈미 총리가 퇴진한 2006년 9월 이래 5년간 아베, 후쿠다, 아소, 하토야마, 간 순으

3·11 동일본대지진이 발생한 이후 재난 정국을 이끌었던 간 나오토 내각은 정치적 리더십의 부재로 많은 비판을 받았다. 빈번한 총리 교체로 비롯된 민주당 내 리더십과 합의 부재, 중의원과 참의원 간 분점 국회로 말미암은 결정 부재, 국회 - 여당 - 관료 조직을 잇는 네트워크 기능의 부재 등은 신속하고 적절한 정치적 대응을 어렵게 했다. 또한 일본 정당의 기본 정책과 총리의 정치적 전망 간 불일치는 정책의 일관성을 떨어뜨렸다.

　하토야마 유키오 총리는 우애 정신과 공동체 복원을 강조했고, 간 나오토 총리는 최소불행사회론을 내세웠다. 노다 요시히코 총리는 기존 민주당의 매니페스토를 상당 부분 포기했다. 선거공약에 반해 소비세 증세를 주장하고 나섰고, 이에 반발한 민주당 내 실세인 오자와 이치로 의원은 공약 위반이라고 비난하면서 급기야 탈당했다.[2]

　일본 민주당은 정권 초기부터 정치 주도를 강조함으로써, 관료 조직과 제대로 연계하지 못했다. 정책 결정에서 시행에 이르기까지 모든 논의는 각 성과 청 모두 정무3역회의를 중심으로 이루어졌으며, 이 과정에서 관료는 철저히 배제되었다. 이에 따라 한신·아와지대지진 기간에는 정부와 관료가 일체가 되어 재난 복구에 나섰으나, 민주당 정권은 정치-관료-기업 간 공동 거버넌스를 구축하는 데에 실패했다. 게다가 센카쿠열도를 둘러싼 중일 간 영토 분쟁, 한일 간 독도 영유권 논쟁으로 우파강경론이 득세하면서 민주당과 내각의 지지도는 크게 하락했다.

　　로 5명의 총리가 교체되었다. 그리고 2012년 12월의 총선거에서 자민당이 압승해 아베 내각이 다시 들어섰다. 이는 1936년 2.26 사건부터 1941년 태평양전쟁 발발까지 5년간 8명의 총리가 바뀐 이래 두 번째 기록이다. 당시에도 국가에 새로운 방향 전환이 필요했지만, 이것을 추동할 만한 정치 세력이 등장하지 못한 것은 요즘과 비슷하다고 해도 과언이 아니다(北岡伸一, 2011: 52).
2　2012년 2월 13일 자 일본 매스컴의 뉴스 보도를 참조하기 바란다.

그 결과, 2012년 12월 16일에 치러진 제46회 총선거에서 민주당은 참패해, 의석은 기존 230석의 4분의 1에 지나지 않는 57석으로 줄어들었다. 반면 자민당은 과반수를 크게 웃도는 294석으로 압승을 거두면서, 여당으로 복귀했다.[3] 우파 정당인 일본유신회도 54석으로 약진하면서 일본 내의 우경화 흐름이 두드러졌다. 다시 자민당이 집권하면서 취임한 신임 아베 신조 총리는 헌법 개정과 집단적 자위권 모색, 2% 인플레 목표 달성, 엔저 수출 확대를 통한 경기 활성화로 강한 일본을 만들고자 하고 있다. 또한 앞으로 참의원선거에서 압승해 중·참 양원(衆參兩院)에서 과반수를 확보하려 하고 있다.

둘째, 부흥과 복구를 위한 구체적 플랜을 둘러싸고 국민적 동의가 형성되지 않고 있다. 일본은 대재난에 강한 국가이며, 일본인은 대재난에 강한 국민이다. 1925년 간토대지진 이후 불과 수년 만에 도쿄는 새로운 근대 도시로 탈바꿈했다. 간토대지진 이후 재난 복구를 위해 일본 정부는 부흥원을 설치했으며, 초대 원장으로 만철 총재와 대만 총독 등을 역임했던 고토 신페이를 임명했다. 이 밖에 일본은 1995년의 한신·아와지대지진 시기에 연립내각과 부흥위원회를 설치해 재난을 극복한 적이 있다.

3·11 대지진은 21세기 일본에 새로운 국가 사회 시스템을 요구하고 있다. 일본은 1923년의 간토대지진 이후 5년 만에 부흥했으며, 1945년에 피폭된 히로시마와 나가사키, 대공습 이후 도쿄를 복구하는 과정에서도 마찬가지였다. 그러나 3·11대재난은 대지진, 쓰나미, 방사능 유출이 겹치면서 단기간 내 복구와 부흥이 어려운 현실이다. 앞으로 수도 기능의 분산을 검토하고, 지역 간 격차를 해소하며, 새로운 기능 집약형 도시를 도호쿠 지방에 건설해야 한다는 주장도 나오고 있다. 일극 집중형에서 다극 분산

---

3 ≪朝日新聞≫ 2012년 12월 17일 자 등을 참고하기 바란다.

형으로 산업구조를 개편하고, 에너지 구조를 재검토하며, 경제 시스템을 전환할 것도 요구된다. 재해 지역의 부흥 계획 추진과 아울러 국토 비전의 재구축이 필요한 시점이다.

한편 향후 부흥 계획의 수립과 이에 대한 국민적 합의는 크나큰 난제다. 더구나 부흥 자금을 염출하기 위한 재원 마련도 매우 어렵다. 만일 부흥세를 신설한다면 3% 증세 시 3년간 22.5조 엔을 확보해 전체 복구비인 25조 엔을 마련할 가능성이 높아진다. 노다 내각은 본격적인 부흥과 복구를 위해 국채를 발행하고 사회보장 재원을 충당하고자 소비세 증세를 추진했다. 이 과정에서 이를 공약 위반으로 비난한 민주당의 오자와 이치로 의원은 2012년 7월에 52명의 의원을 이끌고 탈당했다.

노다 내각은 자민당과 공명당 간 합의를 통해 소비세 증세를 기본으로 한 사회보장 개혁 관련법을 2012년 6월과 8월, 각각 중의원과 참의원에서 통과시켰다. 현재 5%인 소비세는 2014년 4월에 8%로, 2015년 10월에는 10%로 2단계로 나누어 인상된다. 그러나 자민당으로 정권이 교체된 후, 아베 내각은 경기 활성화를 위해 소비세 증세 연기를 검토하고 있다(≪産經新聞≫, 2012.12.28).[4] 따라서 일본 내의 소비세 증세 논쟁은 여전히 현재진행형이라고 할 수 있다.

셋째, 일본이 원자력발전을 완전히 탈피할 것인가에 관한 논쟁이 가라앉지 않고 있다. 1960년대 시민운동기 이후 사라졌던 일반 시민의 탈원전 데모가 3·11 이후에는 일상화된 실정이다.[5] 방사능 피해에 시달리는 일본에서 탈원전 주장은 당연한 것이나, 대체에너지 부족과 기업의 채산성 악화, 원자력을 둘러싼 이권 구조로 말미암아 의견이 엇갈리고 있다. 간

---

4 아소 다로 재무상이 소비세 증세의 연기를 언급했다.
5 탈원전 시민 데모에 대해서는 박지환(2012: 32~56)을 참고하기 바란다.

나오토 총리가 재생가능에너지 법률 제정을 주장한 데에 비해, 노다 요시히코 총리는 원자력발전의 가동을 연장하고 원자력의 수출을 주장했다.

민주당의 센고쿠 요시토(仙谷由人) 정무조사회장 대행은 지방 강연에서 서 원자력발전을 재가동할 필요가 있다는 인식을 표명했다(≪産経新聞≫, 2012.2.13 참고). 2012년 12월 현재 가동 중인 상용 원자력발전은 총 50기 가운데 오이 원자로 2기뿐이다. 나머지 원전에서는 다양한 재난에 견뎌낼 수 있는지 안전성을 검사하는 스트레스 테스트가 진행 중이다. 문제는 스트레스 테스트에 합격해도 해당 지자체가 가동을 승인할지는 매우 불투명하다는 점이다.

3·11 대재난과 후쿠시마 사태 이후 간 나오토 총리는 원자력발전 탈피에 정치생명을 걸고자 했다. 한때 원자력발전을 주장했던 간 나오토 총리는 후쿠시마 원자로 폭발 이후 생각이 크게 바뀌었다. 2011년 7월에 간 나오토 총리는 관저에서 기자회견을 열어, 정부의 에너지기본계획을 백지부터 재검토하고[6] 탈원전을 기본으로 하는 방침을 표명했다. 전력 부족을 우려하는 산업계에는 대체에너지 확보를 요구하는 등, 원자력발전에 의존하는 정도를 낮추고자 시도했다.

간 나오토 총리는 자신이 퇴진하는 조건으로 재생가능에너지 특별 법안의 제정을 내걸었다. 태양광과 수력, 풍력, 지열, 바이오가스 등의 발전량을 전력회사가 일정 부분 의무적으로 매입한다는 것이다(≪週刊朝日≫, 2011.5.20 참조). 원자력발전 감축을 전제로 대체에너지를 구입한다는 내용의 이 특별법은 여야 합의로 2011년 8월에 일본 국회를 통과했다. 소프

---

[6] 2010년 6월에 책정된 에너지기본계획에 따르면, 2030년까지 원자로를 14기 증설하고 원자력이 전체 발전량 가운데 차지하는 비율을 26%에서 53%로 대폭 늘린다고 되어 있다(≪読売新聞≫, 2011.7.13).

트뱅크의 손 마사요시(孫正義) 사장은 탈(脫)원자력발전과 자연에너지 재단을 설립하겠다고 발표해, 일본뿐만 아니라 한국 매스컴에도 많은 주목을 받았다. 또한 재난 복구와 부흥 지원 전용 포털 사이트를 설립하고, 탈원자력발전을 전제로 하는 동일본 솔라벨트(Solar Belt)를 만들 것을 제안했다.

노다 내각은 원자력발전 유지를 놓고 중립적인 조사위원회를 설치한 다음, 2012년 8월에 전국을 돌면서 토론형 여론조사를 시행했다. 그 결과 2030년 시점에서 원자력발전을 폐지하자는 의견이 46.7%로 가장 많았고, 원자력발전 비율을 15%로 유지하자는 의견이 15.4%, 원자력발전 비율을 20~25%로 유지해야 한다는 의견이 13%로 나타났다(時事通信, 2012.8.22). 이는 2030년까지 원자력발전을 중단해야 한다는 의견이 과반수를 차지한 것으로, 안전을 중시한 결과를 보여준다.

그러나 2012년 12월에 자민당의 아베 내각은 원자력발전을 중단한 민주당의 결정이 무책임하다고 비난하면서, 당분간 원자력발전 결정 여부를 보류하고, 지속 여부를 검토한다고 언급했다(≪毎日新聞≫, 2012.12.27).[7] 구체적으로 말하자면, 아베 총리는 3년 이내에 안전한 원자로는 재가동하되, 그렇지 않은 원자로는 폐기하겠다는 태도를 보이고 있다(≪朝日新聞≫, 2012.12.11). 탈원전을 둘러싼 찬반 논쟁은 중앙 부처와 원자력 기관, 대기업을 비롯한 산업 전력 소비자, 원자로가 설치된 지역 주민과 건설업자, 환경운동가와 일본 국민들의 합의가 형성되지 못한 채, 심각한 고민을 드리우고 있다.

---

7 "아베 내각에서 원자력발전이나 사회보장에 대한 민주당 정책을 재검토할 움직임 본격화"라고 보도했다.

2. 부흥과 복구의 정책 과정

1) 대재난과 거버넌스 부재

일본 정부는 3·11 동일본대지진 이후 복구와 부흥 대책을 제대로 추진하지 못하면서, 국내외의 비난에 직면했다. 대지진과 쓰나미 등, 자연재해가 끊이지 않는 일본에서 원자력사업은 충분히 검토되지 않은 채, 전후 국책 사업으로 자리 잡아왔다.[8] 더구나 원자력 관리와 방재 시스템 간 상호 규제 부재, 민주당의 애매모호한 원자력정책 등은 부흥과 복구 과정을 복잡한 상황으로 만들었다.

일본 정부는 전후의 고도성장 과정에서 에너지 확보와 원자력 개발에 대한 관심을 배경으로 1955년에 원자력기본법을 제정했다. 그리고 1973년에 발생한 제1차 석유 위기로 원자력발전은 화석연료를 대신할 중요한 에너지로 인식되었다(飯田哲也ほか, 2011). 전후 고도성장 기간 내내 원자력은 지역개발과 연계되어 확대되었다. 일본 정부는 전원3법(電源3法)을 제정해 거액의 국고보조금을 원자로가 입지한 지자체에 교부했다. 뿌려진 국고보조금만 1조 4,000억 엔에 이르며, 한때 전력 생산량 가운데 원자력 비중이 약 30%를 차지하기에 이르렀다(飯田哲也ほか, 2011).

원자력산업 네트워크는 원자력추진복합체(Nuclear Propulsive Complex)라고 불릴 정도로 다양한 이권 구조로 맺어져 있다. 정부 여당, 원자력위원회, 각 성청, 원자력연구개발기구, 원자력 공익법인, 원자력산업계, 시설 입지 건설 업체, 지자체, 매스미디어와 학자, 문화인들이 이권 네트워크를 구축하고 있다(≪週刊朝日≫, 2012.6.15: 20~22). 특히 지역 경제계의

---

[8] 왜곡된 원자력산업의 발전 과정은 孫崎享(2012: 174~178)을 참고하기 바란다.

주요 자리를 전력회사 사장이나 고위직들이 대부분 차지하고 있다. 예를 들면 홋카이도경제연합협의회는 홋카이도전력의 회장과 사장이 주요 임원들이다. 시코쿠와 규슈의 경제연합회 등을 포함한 지역 재계도 마찬가지다(山下唯志, 2012: 121).

민주당은 2006년에 들어 원자력 이용을 포함한 종합적인 에너지정책을 검토했다. 2010년 6월에 제정한 '에너지기본계획'은 2020년까지 원자로 9기, 2030년까지는 적어도 14기 이상을 건설하는 것으로 되어 있었다. 민주당이 원자력발전에 보였던 초기의 애매한 태도는 점차 친(親)원자력발전으로 바뀌었다. 지구온난화 방지용 온실가스 감축에 대한 목표치 설정, 2010년에 각의에서 결정한 신성장 전략 등도 원자력발전을 추진하는 배경으로 작용했다(山下唯志, 2012: 125).

그러나 3·11 동일본대지진과 후쿠시마 원전 사태 이후 간 나오토 내각은 원자력발전 정책을 백지화하고 원자력 감축, 대안에너지 확대라는 방향으로 전환했다. 2011년 8월에 성립한 재생가능에너지특별조치법은 태양광이나 풍력, 지열, 바이오매스와 같은 재생 가능한 에너지로 만든 전기를 일정 기간에 고정 가격으로 전량 구입해야 하는 의무를 전력회사에 부과하는 법률이다. 이 법안에 따르면, 재생가능에너지 발전설비는 2020년까지 약 3,000만 kw가 증가해 발전량 점유율은 현재의 9%에서 13%로 증가할 것으로 예상된다. 그러나 재집권한 자민당의 아베 내각은 다시 원자력발전을 추진하겠다는 의사를 밝히면서, 일본 정부의 에너지정책은 혼란에서 벗어나지 못하고 있다.

일본의 관료제는 성청 간 이익할거주의로 종합 행정 능력이 떨어지며, 유사시나 전환기에 대응하는 능력이 부족하다는 비판을 받아왔다. 그리고 원자력 관리는 그 전형적인 사례였다. 일본에서 원자력 행정 소관 부처는 내각부 원자력안전위원회, 경제산업성의 원자력안전보안원, 문부과학성

〈표 3-1〉 간 나오토 내각의 재난 대응 조직

지진과 쓰나미	원자력발전 대책	부흥 대책
- 긴급재해대책본부 　└현지대책본부 　　└정부현지연락대책실 - 피해자생활지원팀 　└각성청연락회의 - 대지진자원봉사연계실	- 원자력재해대책본부 　└정부·도쿄전력종합대책실 　　└현지대책본부 - 원자력이재민생활대책실 - 원자력사고경제피해대책팀	- 부흥대책본부 - 동일본대지진부흥대책회의 - 검토부회

의 과학기술과 학술정책국으로 나뉘어 있었다. 그런데 같은 성청 내에 원자력 이용을 추진하는 부서와 규제하는 부서가 동시에 존재했다. 따라서 정책 추진과 감시·규제가 견제와 균형(check and balance)을 이루지 못하는 문제점을 드러냈다(內山融, 2011: 96~97).

일본 정부가 국제원자력기구(IAEA: International Atomic Energy Agency)에 제출한 후쿠시마 제1원자력발전소 사고 보고서에 따르면, 행정조직의 분할로 말미암아 책임 소재가 명확하지 않았으며, 대규모 원자력 사고가 일어났을 때 필요한 종합적인 대응책이 부족했다. 실제로 동일본대지진 당시에도 긴급재해대책본부, 원자력재해대책본부, 후쿠시마 원자력발전소 사고대책통합본부 등을 설립했지만, 지휘 계통이 흐트러져 오히려 혼선을 빚거나 장애 요인이 되는 사례가 많았다(〈표 3-1〉을 참조).

2) 부흥과 복구를 위한 정책 기구

3·11 대지진 이후 많은 시행착오를 거치면서도 복구와 부흥을 위한 정책 체계는 점차 구체화되기 시작했다. 2011년 6월 24일에 부흥기본법 시행으로 부흥대책본부와 현지대책본부가 발족했고, 6월 28일에는 제1회 부흥대책본부회의가 열렸다. 7월 29일의 제4회 부흥대책본부회의에서는

〈그림 3-1〉 부흥 행정 체계

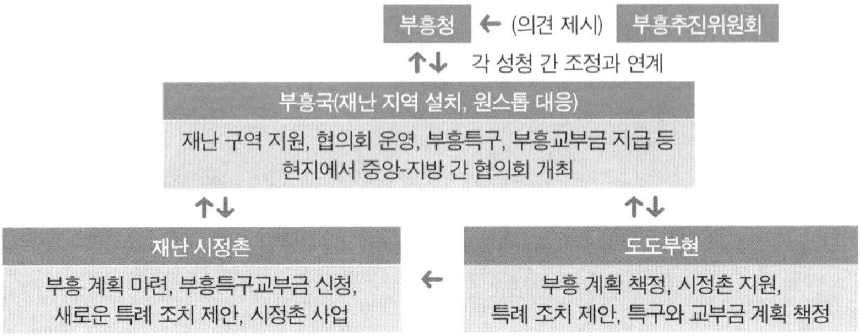

```
                    부흥청  ← (의견 제시)  부흥추진위원회
                      ↑↓    각 성청 간 조정과 연계
              부흥국(재난 지역 설치, 원스톱 대응)
              재난 구역 지원, 협의회 운영, 부흥특구, 부흥교부금 지급 등
                    현지에서 중앙-지방 간 협의회 개최
                ↑↓                              ↑↓
         재난 시정촌                           도도부현
    부흥 계획 마련, 부흥특구교부금 신청,  ←  부흥 계획 책정, 시정촌 지원,
    새로운 특례 조치 제안, 시정촌 사업        특례 조치 제안, 특구와 교부금 계획 책정
```

비로소 부흥기본방침이 결정되었다. 10월 28일에는 2011년도 제3차 수정예산안과 동일본대지진 부흥특별구역법안이 국회에 제출되었다. 11월 1일에는 부흥청설치법이 국회에 제출되었다(東日本大震災復興対策本部事務局, 2011). 동시에 국토교통성을 비롯한 국가공무원들이 각 시정촌에 파견되어 지자체의 부흥 계획 책정을 지원했다. 재난 지역 43개 시정촌 가운데 8할 이상의 지자체가 2011년 말까지 부흥 계획을 책정했다.

부흥청 조직은 부흥대신, 부흥부대신, 사무차관, 총괄관, 심의관, 중요회의와 심의회 추진위원회 등을 두고 있다(〈그림 3-1〉). 일본 정부는 해안, 하천, 하수도, 교통망, 농지와 농업용 시설, 항구와 어장, 양식 시설, 학교 시설, 폐기물 처리 등의 작업을 집행하고 있다. 이를 위해 재난 지역인 이와테 현, 미야기 현, 후쿠시마 현에 각각 부흥국을 설치했다. 중앙 - 지방 간 협의회도 활용하고 현지에서 지자체의 요망을 원스톱 절차로 처리하고 있다. 부흥청은 부흥에 관한 국가시책을 기획·조정하고 중앙 부처 업무를 지자체와 연계하는 단일 창구의 기능을 맡고 있다.

또한 부흥특구가 설치되어 세금·재정·금융상의 혜택을 제공받고 있으며(〈그림 3-2〉), 재난 지역 지자체를 위해 다양한 특례 조치도 설치했다. 첫째, 규제와 절차 특례로서, 공영주택 입주 기준을 완화하고, 농림수산물

〈그림 3-2〉 부흥특구 지정 절차

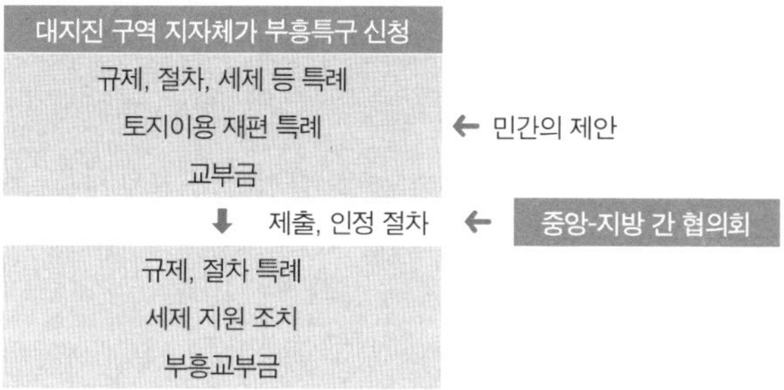

```
┌─────────────────────────────┐
│  대지진 구역 지자체가 부흥특구 신청  │
│  규제, 절차, 세제 등 특례        │
│  토지이용 재편 특례      ← 민간의 제안
│  교부금                      │
└─────────────────────────────┘
         ↓  제출, 인정 절차  ←  중앙-지방 간 협의회
┌─────────────────────────────┐
│  규제, 절차 특례              │
│  세제 지원 조치               │
│  부흥교부금                   │
└─────────────────────────────┘
```

가공, 판매 시설, 바이오에너지 시설 정비, 어업권 면허 특례, 의료기기 판매업 허가 기준 완화, 수력발전 신청 간소화, 용도 규제를 완화했다. 둘째, 토지이용 재편 특례로서, 도시, 농지, 삼림 등 기존의 토지이용 규제를 받지 않고 신속하게 재편할 수 있게 변경했다. 셋째, 세제상 특례로서, 피해지에 산업을 유치하기 위한 투자, 고용, 연구 개발 촉진 시 세제 우대, 지방세 감면과 양질의 임대주택 촉진 세제, 지역 공헌 회사 출자 시 소득공제 등을 규정했다. 넷째, 재정과 금융 특례로서 부흥교부금과 부흥특구 지원, 이자지원금 등을 설치했다.

지역별 부흥 프로젝트도 마련되었다. 구체적 사례를 보면, ① 토지이용 재편에 따른 고용을 확보하고 거주 지역을 마련하기 위해 주택지와 농지의 교환과 정비를 거쳐 거주 지역을 고(高)지대로 이전하고, 공영주택 정비, 상점가 재생, 자동차 부품 공장 입지, 농림수산업 재생, 수산물 가공 공장 입지를 지원하고 있다. ② 재생가능에너지의 도입을 촉진하고 지역 만들기로서 메가 솔라, 풍력발전 설치, 풍력산업 유치, 수력발전, 폐건자재 활용, 스마트 커뮤니티, 야채공장 정비 등을 지원하고 있다. ③ 의료산업 집적 거점을 형성하기 위해 의약품·의료기기산업 거점 형성, 연구 거점 마련, 임상 연구와 의료 거점 형성 등을 추진하고 있다.

3. 부흥 재원과 소비세 논쟁

대지진으로부터 복구와 부흥에 이르기까지 엄청난 재원이 필요한 것은 두말할 나위도 없다. 폐허가 된 시설물을 철거하거나 토지를 수용해 재편하고, 새로운 주택과 제방과 도로 등을 건설해야 한다. 또한 방사능 피해로 토지와 주택을 포기하고 지금까지 살던 거주지를 떠난 후쿠시마 지역 주민에게 보상금을 지급해야 한다. 전자에 대해 일본 정부는 10년 이상 걸릴 것으로 예상되는 재난 지역 복구를 위해 부흥 채권을 발행했다. 그리고 후자에 대해서 일본 정부 원자력배상기구는 도쿄전력에 1조 엔의 공적 자금을 투입하고 그 재원으로 지역 주민에게 보상금을 지급하되, 도쿄전력의 국유화를 결정했다(≪朝日新聞≫, 2012.7.31).

위기관리 내각인 민주당은 자민당, 공명당과 함께 부흥기본법을 제정했다. 필요한 재원은 부흥 채권을 발행해 상환하기로 합의했다. 2011년 7월 작성된 부흥기본방침에 따르면, 2015년까지 5년에 걸친 집중 부흥 기간의 사업 규모는 약 19조 엔이며, 10년간 사업비는 약 23조 엔으로 예상된다. 이미 결정된 제1차·제2차 보정예산이 6조 엔이므로, 앞으로도 17조 엔이 필요하게 된다. 이들 재원은 먼저 정부 자산을 매각하거나 부흥채 발행으로 충당할 예정이다(〈표 3-2〉).

일본 정부는 대지진 복구와 부흥을 위해 두 차례에 걸친 16조 엔 규모의 추가예산을 결정했다. 일본 정부가 결정한 부흥기본방침에는 첫 5년간의 대책에 약 19조 엔이 필요한 것으로 나타났다. 제3차 추가예산에는 도로·항만 등 인프라 정비, 재난 지역의 기업에 대한 융자, 후쿠시마 부흥기금 창설 등이 포함되었다. 재난 지역에서 용도를 정하지 않고 부흥 목적으로 자유롭게 사용할 수 있는 교부금도 계상되었다(人羅格, 2011).

2011년 상반기의 소비세 증세안은 부흥에 필요한 재원을 추가로 마련

⟨표 3-2⟩ 집중 부흥 기간(2011~2015년) 부흥 예산과 재원

예산		재원	
5년간 19조 엔 필요			
폐기물 처리, 인프라 복구	6조 엔	국고부담금	6.1조 엔
재난 구조, 생활 재건	4조 엔		
지역 인프라, 소프트 사업	8조 엔	아동 수당 삭감	2.4조 엔
긴급 방재 사업	1조 엔		
2011년도 3차 수정예산안 계상			
부흥채 발행	10조 엔	부흥채 상환용 임시 증세	10.5조 엔
2011년도 1, 2차 수정예산안 계상			
부흥채 발행	6.1조 엔		

자료: ≪朝日新聞≫(2011.7.26).

⟨표 3-3⟩ 소비세율 인상에 따른 재정 운용안

	2012	2013	2014	2015	2016	2017	2018
소비세율	5%		8%			10%	
용도			부흥 재원		사회보장 재원(단, 일부만 부흥 재원)		

하기 위한 것이었다. 소비세를 8%로 인상한다고 하면, 1년에 7.5조 엔, 3년간 22.5조 엔의 세수 증가가 예상된다. 이것을 모두 부흥 재원으로 활용하고 2016년부터 소비세율을 10%로 올린다는 것이다. 또한 이때부터 5% 증세분은 모두 사회보장 용도로 활용한다. 즉, 부흥 재원은 최초 3년간 증세분에 한정하는 것이다. 이것을 도표로 만들면 ⟨표 3-3⟩과 같다(伊藤元重 編, 2011).

그러나 소비세 증세가 비판에 직면하면서 민주당은 그 대안으로 증세분의 용도를 사회보장 재원에 사용하는 것으로 바꾸었다. 노다 요시히코 총리는 9월 13일에 열린 취임식의 소신 표명 연설에서 동일본대지진으로 본 피해 복구와 부흥을 최우선 과제로 설정하고, 특히 후쿠시마 원자로 사태 수습을 국가적인 도전이라고 강조했다. 노다 내각은 소비세 증세로 사회보장의 일체 개혁을 추진하고, 재정 건전화에 관해서는 경제성장과 양

립시키면서 2012년 통상 국회에 총괄 개혁 관련 법안을 제출하겠다고 밝혔다.

민주당 내각은 복구와 부흥을 위한 재원과 사회보장 연금제를 일괄해 통합하고자 소비세를 10%로 올리는 방안을 제시했다. 정부세제조사회의 계산에 따르면 소비세를 10%로 할 경우, 연 수입 700만 엔의 표준 가족은 18만 엔을 추가 부담해야 한다. 이에 따라 당연히 소비세 증세로 나타나는 가계 부담 증가를 둘러싼 논쟁이 일어났다. 소비세 증세를 적극적으로 주장하는 입장은 차세대에 부담을 남겨서는 안 되며, 현세대가 소비세 부담을 스스로 떠맡아야 한다고 주장했다. 또한 소비세 증세는 경기에 영향을 미치지 않으며, 오히려 공적 자금 투입과 재정투자를 통해 경기를 살릴 수 있다고 강조했다.

노다 요시히코 총리는 소비세 증세의 당위성을 사례를 들어서 강조했다. 전후 일본 경제의 상징인 마쓰시타 고노스케(松下幸之助)가 생전에 국가 재정 위기에 관한 우려를 수차례 언급했다는 것이다. 영국의 2011년 8월 2일 자 ≪The Economist≫도 20년 전 일본 경제의 거품이 꺼지면서 일본의 정치가들이 본격적인 재정 위기 해소 대책을 내놓지 않고 가식적인 대안만 겉치레식으로 내놓았다는 기사를 인용했다. 그에 따르면, 현재 일본의 위기는 일본 정치가들이 문제의 본질에 도전하지 않고 회피했기 때문이라는 것이다. 2011년 미국발 글로벌 금융 위기 이후 일본의 재정은 국채 발행액이 세수를 웃도는 비정상적인 상태에 빠져들고 있었다. 세수보다 채권이 더 많아진 것은 전후를 기준으로 보면 패전 직후인 1946년을 제외하고 처음으로 일어난 사태다(野田佳彦, 2011: 49~50). 2012년 2월에 일본 정부는 소비세 증세 계획에 관해 2014년 4월에 8%로 인상하고, 2015년 10월에 10%로 인상하되, 사회보장과 동시 개혁하는 내용의 재원 조달안을 결정했다. 소비세 증세와 재난 지역을 위한 증세에 반대하는 여론을 고

〈그림 3-3〉 소비세 증세와 내각 지지율

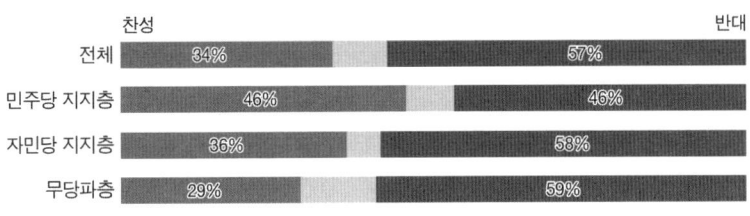

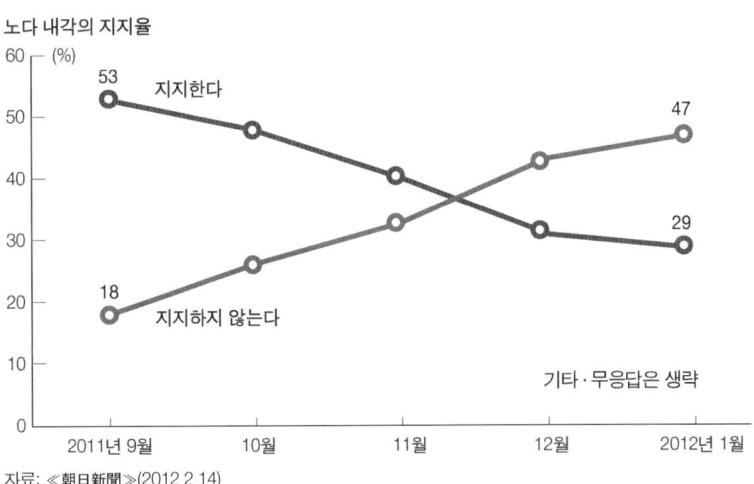

자료: ≪朝日新聞≫(2012.2.14).

려해 현행 5%에서 8%로 소비세를 인상하되, 추가 3%분에 해당하는 8조 엔은 연금 부족분을 메꾸고 사회보장 재원으로 사용한다고 발표했다(≪朝日新聞≫, 2012.2.8). 그런데 일본에서 소비세 증세안에 관해 여론조사를 한 바에 따르면, 찬성은 34%, 반대는 57%로 반대하는 의견이 더 높았다. 비율을 보면 남자가 찬성 40%에 반대 52%, 여자는 찬성 28%에 반대 61%로 나타났으며, 민주당 지지층도 찬성과 반대가 각각 46%로 거의 비슷한 수준으로 찬반이 갈렸다(〈그림 3-3〉을 참고). 한편 노다 내각의 지지율은 29%로 지난 조사와 크게 바뀌지 않았으나, 처음으로 지지율이 2할대로 접어들었다.

2012년 여름에 들어 민주당의 노다 내각은 엄청난 당내 논쟁을 거듭하면서도 소비세 증세를 추진했다. 소비세 증세는 민주당의 정책 공약인 매니페스토를 완전히 폐기하는 것이나 다름없는 중요한 사안이었다. 그러나 2012년 8월 10일, 결국 민주당은 중의원을 거쳐서 자민당, 공명당과 공동으로 소비세 증세 법안을 참의원에서 통과시켰다. 민주당의 분열은 더욱 심화되었고 선거공약이 공식적으로 폐기되면서 민주당은 생활 정당으로서 정체성을 상실했다. 노다 내각의 지지율은 급락했고, 언제 총선거를 치르더라도 자민당에 대패할 가능성이 매우 높아졌다. 결국 2012년 12월 16일에 시행된 총선거에서 자민당이 압승한 반면, 민주당은 참패해 소수 정당으로 전락했다.

4. 도호쿠 재건과 지자체

3·11 대지진은 경제의 글로벌화와 구조 개혁이라는 흐름 가운데 지역 산업이 쇠퇴하고 과소화와 고령화가 진행되는 농어촌 지역을 최악의 상태에 빠뜨렸다. 대재난으로 발생한 쇼핑 난민, 의료 난민, 주유소 난민 등의 현상은 일본 지역의 문제를 총체적으로 드러낸 전형적 사례였다. 피해 지역인 도호쿠 지방은 직격탄을 맞았다는 표현이 어울릴 정도로 커다란 충격을 받았다. 더구나 시정촌 합병으로 공무원까지 줄어들어 심각한 일손 부족에 시달리고 있다.

원자력발전의 안전 신화를 맹신하면서 중앙정부의 보조금이나 전력회사의 소비와 지출에 의존해온 지자체는 방사능의 대량 발생과 강제 퇴거라는 최악의 사태를 맞았다. 지역 주민의 생활 기반은 거의 대부분 붕괴되었다. 식품과 음료, 에너지, 전자 부품 등을 도호쿠 지역에 의존해온 수도권도 물자 공급이 중단되면서 커다란 혼란에 빠졌다. 수도권 집중과 과소 지역 간 이중구조, 수도권-지방 간 불균형과 기형적인 상호의존, 일본형 시스템 자체의 취약성을 그대로 드러낸 것이었다.

2013년 1월 말 현재, 대지진과 쓰나미로 발생한 사망자는 약 1만 9,000명에 달한다. 피난자도 무려 31만 6,000명에 이르는 실정이다.[9] 대지진 피해는 도호쿠 지역 내 이와테 현과 미야기 현에 집중되었다.[10] 미야기 현은 사망자 9,506명, 행방불명자가 1,877명으로 합계 1만 1,383명이며, 이와테 현은 사망자 4,665명, 행방불명자 1,375명으로 합계 6,040명에 이른다. 3·11 대지진 사망자의 9할 이상이 미야기 현과 이와테 현에서 발생한 것이다.

일본의 도호쿠 지방은 메이지 시기부터 일본 경제에 중요한 인력과 물자 공급원이었으며, 근대기의 도호쿠 지방은 풍부한 광물자원의 산지이자 공급 기지 역할을 맡아왔다. 또한 전후 고도성장기에는 농촌인구가 수도권의 산업 생산에 필요한 노동력으로 전환되거나, 지역 내 하청 공장의 저임금 노동자로 종사했다. 도호쿠 지방은 일본의 식량 기지이기도 하다. 쌀 생산량은 전국의 4분의 1을 차지하며, 양계업이나 양식업이 발달해 일본인들의 식탁에 오르는 주요 농수산물을 공급하고 있다. 그리고 이 밖에도 수도권에 전력을 공급하는 전력 생산 기지 역할을 맡고 있다. 그런데 3·

---

9 일본 내각부 동일본대지진 관련 정보의 2012년 12월 말 현재 통계로, 일본 내각부의 방재 홈페이지(http://www.bousai.go.jp/higashinihon_info.html)를 참고하기 바란다.
10 3·11 대지진의 여파는 진원지에 인접한 도호쿠 지방의 해안지역과 인근 내륙지역에 큰 상처를 남겼다. 일본 도호쿠 지방은 아오모리 현, 이와테 현, 아키타 현, 미야기 현, 야마가타 현, 후쿠시마 현의 6개 현을 포함하며, 법률적·경제적인 분류로 하면 니가타 현까지 포함한다. 단지 일반적으로는 앞의 6개 현을 도호쿠 6현이라고 해서 도호쿠 지방을 나타내는 대표적인 용어로 사용하고 있다.

11 대지진은 도호쿠 지방의 기능을 크게 약화시켰다. 대기업의 하청 공장이자 부품산업 기지, 농어촌 식품 생산 기지, 원자력 기지로서 도호쿠 지방은 주요 기능을 상실했다.

엄청난 피해에도 정부가 늑장 대책을 내놓자 분노한 전국지사회는 적극적인 대안 마련을 요구했고, 마침내 일본 정부는 2011년 7월에 동일본대지진 부흥기본방침을 책정했다. 기본방침은 부흥기본법에 의거해 부흥 작업의 행정주체로서 주민에게 가장 가깝고 지역 특성을 이해하는 시정촌이 중심이 되어야 한다고 규정했다. 이에 따르면, 중앙정부는 시정촌 행정지원 창구의 마련, 피난자 정보 시스템 구축, 도도부현(都道府県)과 시정촌에 정보 제공, 자원봉사자 수용 체계 정비, 재난 지역의 관광 교류 활성화, 지역 경제를 살리기 위한 신규 투자와 기업 유치를 지원하도록 했다. 또한 중앙정부는 시정촌이 최대한 능력을 발휘하도록 재정, 인재, 노하우 등 필요한 제도 설계나 인프라를 지원하며, 도도부현은 광역권 시책을 추진하고 시정촌 간 연락 조정, 행정 보완 업무를 수행한다고 적혀 있다.[11]

일본 정부는 2012년 2월에 복구와 부흥을 총괄하는 본부로서 부흥청을 출범시켰다. 또한 다양한 지원 제도와 부흥특구도 설치했다. 부흥특별구역 제1호로 미야기 현이 신청한 민간투자촉진특구와 이와테 현이 신청한 보건의료복지특구가 인정을 받았다. 민간투자촉진특구는 재난 지역에 진출하는 기업의 법인세를 5년간 면제하는 내용으로, 미야기 현이 현내 34개 시정촌과 공동으로 신청했다. 보건의료복지특구는 의사나 간호사를 배치하는 기준을 완화하는 것으로 이와테 현과 현내 33개 시정촌이 신청했다. 그밖에 진출 기업을 세제 특례로 대우하는 아오모리 현의 부흥특구, 이와테 현의 산업재생특구 등도 제안되었다(≪読売新聞≫, 2012.2.7).

---

11 이하는 양기호(2012)를 참조하기 바란다.

재난 지역 지자체는 별도로 재해대책본부를 설치하고 독자적인 부흥과 복구 계획을 추진했다. 미야기 현은 대지진 직후인 5월 2일, 대지진부흥회의 첫 모임을 개최했다. 1차 회의 결과, 이전과는 다른 제도 설계나 방법을 활용한 부흥 계획을 수립하기로 했다. 계획 기간은 10년으로 해서 복구기, 재생기, 발전기의 3단계로 나누고, ① 재해에 강한 안심 도시 만들기, ② 지역 주민 모두가 복구 사업의 주체로 참여하기, ③ 복구에 그치지 않고 근본적인 재구축을 지향하기, ④ 다양한 주민 수요를 충족시키는 선진 지역 만들기, ⑤ 엄청난 피해로부터 부흥 모델을 구축하기 등 주요 방침 5개를 설정했다.

재해에 강한 도시 만들기는 해안지역 주택이나 학교 또는 병원은 고지대로 이전하고 직장과 주거지역을 분리해 안전을 확보한다, 쓰나미에 대응하는 다중 방어를 위해 간선도로나 철도 등 교통 인프라를 비교적 높게 구축하고 제방 기능도 겸하도록 한다, 수산업에서는 항구를 3분의 1 정도로 집약해 축소하고 거점 지역부터 우선 복구한다, 연안어업과 양식업을 진흥하고 민간 자본을 활용해 수산업 부흥특구를 설치한다 등으로 구성된다. 또한 피해 지역 농지를 합쳐서 대규모화하고 복구가 곤란한 농지는 정부가 토지를 구입해 완충지대에 녹지와 국립공원으로 정비한다는 것이다.

대재난 학습과 연수를 목적으로 하는 수학여행이나 연수생 유치, 의료산업 연계, 재생 가능한 에너지를 활용한 에코타운 형성, 광역 방재 거점 설치, 도호쿠 지역에 위기관리 대체 기능 정비 등도 제안하고 있다. 이에 필요한 재원으로서 재해대책세 창설이나 민간투자를 촉진하는 제도 창설, 부흥 국채의 활용, 재해 복구 기금 등 재원을 중앙정부에 요구한다는 것이다. 규제 완화나 세제상 우대를 할 수 있는 대지진 복구 광역 기구의 설치도 제안했다.

기초 단체의 복구 계획도 나오고 있다. 미야기 현 이와누마 시는 태평양 연안에 위치해 엄청난 피해를 입었다. 전체 인구 약 4만 4,000명 가운데 사망자와 행방불명자가 150명에 달했다. 지역 절반이 침수 피해를 보았고 농지는 침하되었다. 재난 이후 이와누마 시는 부흥 본부를 설치해 계획 기간을 7년으로 정하고 '이와누마 시 대지진부흥기본방침'을 정했다.

기본방침에는 신속한 가설 주택 건설과 주거 마련, 쓰나미에 안전한 도시 만들기, 농지 회복과 농업 재생, 고용을 창출하는 국제 첨단 도시, 자연에너지를 활용한 첨단 모델 도시, 미래 세계유산으로서 천년 희망의 언덕, 문화적인 경관 보전과 재생 등이 담겨 있다. 가설 주택을 중앙 공원에 설치했고, 커뮤니티를 존중한 에코 콤팩트 시티, 내륙 농촌 지역에 새로운 시가화 구역 등도 포함되어 있다. 첨단산업을 유치하고 해안선에 풍력발전, 태양광발전 등 자연에너지를 활용한 자연 공생 모델 도시를 지향한다는 것이다(≪ガバナンス≫, 2011.7: 35~37).

대지진 이후 지역 커뮤니티 형성을 위한 거버넌스 구축도 중요한 과제로 등장하고 있다. 미야기 현 일부 지역에서는 재난 이후 지역공동체의 장점을 살려서 인터넷을 통해 전 세계로부터 지원을 받거나 세계 각국과 소통한 경우도 있다. 반대로 대지진 이전부터 주민 간 갈등이 심해서 지역 내부 네트워크가 마비된 지역도 다수 발생했다. 일본의 재해지 상황은 매우 다양하고 지역공동체의 변화도 마찬가지다. 대재난 시에 자치회, 정내회 등 기존 공동체의 네트워크가 거의 도움이 되지 않았다는 점을 반성하면서 지역 커뮤니티를 재구축해야 한다는 지적도 나온다.

중앙정부나 도도부현이 대지진 피해를 입은 작은 마을 내 상황까지 모두 파악할 수 없는 것은 당연하다. 한신·아와지대지진 이후 복구 과정에서처럼 중앙정부가 일방적으로 재정과 정보를 제공하고 통제하는 식으로 운영한다면 과거의 실패를 반복할 수도 있다. 대지진으로 지역공동체가 상실된 곳도 있고 자율적으로 원활하게 복구 중인 곳도 존재한다. 재정 지원만 있으면 쉽게 복구할 수 있는 지역도 있다. 지역공동체의 다양성을 고려해 재해 지역을 복구해야 지역 간 불평등이나 불균형, 내부 갈등을 사전에 예방할 수 있다는 것이다(이인자, 2011 참고).

집중 피해를 당한 지역인 도호쿠의 시정촌은 고령화·소자화 현상이 가장 심각한 지역이다. 고령화 비율이 30%를 넘어섰고, 인구 감소율도 무려 5.6%에 이른다. 2009년에 942만 명이던 도호쿠 인구는 2020년에 869만 명, 2030년에는 787만 명으로 감소할 것으로 예상된다. 피해 복구에 단순히 인프라 구축만이 아니라 인구 증가가 필요한 이유다. 재난 복구 과정에 젊은 세대가 유입되면서 지역 재생이 이루어져야 한다는 것이다. 또한 농업인구 대부분이 고령 인구인 점을 감안해 생산성 향상과 차세대 육성을 동시에 진행해가야 한다.

이 밖에도 3·11 동일본대지진은 일본의 지방자치에 몇 가지 당연하고도 흥미로운 쟁점을 제기했다. 광역권 방재 협력의 효과와 필요성, 수도 이전 내지 수도 기능 분산 논의, 지자체 방재 능력에 대한 관심 등이 그것이다.

첫째, 이번 3·11 대지진을 복구하는 과정에서 재난 구조 상호 협정을 맺은 지자체 간 지원 협력이 주목을 끌었다. 1995년의 대지진으로 엄청난 피해를 보았던 고베 시는 피해 복구에 여러 노하우를 가지고 있어서 센다이 시에 직원을 파견했다. 긴급 수도 급수, 피난소 운영, 증명서 발급, 의료 보건 지원, 심리 상담, 자원봉사 활동, 도로 복구 지원, 가설 주택 설치 등 연인원 1만 3,286명을 보내서 피해 지자체를 지원했다. 이 가운데에는 한신·아와지대지진을 직접 경험한 공무원들도 포함되어 현지 주민의 피난과 응급 복구 작업에 많은 도움을 주었다. 고베 시의 방재 파트너십 지원 방식, 이재민을 고베 시로 이주시킨 피난자 등록제도 등은 우수 사례로 보도되었다(松山雅洋, 2011: 14~16).

이번 대지진에서 확인된 것은 중앙정부가 전국의 지역을 모두 통제하고 관리하는 것은 곤란하며, 지자체의 독자적인 대책 내지 공동 거버넌스가 효과를 발휘했다는 것이다. 대지진에서 입증된 지자체 간 광역연합의 유효성은 지방자치법상 사무조합이나 광역연합의 틀을 넘은 내용이다. 이것은 한신·아와지대지진의 경험을 살려서 일본 지자체가 독자적으로 만들어낸 방재 파트너십이라고 할 수 있다.[12]

둘째, 대지진에 대비한 수도 이전이나 수도 기능의 분산에 다시 관심이 높아졌다. 전국 여론조사 결과에 따르면, 일본의 수도 기능 이전 주장에 응답자의 75%가 찬성했다. 동일본대지진과 같은 위기 상황에 대비해 도쿄에 집중된 수도 기능을 이전하거나 분산하는 것이 낫다는 것이다. 또한 수도권 집중과 지역 경제 약화를 개선하기 위한 방법으로도 필요하다는 것이 이들의 의견이었다. 수도 기능 분산이 필요한 이유 가운데에는, 수도권 집중 완화가 51%, 재난 시 위기관리가 50%로 각각 비슷한 응답률을 보였다.

새로운 행정 수도 후보지로 선호하는 곳은 나고야 인근의 긴키 지역이 44%, 도쿄 근처의 간토 지역이 12%, 도쿄 남부인 도카이 지역이 11%, 홋카이도와 규슈가 각각 7%, 도호쿠 지방은 4%로 나타났다. 태평양과 동해안이라는 반대편 지역에 각각 수도 기능을 분담해 유사시 개별 기능을 수행하도록 하자는 제안도 나왔다. 이전이 필요한 수도 기능 가운데 경제 기능은 55%, 중앙관청이 42%였다. 대기업 본사의 80% 이상, 중앙관청의 대부분이 도쿄에 입지하고 있어서 경제와 행정의 핵심 기능을 분리해야 한

---

[12] 2010년 12월에 발족한 간사이광역연합은 도도부현의 경계를 넘어 방재, 관광, 문화, 산업, 의료 등의 정책 과제를 지자체 간 연계를 통해 해결하기 위한 행정조직이다. 행정 효율도 높일 수 있고 지역 수준에서 적극적인 대안을 모색할 수 있다는 장점이 있다.

다는 것이다.

셋째, 지방행정 기능 가운데 방재 시스템에 대한 관심도 매우 커졌다. 동일본대지진이 지자체에 남긴 가장 큰 교훈은 강하고 안전한 방재 시스템이 필수라는 점이다. 지자체는 유사시에 독자적인 생존 방식을 구축할 필요가 있다. 지자체의 행정 영역이 단순히 주민 복지 증진에 그치지 않고 대형 재난 시 중앙정부와 인근 지자체 간 연계 활동까지 포함하는 등, 적극적인 대응 체제를 마련해야 한다는 것이다.

일본 지자체의 방재력을 비교하는 결과도 나왔다. 지역별 방재 거점과 수도관 등의 내진율, 방재 예산과 지방재정, 주민의 방재 조직, 재해 시 피난민 대책, 정보 공유와 연락 체계 등을 기준으로 지자체별 순위를 매긴 것이다. 결과는 방재 예산과 지방재정 능력이 뛰어난 수도권의 부자 동네가 높은 점수를 받았다. 도쿄 도의 지자체가 대부분 상위를 차지해, 지요다 구, 주오 구, 에도가와 구 등이 각각 1, 2, 3위에 올랐다. 도쿄 도를 제외하면 가나가와 현의 후지사와 시, 아이치 현의 오카자키 시 등이 뒤를 이었다. 수도권과 아이치 현 등 재정력이 풍부한 지자체가 우위를 차지한 것은 어쩌면 당연한 결과라고 하겠다(≪週刊ダイヤモンド≫, 2011.5.14: 49).

5. 요약과 전망

동일본대지진은 일본 사회에 심각한 위기의식을 불러일으킨 동시에 체제 전환(transformation)을 요구하고 있다. 또한 잃어버린 20년과 3·11 대지진의 엄청난 충격은 일본 사회가 좀 더 새로운 국가 모델을 탐색하고 도입할 것을 요구하고 있다. 친환경과 탈원전, 분권화된 국가, 적정하고 공정한 세금 부담을 통한 재정 구조의 재편, 정치적 추동력을 높이기 위한 제도 개편 등은 일본 정치와 매스컴, 일본 국민이 고민하고 풀어가야 할 숙제들이다.

2000년에 지방분권개혁일괄법을 시행한 이후 행정개혁, 권한 이양 등은 제대로 추진되어왔다. 지역주권을 강조하는 민주당은 지방분권을 시행해왔으며, 지방선거에서 광역연합론이나 지역 정당이 관심을 끌기도 했다. 따라서 달리 보면, 3·11 대지진 이후 부흥과 복구 과정은 지방분권과 지역 커뮤니티의 재구축을 시도할 수 있는 좋은 기회이기도 하다. 재난 지역의 부흥 계획은 중앙성청이 주도하되, 지자체의 적극적인 참여와 대안을 허용해야 할 것이다.

사카이야 다이이치(堺屋太一)는 아예 도호쿠 주(州)를 신생 일본의 상징으로 삼아야 한다고 주장한다. 단계별로 보면, 구조 → 구제 → 복구 → 부흥 → 진흥이 이루어질 수 있도록 국토 계획을 마련할 필요가 있다. 간토대지진 당시 부흥청을, 한신·아와지대지진 당시 부흥위원회를 설치했듯이, 이번 3·11 대지진에는 부흥원을 만들어야 한다. 부흥원에 부흥위원장과 상임위원을 임명하고, 생활 지원, 산업 경제, 문화 연출이라는 3개의 사무국을 설치할 필요가 있다는 것이다. 따라서 2012년 2월에 부흥청이 설치된 것은 당연한 맥락이 아닐 수 없다. 사카이야는 지역주권형 도주제를 도입해 경제산업성, 국토교통성, 후생노동성, 문부과학성, 농림수산성의 5개 기능을 도주청에 위임할 것도 주장했다(≪週刊朝日≫, 2011.4.8).

2012년 12월에 정권을 잡고 여당으로 복귀한 자민당은 도호쿠 지역에 예산과 인원을 집중적으로 투자해, 재난 지역에 좀 더 강고한 방재 시스템을 설치하고자 노력하고 있다. 이미 라이프 라인의 복구, 생활 재건, 기업 재스타트 지원 등을 포함한 복구·부흥과 일본 경제 재생을 위한 3차에 걸친 제언을 발표한 바 있다. 부흥청 기능을 강화하고, 부흥교부금을 좀 더 유연하게 운영하도록 필요한 교부금을 확보할 것도 강조하고 있다.

자민당의 부흥정책과 복구정책은 중앙정부의 기능을 지방으로 분산하고, 후쿠시마 제1원자로를 폐기해 안전과 방재 기능을 회복한다는 것이다. 사전 방재와 방재 강화를 중시하면서 국토강인화(国土強靭化)기본법안, 거대지진대책특별조치법안, 수도권직하지진대책특별조치법안을 신속하게 제정한다는 계획이다.

  3·11 이후 2년이 지난 도호쿠 지방의 모습은 상당 부분 재난 이전으로 복구되었다고 할 수 있다. 그러나 진정한 부흥과 복구는 앞으로 주어진 과제다. 전국적으로 빈발하는 지진은 방재를 위한 근본 대책을 요구하고 있다. 일본 정부는 과도하게 집중된 중앙정부의 기능을 지방으로 분산하고, 독립적인 도호쿠 주 설치도 고민해야 할 것이다. 지방의회, 시민단체, 지역 기업 등, 다양한 주체가 안전 사회와 방재 시스템에 참가하는 지역공동체를 만들 수 있도록, 법적·제도적 환경을 개선해가야 할 것이다.

참고문헌

문정인·서승원. 2013. 『일본은 지금 무엇을 생각하는가』. 삼성경제연구소.
박지환. 2012. 「동일본대지진 이후 일본의 사회운동」. ≪일본연구논총≫, 36호.
사단법인 한일미래포럼 학술 세미나 자료집. 2012. 『3·11동일본대지진: 쟁점과 대안』.
삼성경제연구소. 2011. 『東日本大地震의 경제적 영향과 전망』.
양기호. 2011. 「동일본대지진 이후 정치적 쟁점과 함의」. ≪비교일본학≫, 25집.
_____. 2012. 「동일본대지진과 일본지방자치의 대안모색」. 최관·서승원 엮음. 『저팬리뷰 2012: 3.11 동일본대지진과 일본』. 도서출판 문.
이인자. 2011. 「현장에서의 보고: 일본대재해와 지역공동체」. 제4회 한일사회문화심포지엄 "대재해 후 일본 사회의 향방" 발표 논문.
최관·서승원 엮음. 2012. 『저팬리뷰 2012: 3.11동일본대지진과 일본』. 도서출판 문.
현대일본학회 공동 학술 세미나 자료집. 2011. 『동일본 대재난과 일본의 진로』.
≪AERA≫. 2012.12.3. "安倍相場から始まる破局".
≪ガバナンス≫, 2011年 7月号. "地域主体の復興計画へー〈宮城県·岩沼市〉", pp. 35~37.
≪週刊朝日≫. 2012.6.15. "大飯原発再稼働の真相-原子力村の国家的詐欺を暴く". pp. 20~22.
サイモン·アンホルト. 2011. 「日本は二つの難問を解決できるか」. ≪外交≫, Vol. 3(3)
内閣府 防災情報のページ(http://www.bousai.go.jp/index.html)
内山融. 2011. 「東日本大震災と日本官僚制」. ≪現代の理論≫, 2011年 夏号.
東日本大震災復興対策本部事務局. 2011. 「復旧の現状と復興への取組み」.
飯田哲也 外. 2011. 「脱原発へ日本政治の革新を」. ≪現代の理論≫, 2011年 秋号.
富野暉一郎. 2011. 「変貌する地方政治·地方自治」. ≪市政研究≫, 172号.
北岡伸一. 2011. 「野田内閣は踏み止まれるか」. ≪中央公論≫, 2011年 11月号.
山内昌之. 2011. 『復興の精神』. 新潮新書.
山下唯志. 2012. 「原発利益共同体の産業分析」. ≪経済≫, 2012年 11月号. p. 121.
_____. 2013. 『東北発の震災論』. ちくま新書.
孫崎享. 2012. 『戦後史の正体』. 創元社.
松山雅洋. 2011. 「神戸市の支援の特徴」. ≪都市政策≫, 2012年 10月号.
新川達郎. 2011. 「復旧·復興に向けた自治体議員·議会の役割」. ≪ガバナンス≫, 2011年 6月号.
野田佳彦. 2011. 「わが政治哲学」. ≪Voice≫(2011.10).

野中郁次郎. 2011. 「リアリズムなき政治家が国を壊す」. ≪Voice≫(2011.07).
伊藤元重 編. 2011. 「復興財源を考える」. ≪政策レビュー≫, 2011年7月号.
人羅格. 2011. 「野田新内閣の発足と臨時国会の焦点」. ≪自治研≫, 2011年10月号.
田村秀. 『暴走する地方自治』. ちくま新書.
池上洋通 外. 2011. 『大震災復興へのみちすじ』. 多摩住民自治研究所.

동일본대지진과 일본: 경제적 변화

대재해 이후 일본 경제정책의 변용*
간토·한신아와지·동일본대지진, 전후의 비교 분석

김영근

1. 서론

1) 문제의식: 재해 연구의 현황과 과제

본 연구는 재해(진재 및 전재) 부흥 역사를 통해서 본 일본의 경제정책의 변화에 대한 분석이다. 대재해(대지진과 전쟁)가 발생한 이후 일본에서는 자연재해의 피해뿐만 아니라, 국민 사상(인적 재해)과 사회구조(사회적 재

---

* 이 글은 2007년도 정부 재원(교육과학기술부)에서 한국연구재단의 지원으로 수행(과제 번호: KRF-2007-362-A00019)되어 『日語日文學硏究』 제84집(2013)에 일본어로 게재된 논문 「災害後日本經濟政策の変容: 関東·戰後·阪神淡路·東日本大震災の比較分析」을 책의 구성에 맞추어 수정하고 보완한 한국어판이다. 이 글에서는 대지진으로 비롯된 지진 재해[震災]와 전쟁으로 비롯된 전쟁 재해[戰災]를 구별해 사용하며, 문맥상 이해를 돕고자 법률 용어 등에 관해서는 진재 또는 전재 표기를 병행함을 밝혀둔다.

해), 나아가 경제구조와 경제정책에도 큰 변화가 일어났다. 물론 원인은 대지진에 국한되지 않으며 엔고와 국제 정치경제 환경(정세) 등으로 비롯된 영향도 크다. 대체적으로 일본에서 대재해가 발생한 이후 일본의 경제 상황은 버블 붕괴로 말미암은 금융 불안, 디플레이션과 소비 위축(자숙) 경향의 지속 등 침체 상황이 장기적으로 이어졌다.

이 글의 문제의식(목적)은 대재해(대지진 또는 전쟁) 발생 후, 일본의 경제구조와 복구정책, 경제정책이 대내외적인 환경 변화에 대응해 어떻게 변화했는지에 관해 비교·분석하고자 하는 것이다. 즉, 대재해 발생 당시의 국제정세 변화를 고찰하고, 아울러 재해 발생 이후 피해 상황에 따라 일본의 경제구조와 경제정책은 어떻게 변화했는지에 관해 고찰하는 것이다. 이를 위해 1923년에 발생한 간토대지진,[1] 1945년 이후에 해당하는 전후,[2] 1995년에 일어난 한신·아와지대지진, 2011년에 발생한 동일본대지진 이후의 경제정책을 비교 대상으로 설정한다.

우선 각 사례에 해당하는 일본의 선행 연구를 요약해서 정리하면 다음과 같다.

첫째, 1923년의 간토대지진에 관한 연구는 지진 발생 90주년을 맞이해 지진 연구의 초석이라고도 할 수 있을 만큼 다양하게 나타나 있다.[3] 예를

---

1 1923년에 '간토 지방'에서 발생한 지진 재해[震災]는 한국에 '관동대지진'으로 널리 알려져 있으며, 일본에서는 간토다이신사이(関東大震災)로 불린다. 이 글에서는 '간토대지진'으로 표기했다. 여기서 '관동(간토)'은 도쿄와 요코하마를 포함한 일본의 동부 지방을 일컫는 말로, 도쿄 도, 가나가와 현, 사이타마 현, 지바 현, 군마 현, 도치기 현, 이바라키 현에 이르는 지역 일대를 가리킨다.
2 이 글에서 말하는 전후(戰後)란 1939년부터 1945년까지 6년에 걸쳐 일본, 독일, 이탈리아의 삼국 동맹을 중심으로 한 추축국(樞軸國, Axis Powers) 진영과 미국, 영국, 프랑스, 소련 등의 연합국 진영 간에 벌어진 전 세계적 규모의 전쟁(제2차 세계대전 혹은 태평양전쟁) 이후를 가리킨다.
3 越澤明(2011), 後藤新平(2011), 福田德三(2012), 深澤映司(2011: 1~10) 등이 있다.

들면 지진이 발생한 이후 일본 정부의 대응, 특히 재정 및 금융 면에서 다양한 정책과 경제적 효과 등에 관해 분석한다. 또한 고토 신페이와 후쿠다 도쿠조(福田德三) 등 당시 부흥 활동에 종사했던 정책 행위자에 관한 연구 등을 들 수 있다.

둘째, 1945년 이후를 칭하는 '전후'에 관한 연구는, 예로부터 지진이나 태풍 등과 같은 자연재해에 익숙한 일본인들이 특유의 결단력과 활기로 천재지변보다 한층 더 심각한 전쟁의 참화로부터 국가를 재건하는 데에 전념했다는 점을 감안하면, '전후'의 일본 경제정책 변화를 분석 대상으로 삼는 것도 이례적인 일은 아니다. 다만 선행 연구는 전후에 전개된 도시계획 시스템 등 전후 재건 프로세스에서 전쟁 재해(戰災) 도시의 역사적·사회학적 연구로 한정된다.[4] 이 글에서는 경제학적인 관점에서 전후 부흥 계획부터 정책의 실행에 이르기까지 과정을 분석하고자 한다.

셋째, 1995년에 발생한 한신·아와지대지진에 관한 선행 연구는 '재해 복구론'이나 '진재 불경기[震災不況]'의 회복 및 진재 부흥 재원(復興財源) 마련의 과제 등을 분석하고 있다.[5]

넷째, 2011년에 발생한 3·11 동일본대지진에 관해서는 1995년에 일어난 한신·아와지대지진으로부터 10년(2005년 기점)간 축적된 선행 연구를 바탕으로 재해 연구의 재해석, 비교, 검증, 교훈, 제언 등 다양한 연구가 이루어지고 있다. 예를 들어 위기관리학 총론으로 실천과학에 종사하는 현지 전문가의 재해 연구(『검증 3.11 동일본대지진』)나, 경제학·도시론·산업론 등의 일선 학자 50명이 작성한 재해 부흥을 위한 제언집 (『제언 동일본대지진: 지속 가능한 부흥을 위하여』) 등을 들 수 있다.[6]

---

4 ニック ティラッソー 外(2006), 老川慶喜·渡辺恵一·仁木良和(2002) 등이 있다.
5 稲田義久(1999: 1~43), 関西学院大学COE災害復興制度研究会 編(2005) 등이 있다.

〈표 4-1〉 분석의 조감도: 재해 복구 과정에서의 일본 경제정책 비교

	간토대지진 (1923)	전후 (1945)	한신·아와지대지진 (1995)	동일본대지진 (2011)
시스템(거버넌스)	전간체제	전후체제	재간체제	재후체제
국제 정세의 변동	-	-	-	-
일본 경제구조	-	-	-	-
일본 경제정책의 변용	-	-	-	-
재정(재원 조달 수단)	-	-	-	-
주요 정책 수행자	-	-	-	-

자료: 필자 작성.

이어서 이 글의 분석 대상과 고찰 방법을 살펴보기로 하자(〈표 4-1〉).

먼저 분석 대상으로는 간토대지진(1923) 이후의 경제정책, 전후(1945) 일본의 경제정책, 한신·아와지대지진(1995) 이후의 경제정책, 동일본대지진(2011) 이후의 경제정책으로 한정한다. 일본에서 4가지 대재해(대지진과 전쟁)가 발생한 이후에 나타난 일본의 시스템을 분석하고 각 사례별로 경제정책을 비교하고자 한다. 본문에서 자세하게 다루겠지만 사례별 재해 부흥 프로세스를 비교하고 분석할 때 일본 시스템(거버넌스)의 변용을 미리 요약하면, 간토대지진(1923) 이후는 전쟁과 전쟁 사이를 의미하는 '전간(戰間)체제', 전후(1945)는 말 그대로 '전후(戰後)체제', 한신·아와지대지진(1995) 이후는 재해와 재해 사이를 의미하는 '재간(災間)체제', 동일본대지진(2011) 이후는 '재후(災後)체제'로 특정 지울 수 있다.[7]

---

6 竹中平蔵·船橋洋一 編(2011), 関西大学社会安全学部 編(2012), 伊藤滋 外 編(2011), 二神壯吉·横山禎徳 編(2011), 松岡俊二(2012) 등이 있다.
7 이 글에서 필자가 일본의 재해 관련 시스템에 관해 명명한 'ㅇㅇ체제'는 대재해를 둘러싼 일본의 정치경제적 패러다임의 전환을 의미한다. 예를 들어 일본이 제2차 세계대전에서 패배한 이후 '전후체제'를 확립했던 것처럼, 대지진 피해를 복구하고 일본 재생 혹은 일본 재건(부흥)을 지향한다는 '재후체제'는 중요한 전환기적 의미가 내포되어 있다. '대지진', '쓰나미', '원전 사고'라는 상정 외의 피해를 초래한 미증유의 재해 문제가 비단

이 글의 목적은 앞에서 설명한 바와 같이 경제적 관점에서 피해(액)를 파악하고 대지진(혹은 전쟁)으로부터 복구와 부흥을 목표로 하는 '일본재생전략' 구상을 비교한 다음, 이를 통해 일본의 경제구조 및 경제정책의 변화를 고찰하는 것이다. 어느 사례든 국내외 변화에 대응하는 것을 목표로 하는 '일본재생전략'을 실행(=경제정책의 시행)할 때에는 일본의 경제구조와 경제정책이 주는 상호적인 영향을 바탕으로 다음과 같은 점(분석 방법)에 유의할 필요가 있다. 먼저 피해 실태를 파악해 그 상황에 입각한 경제구조와 경제정책의 변용을 모색해야 한다. 이 글은 지진의 복구, 부흥 프로세스의 구조 분석을 목적으로 한다. 주로 지진이 일본 사회에 미치는 영향을 관찰하고, 그 속에서 구조 변화에 관련한 것을 중심으로 대재해 발생 이후에 나타난 일본 경제정책의 변화를 고찰한다. 또한 복구 및 부흥·재생 과정에서 나타난 여러 변화(요인)를 분석하며, 특히 일본의 재해 관련 제도 혹은 정책 방안에 초점을 맞춘다.

첫째, 재해 부흥 프로세스에서 일본 시스템의 변용에 관한 것이다. 재해(전쟁)에서 복구와 부흥을 목표로 하는 일본의 처지에서 볼 때 재해 당시의 거버넌스는 중요한 요소(요인)다. 둘째, 세계정세의 변화에 따른 일본의 경제정책과의 상호의존성에 관한 것이다. 셋째, 재해 부흥 재원의 조달을 위한 수단인 재정(정책) 변화에 관한 분석이다. 경제(성장)정책과 재정 확보(건전화)의 양립은 불가피한 과제다. 재해 발생 이후, 국내 수요가 변화(주로 침체)하는 일본은 내수 확대를 위한 노력 외에도 수출(외수)을 확대하는 것을 중요하게 여겨왔다. 이를 위해서는 구조 개혁과 긴축재정

일본만의 문제가 아니라 동아시아의 지역적 문제, 나아가 전 세계적인 이슈로 대두되는 3·11 동일본대지진에 비하면 1995년의 한신·아와지대지진 이후의 거버넌스는 3·11 이전의 재해라는 의미에서 '재전(災前)체제' 혹은 재해와 재해 사이라는 의미로 '재간체제'라 할 수 있다.

같은 경제정책의 변화가 불가피해진다. 또한 FTA(Free Trade Agreement: 자유무역협정)와 TPP(Trans-Pacific Partnership: 환태평양경제동반자협정) 체결에 따라 세계 각국의 수요를 촉진할 통상정책에 관해서도 검토할 필요가 있다. 넷째, 대재해 발생 후 주요 정책 수행자의 주체 및 역할 변화에 관한 분석이다. 정책 자체의 성패 여부를 불문하고 일본이 계획하고 시행한 경제정책의 행위자에 주목한다. 선행 연구의 대부분이 대지진(혹은 전쟁)으로부터의 복구정책과 부흥정책을 추진해온 주요 행위자는 정부였으며, 정부는 우선 기본 방침을 확립하는 데 중심 역할을 수행해왔다는 점에 동의한다. 그러나 이 글에서는 주요 정책 수행자가 변화하고 있는지에 관해서도 고찰하기로 한다.

이상에서 언급한 문제의식과 분석 방법을 바탕으로 다음과 같은 구성을 통해 논하고자 한다. 제2절에서는 네 가지 사례에서 볼 수 있는 재해 발생 이후 일본 경제정책의 전개와 변용을 분석한다. 이 글의 분석 대상 및 고찰 방법에 입각해 작성한 분석틀(〈표 4-1〉)을 바탕으로 일본 경제정책의 변화를 사례별로 고찰한다. 제3절에서는 제2절에서 분석한 일본 경제정책의 변화를 비교한다. 재해를 전후로 일본에서는 어떠한 시스템이 작동되고 있었으며, 어떠한 글로벌 경제의 구조변화가 발생했고, 또한 대재해 이후 일본의 경제구조 및 일본 경제정책의 변용, 재원 조달을 위한 수단(재정)은 어떻게 실행되었는지 등에 관해 분석한다. 더불어 대재해 발생 후 주요 정책 행위자의 역할 변화가 대재해 발생 후 담론과 어떻게 연관되는지 검토한다. 제4절에서는 결론적으로 재해 복구 과정에서 일본 경제정책의 귀결(변화)을 정리한다. 또한 재해 연구의 현황을 감안해본 연구의 한계 및 과제를 검토한다.

2) 대재해 피해의 전체상

사례별 대지진(전쟁) 피해의 전체상을 요약하면 다음과 같다.

첫째, 7개 도(都)와 현(県)에서 진도 5 이상이 관측되었던 1923년의 간토대지진의 총피해액은 55억 엔(내무성 추정)에 달했으며, 이는 당시 국가 예산의 4년분에 필적했다.[8] 또한 1만 명당 약 17명이 사망했다(〈표 4-2〉).

둘째, 전후(1945)의 피해는 다른 사례에 비해 데이터 기준이 약간 다르다. '경제안정본부(経済安定本部)'의 통계에 따르면 "제2차 세계대전(태평양전쟁)으로 말미암아 일본의 공업 설비 능력은 44% 정도 감소했으며, 평화적·물적(平和的·物的) 피해만으로 한정한 피해 총액은 총 642.7억 엔에 달했다. 제2차 세계대전이 시작한 이후인 1943년의 GNP가 638억 엔으로 전쟁 피해액은 1943년 1년분의 GNP에 해당하는 거액이었다"라고 기술한다(〈표 4-3〉).[9]

셋째, 한신·아와지대지진은 1995년 1월 17일 일본 효고 현의 고베 시와 한신 지역에서 발생한 '직하형(直下型) 지진'[10]으로, 제한적인 지역에서 피해가 발생해 그 규모는 만 명당 0.44명으로 작다. 한신·아와지대지진 당시 추정된 피해 총액은 약 4.7조 엔이었으나, 실제는 9.9조 엔(당시 일본

---

8 한신·아와지대지진이나 동일본대지진과는 비교조차 되지 않을 만큼 피해 규모가 컸다.
9 '경제안정본부(経済安定本部)'란 일본이 제2차 세계대전 후 경제 위기를 극복하기 위해 각 성청 업무를 강력하고 일원적으로 지도할 기관이 필요하다는 이유로 1946년 8월에 임시로 설치한 '주요 경제 행정을 종합 기획하고 통제하는 관청'(重要経済行政の総合企画·統制官庁)을 가리킨다. 약자로 안본(安本)이라고도 불렸다(岩田規久男, 2011: 72에서 재인용).
10 '직하형 지진(直下型地震)'이란 단층이 상하·수직 방향으로 움직이면서 일어나는 지진으로, 규모는 그다지 크지 않지만 도시 기능에 큰 피해를 준다. 흔히 고베대지진이라고도 불리우는 한신·아와지대지진이 대표적 사례로 유명하다.

〈표 4-2〉 간토대지진(1923년) 피해 총액

	금액(100만 엔)	비율(%)
제방	39	0.7
도로	23	0.4
건물	1,875	34.0
가재(家財) 및 집기(什器)	869	15.8
공장	238	4.3
상품 재고품	2,137	38.8
각 성(省) 피해액	220	4.0
기타	106	1.9
피해 총액	5,506	100.0
1923년 GNP	14,924	
피해 총액 대(對)GNP 비율		36.9

자료: 岩田規久男(2011: 57)에서 재인용.

〈표 4-3〉 제2차 세계대전(1939~1945)의 피해 총액

		금액(100만 엔)	비율(%)
피해 총액		64,278	100
직접 피해		48,649	76
간접 피해		15,629	24
자산별 피해	건조물	22,220	35
	공업용 기계기구	7,994	12
	전기·가스 공급 설비	7,359	11
	가구, 가재(家財)	9,558	15
	생산품	7,864	12
	기타	9,283	14
무(無)피해 상정 시의 국부		253,130	100
패전 시의 잔존 국부		188,852	75

주: 1) 피해 총액은 자산적인 일반 국부의 피해를 말하며, 산림, 수목, 도로 등의 피해는 포함하지 않는다.
    2) 피해 총액은 일본 영토 내에서 당한 평화적 재화 피해를 포함하며, 함정, 항공기 등의 피해는 포함하지 않는다.
    3) 무피해 상정 시의 국부(国富)는 패전 시 잔존 국부와 피해액의 합계를 나타낸다. 여기서 국부(national wealth)란 일정 시점에서 한 나라가 가지는 유형자산의 총가치(재산적 가치의 총합)를 말하며, 주택이나 가구, 의류 등도 국부에 포함된다.

자료: 岩田規久男(2011: 73)에서 재인용.

〈표 4-4〉 한신·아와지대지진 피해 총액(효고 현 추계, 1995년 4월 5일, 단위: 억 엔)

	피해액		피해액
건축물	58,000	보건 의료 복지 시설	1,733
철도	3,439	폐기물 및 배설물 처리 시설	44
고속도로	5,500	수도 시설	541
공공 토목 시설(고속도로 외)	2,961	가스, 전기	4,200
항만	10,000	통신·방송 시설	1,202
매립지	64	상공(商工) 관련	6,300
문화·교육(文教) 관련 시설	3,352	기타 공공시설	751
농림 수산 관련	1,181	합계	99,268

자료: 兵庫県(2012).

GDP의 2.5%에 해당)에 달했다.[11] 피해 상황은 사망자 6,434명, 부상자 2만 6,804명, 이재민은 약 20만 명에 이르는 것으로 추정되었다. 한편, 한신·아와지 지역의 경제는 제조업과 서비스업 종사가 주를 이루고 있었다(〈표 4-4〉). 피해가 집중되었던 고베 시는 조선·철강산업의 중심지로, 재해 발생 당시 수많은 건물과 공장 시설 및 고속도로·철도·통신 시설 등 사회 기간 시설이 파괴되어 이 지역의 산업 활동이 마비되었고 주민들의 일상 생활에도 많은 고통을 주었다.

넷째, 2011년 3·11 동일본대지진의 피해 규모는 사망자 및 행방불명자가 2만 명(긴급재해대책본부 발표자료: 2011년 11월 29일 현재 사망자 1만 5,840명, 실종 3,607명, 부상자 5,951명)을 넘어섰다. 이는 6,434명의 사망자를 낸 한신·아와지대지진(1995)의 2.5배를 넘는 규모로, 도호쿠 지방, 즉 후쿠시마 현, 미야기 현, 이와테 현이 집중 피해를 입었다. 거대한 쓰나미가 도시

---

11 이 수치는 한신·아와지대지진이 발생한 지 이틀 후인 1월 19일에 현지에 도착한 당시 무라야마 도미이치 총리에게 현(県)청 담당자가 보고하면서 "10조 엔을 넘는다"라고 언급한 피해액과 거의 일치한다(貝原俊民, 1996).

〈표 4-5〉 동일본대지진에 따른 주가 피해 금액 추계(내각부 추산, 2011년 6월 24일)

항목	피해액
건축물 등 (주택·택지, 점포·사무실, 공장, 기계 등)	약 10조 4,000억 엔
라이프 라인 시설 (수도, 가스, 전기, 통신·방송 시설)	약 1조 3,000억 엔
사회 기반 시설 (하천, 도로, 항만, 하수도, 공항 등)	약 2조 2,000억 엔
농림 수산 관련 (농지·농업용 시설, 산림, 수산 관련 시설 등)	약 1조 9,000억 엔
기타 (문교 시설, 보건 의료 복지 관련 시설, 폐기물 처리 시설, 기타 공공시설 등)	약 1조 1,000억 엔
총계	약 16조 9,000억 엔

자료: 內閣府(2011).

지역이 아닌 도호쿠 지방의 해안지역을 덮친 결과, 피해 규모는 한신·아와지대지진의 4배 이상에 버금가는 만 명당 1.85명에 달했다. 동일본대지진에서 비롯된 피해액 추계(피해 총액)는 약 16조 9,000억 엔으로, 이는 한신·아와지대지진의 2배에 달할 만큼 막대하며, 역사에 남을 대참사라고 볼 수 있다(〈표 4-5〉).

3·11 동일본대지진은 다른 세 가지 사례와 비교하더라도 그 피해 범위가 광범위하며 그로 말미암아 넓은 지역에 경제적 피해를 초래했다 (〈표 4-6〉을 참조).[12]

---

[12] 일본 재무성이 발표(2012년 1월 25일)한 자료에 따르면, 2011년 일본의 무역수지는 오일쇼크 직후인 1980년(2조 6,000억 엔) 이후 31년 만에 적자(2조 4,927억 엔/ 약 36조 원)를 기록했다. 일본을 대표하는 경제학자이자 고이즈미 내각에서 경제재정정책담당장관, 금융담당장관, 우정민영화담당장관 등을 역임한 다케나카 헤이조(竹中平蔵) 게이오 대학 교수는 무역적자를 초래한 주원인으로 3·11 동일본대지진을 지목하고, 실제 일본 경제에 미친 영향을 분석하고 있다.

<표 4-6> 간토, 전후, 한신·아와지, 동일본대지진의 피해 비교

	간토대지진	제2차 세계대전	한신·아와지대지진	동일본대지진 *
재해 발생 시기	1923년 9월 1일	1939년~ 1945년 8월 15일	1995년 1월 17일	2011년 3월 11일
지진 규모 매그니튜드	7.9	–	7.3(7.2)	9.0
사망	9만 9,331명	희생자, 군민 합계 200만 명 **	6,434명	1만 5,482명
행방불명	4만 3,476명		3명	7,427명
주택 피해	손실 가옥 57.5만 채	공습으로 215개 도시, 6만 4,500ha 지역 이재(罹災)	완전 파괴(全壞) 10만 4,906채, 부분 파괴(半壞) 14만 4,274채, 전소(全燒) 6,148채	완전 파괴 10만 4,428채, 부분 파괴 9만 9,911채, 전소 249채, 마루 이상(床上) 침수 1만 1,382채, 마루 이하(床下) 침수 1만 1,695채
피해 총액	55.1억 엔	642억 엔	9.9조 엔	16.9조 엔(내각부 추산)
주요 재해 피해 지역	간토 지방	히로시마, 나가사키	고베 시 집중	도호쿠, 간토 등 광범위
피해 지역의 특징	–	원폭 피해 (히로시마: 약 20만 명, 나가사키: 약 15만 명)	대도시, 소비 지역, 상업권	지방 해안지역 대규모 공장 집적지
부흥 상황		경제 민주화 (経済民主化) 추진	비교적 조기에 도시 기능 복원	쓰나미 피해 때문에 복구에 상당 시간 소요
기타 특징	조선인과 중국인 학살	국가 전체 규모의 피해	항만 시설 붕괴	전력 부족, 원전 불안
타 지역에 미친 영향	–	–	무역에 지장	부품 부족으로 비롯된 생산 제약(국내외)
국가(일본)의 재정지출	20조 엔 (현재 가치)	–	5조 200억 엔 (6년간)	10조 엔~
일본의 경기 상황	쇼와 금융 공황기	경제 발전기	회복기 (1993년 10월~)	회복기 (2009년 3월~)

주: * 동일본대지진 피해 수치는 여진으로 비롯된 피해를 포함한 통계 자료(2011년 6월 24일 시점).
　　**해군: 약 20만 명, 육군: 약 50만 명, 민간인: 약 130만 명.

자료: 미쓰비시 UFJ 리서치&컨설팅 조사부 등 각종 자료를 참고로 필자 작성; 小林真一朗(2011: 67)에서 재인용; 棚橋祐治(1995: 126).

2. 대재해 이후 일본 경제정책의 전개와 변용

1) 간토대지진(1923) 이후의 경제정책

(1) 쇼와(금융) 공황과 경제 부흥

1923(다이쇼 12)년 9월 1일에 발생한 간토대지진 이후의 일본은 "농공업 생산이 격감했으며, 식료와 물자 부족이 심각해졌고, 인플레이션도 심화되었다. 이렇듯, 경제재건은커녕 오늘 하루를 사는 것조차 버거운 상황 속에서 재해 부흥[戰災復興]을 진행하는"(ニック ティラッソー 外, 2006: 153) 상황이었다.

일본 정부는 재정 면에서 부흥 복구 경비의 예산 편성상으로는, 조세 감면이나 징수 유예, 재원 조달을 위한 국채 및 외채 발행, 대장성(大蔵省)[13] 예금부의 자금을 활용한 공적 금융의 확충 등으로 대응했다. 다만 당시의 복구 사업과 부흥 사업은 기본적으로 긴축 재정 노선을 견지하면서 이루어졌다는 점이 특징이다(深澤映司, 2011: 1~10).[14]

간토대지진을 포함해 1920년대의 일본 경제는 '위기의 10년'이라고 불릴 정도로 침체되어 있었으며,[15] 1923년에 발생한 간토대지진 이후의 주요 경기 변동을 정리하면 다음과 같다.

---

[13] '대장성'은 일본어로 오쿠라쇼(Ministry of Finance)로 불리며, 메이지유신 때부터 존재했던 중앙 행정기관으로서 재무 업무를 담당했다. 특히 국가 예산을 관리하고 기획하는 기관으로, 일본의 모든 경제정책을 결정하는 막강한 권한을 가졌다. 이후 2001년의 중앙성청 개편으로 사라졌다.
[14] 긴축 재정을 시행하지 않으면 부흥 자금을 조달하기가 어려워질 가능성이 있었기 때문이다.
[15] '위기의 10년'은 '정확하게 1920년부터 쇼와 공황이 끝나는 1931년까지 약 12년간'을 가리킨다(中谷巖, 1996: 1).

첫째, 지진 발생 직후에 부흥 수요의 고조를 예측해 수입이 급증하고 외화준비액이 감소한 나머지 국제수지의 벽(국제수지 악화로 말미암은 환율 시세의 하락)에 부딪혔다. 또한 가토 다카아키(加藤高明) 내각은 재정정리(財政整理), 즉 재무행정 개혁에 따른 세출 15% 삭감을 단행했다. 그 결과로 디플레이션 상태에 빠지게 되었고 일본은 심각한 불황에 시달렸다.[16]

둘째, 간토대지진 이후 금융 부문에서 피해를 본 많은 기업이 간토대지진의 사후 처리를 위해 발행한 '진재 어음(震災手形)'의 대책(해결 방안)으로서 일본은행의 재할인을 요구하는 등 다양한 방식으로 대응했으나, 결국 방대한 불량 채권이 발생하는 구조적 문제를 안게 되었다.[17] 한편 중소은행 역시 때마침 닥친 불황으로 경영 상태가 악화되는 등 일본 사회 전반에 걸쳐 금융시장의 불안으로 이어졌다.

(2) 부흥원과 부흥정책의 전개

간토대지진 직후부터 다양한 대응 정책이 시행되었다(〈표 4-7〉 참조). 특히 부흥을 담당하는 '부흥원'이 마련되었으며,[18] 총재직에 전(前) 도쿄

---

16 '디플레이션(deflation)'이란 통화량의 축소로 물가가 지속적으로 하락하고 경제활동이 침체되는 현상을 말한다. 인플레이션이 광범위한 초과수요가 존재하는 상태인 데에 반해, 디플레이션은 광범위한 초과공급이 존재하는 상태다. 일반적으로 디플레이션이 발생하면 물가는 내리고 기업의 수익은 감소하며 경제는 전체적으로 불황에 빠진다(小林慶一郎, 2011).

17 '재할인(rediscount, 再割引)'이란 은행이나 기타 금융기관이 대출 또는 할인에 필요한 운용 자금이 모자랄 때, 자기 은행에서 할인한 어음(예를 들어 진재 어음)을 중앙은행에 의뢰해 다시 할인을 받아서 자금을 조달하는 것을 말한다.

18 1923년 12월에 발생한 도라노몬 사건으로 제2차 야마모토 곤베에(山本權兵衛) 내각이 총사퇴하자 총재는 고토에서 미즈노 렌타로(水野鍊太郎)로 교체되었고, 1924(다이쇼 13)년 2월 25일에 제도부흥원은 폐지되었다. 제도 부흥 사업은 내무성의 외부 산하 기관(外局)으로 설치된 부흥국(復興局)에 인계되었다. 또한 부흥국은 1930(쇼와 5)년 4월 1일에 부흥사무국(復興事務局)으로 개편되었으나, 1932(쇼와 7)년 4월 1일에 부흥사무

〈표 4-7〉 간토대지진 발생 후 연표(30일간)

일시	사항
9월 1일	오전 11시 58분, 간토 전역(도쿄, 요코하마, 요코스카 등)에 대지진
9월 2일	도쿄 시 내외에 계엄령 공포, 비상 징병령 공포, 임시 지진 구호 사무국 개설
9월 3일	계엄령 적용 범위를 도쿄와 가나가와 현으로 확장.
9월 4일	야마모토 총리의 공시(告諭), 계엄 지역을 지바, 사이타마로 확장.
9월 6일	도쿄 시내 공설 시장(公設市場)에 현미와 백미 판매, 수도 시설 일부 개통
9월 7일	시내 주요 백미 상점에서 쌀 판매, 도쿄 재건을 위한 내무성 첫 회의, 요코하마 명주실 무역 상업 조합의 부흥 결의
9월 8일	일본은행의 자금 원조 취지 발표
9월 9일	도카이상업회의소(東海商業会議所)에서 나고야의 명주실 수출항 지정 협의
9월 11일	내년(1924년) 3월까지 쇠고기와 달걀 수입 관세(輸入稅) 면제 결정, 건축 자재의 수입 관세 면제, 대지진선후회(大震善後会) 결성
9월 12일	제국 수도 부흥의 조칙, 간사이 2부 17현 농민회(農會): 물자 배급을 위한 대응책 마련
9월 13일	'지진 피해 지역(震災地) 행정권 존속 기간 연장' 칙령 공포
9월 14일	소유권 확보에 관한 사법 성령(省令) 고시 공포
9월 16일	야마모토 총리: 수도 부흥의 공시
9월 17일	농상무성 지진 피해 지역 내 쌀 판매 가격의 일정을 공포, 어시장 개최, 생활 필수품류 수입 관세 면제 공포
9월 19일	수도부흥심의회(帝都復興審議会) 위원 임명 발표
9월 21일	부흥심의회 제1차 총회 개최, 도쿄시수도부흥안(東京市帝都復興案), 물자 공급령, 특별 회계 공포
9월 23일	진재선후회(震災善後会) 도시 계획 촉진 결의
9월 24일	부흥원관제(復興院官制)에 대한 정부 내(政府部內) 의견의 불일치 지속
9월 25일	도쿄상공회의소(東京商業会議所), 민관합동회의에서 새로운 보험회사 성립 결의
9월 27일	수도부흥관제(帝都復興官制) 공포, 일본은행 어음 할인에 관한 칙령

주: 당시의 주요 정책 결정자는 다음과 같다. 내각 총리대신 야마모토 곤베에, 내무대신 고토 신페이, 문부대신 오카노 게이지로(岡野敬次郎), 사법대신 히라누마 기이치로(平沼騏一郎), 대심원 판사 요코다 히데오(橫田秀雄).

자료: ≪アサヒグラフ≫, 1923년 10월 1일호.

시장인 고토 신페이가 취임했다. 고토 총재는 간토대지진 이후를 재해 부흥정책의 매몰 비용[19]이 제로가 되는 특수한 상황으로 인식해 당시 사람

국 또한 폐지되었다. 일본어 위키백과(http://ja.wikipedia.org)를 참조하기 바란다.
19 '매몰 비용(sunk-cost)'이란 집행 중에 있는 정책이나 계획에 따라 이미 투입된 비용이

들이 놀랄 만한, 대담한 대규모 부흥 계획을 작성했다. 그 규모는 당시 일본의 일반회계 세출의 약 2.5배(현재 화폐 가치로 환산하면 200조 엔 이상)에 달하는 것으로, '허풍(현실성 없는 계획)'이라는 비판을 받았다(竹中平蔵·船橋洋一 編, 2011: 174).

부흥원이 입안한 '제국수도부흥계획(帝都復興計画)'은 재정 부담을 우려하는 재정 당국의 비판, 토지 사유재산권을 제한하는 것에 반대하는 지주를 비롯한 기득권층의 반대, 이토 미요지(伊東巳代治) 추밀(枢密)고문관 등 원로 정치인과 야당 세이유카이(政友会)의 반발 등으로 말미암아 최종적으로는 예산 규모가 대폭(당초 규모의 10분의 1 정도) 축소되었다(竹中平蔵·船橋洋一 編, 2011: 174).[20]

제2차 야마모토 곤베에 내각의 부흥 활동의 주요 내용은 폭리 단속령과 곡물 수입세 면제령, 생필품 및 토목 건축용 기구 기계 재료 수입세 감면령, 임시 물자 공급령 및 특별 회계령 등의 칙령 공포 등을 들 수 있다. 더불어 일본 정부는 지진 피해 지역(震災地)을 지불 대상으로 하는 '어음 재할인'을 일본은행이 인계받게 하는 정책을 시행했다. 당시 일본은행이 받은 손실 중 1억 엔에 한해 정부가 이를 보상하는 '일본은행지진어음할인손실보상령(日銀震災手形割引損失補償令)'을 공포해 은행 구제책을 시행한 것

나 노력 등이 함몰(매몰)되어 버려서 다시 되돌릴 수 없는 비용을 말한다. 이 글에서 말하는 '매몰 비용 제로(sunk-cost zero)'라는 인식하에 재해 관련 정책을 추진하려는 정책 입안자들은 의사 결정을 하고 실행한 이후에 발생하는 비용 중 회수해야 할 비용이 소요되지 않아(제로), 재해 후 부흥(복구) 정책과 재생 정책을 시행하면서 합리적인 정책을 결정하는 데에 제약 요인이 없다는 점을 강조한다.

20 "하지만 그러한 대담한 구상이 있었기 때문에, 지금의 도쿄 거리, 특히 도시의 골격이 되는 주요한 도로가 만들어졌다고 할 수 있다"라고 지지하는 입장과, 당시의 비현실적인 부흥 계획을 비판하는 입장으로 크게 나누어진다(다나카 헤이조·후나바시 요이치 엮음, 2012: 167).

이다. 또한 정부는 피해 상공업자를 상대로 융자 등을 시행했으나, 이 자금은 지진 발생 이후 채권과 영·미(英米) 외채의 모집을 통해 조달된 탓에 재정을 압박하는 원인으로 작용하게 되었다.

(3) '인간 부흥' 이념의 등장

여기에서 '인간의 부흥'을 호소하며 간토대지진 당시 고토 신페이에게 이의를 제기한 경제학자 후쿠다 도쿠조의 주장에 주목할 필요가 있다(福田德三, 2012).

> 나는 부흥 사업에서 가장 중요한 것은 인간의 부흥이라고 생각한다. 인간의 부흥이란 대재해로 파괴된 (인간적인) 생존 기회의 부흥을 뜻한다. …… 국가는 생존하는 사람(人)에 의해 성립된다. 굶어 죽어 겹겹이 쌓인 시체로는 성립되지 않는다. 인민(人民)이 생존하지 않으면 국가 또한 생존할 수 없다. 국가가 가장 필요로 하는 것은 바로 생존자의 생존권 옹호다. 그 생존이 위험에 처하는 것은 국가에 있어 가장 큰 비상사태다(山中茂樹, 2012에서 재인용).

이러한 '인간의 부흥' 이념이 간토대지진이 발생한 후에 실제 부흥정책으로는 실현(작동)되지는 않았으나, 1920년대에 일어난 재해 부흥에서 '사람'을 우선시한 부흥 이념은 주목할 만한 주장(정책)이라 할 수 있겠다.

2) 전후(1945) 일본의 경제정책

(1) 전후 개혁과 경제 부흥: '전재부흥원'과 '전재지역부흥계획기본방침'

'전재부흥원(戰災復興院)'은 일본이 태평양전쟁에서 패전한 후 1945(쇼와

20)년 11월 5일에 내각이 고바야시 이치조(小林—三) 국무대신을 총재로 선출하며 설치한 기관이다. 전후의 혼란이 계속되는 상황에서 내무성이 해체되고 토목 부문이 독립했으며, 이와는 별도로 전재부흥원이 설립되었다. 제2차 세계대전 당시 미군의 일본 본토 공습으로 피해를 본 전국 각 도시의 전쟁 재해 부흥 사업이 목적이었다. 그리고 '전재부흥원'의 계획에 입각해 1945년 12월 30일에 '전재지역부흥계획기본방침(戰災復興計画基本方針)'이 각의에서 결정되었다.

(2)경제의 '민주화': 도지 라인에서 특수 붐으로

패전 당시 GHQ(General Headquarters)의 점령 정책에서 우선적인 목표는 '일본 경제의 민주화'였다. 방법 중 하나는 '경제 안정 9원칙'을 제시한 '도지 라인'의 시행이었다. '도지 라인'이란 전후의 '일본 경제재건 정책'으로, GHQ의 경제자문위원 자격으로 방일한 디트로이트은행의 조지프 도지(Joseph Dodge) 은행장이 입안하고 권고한 것인데, 1949년 3월 7일에 일본 경제의 자립과 안정(인플레이션 문제 해결과 흑자 재정의 실현)을 위해 시행된 재정 금융 긴축정책이며 인플레이션 및 국내 소비 억제와 수출 진흥을 중심으로 진행되었다. 한편 1948년 12월에 GHQ는 경제 안정 9원칙의 시행 방책을 제시했다. 다만 도지 라인이 시행(1949년)된 이후 인플레이션을 수렴하기 위해 금융을 긴축해 화폐가치를 안정시키는 정책을 시행한 탓에 '도지 불황(혹은 안정 공황)'[21]이라고 불리는 공황 상태가 발생했다.

---

21 '도지 불황'이란, '도지 라인' 정책 시행에 따라 일본 국내의 인플레이션은 진정되었지만 이후에 정책 시행 이전과는 반대로 디플레이션이 진행되어 실업과 도산이 잇달아 발생한 상황을 가리킨다.

3) 한신·아와지대지진(1995) 이후의 경제정책

(1) 한신·아와지대지진부흥계획

일본 정부는 지진으로 피해를 본 효고 현 남부 지역의 고베 시 등의 재건을 집중적이면서도 효율적으로 추진하기 위해 '한신·아와지대지진 부흥의 기본 방침 및 조직에 관한 법률'을 제정하고, 성청(省庁)에 해당하는 독립기관은 설치하지 않되 총리부 직속(산하)으로 '한신아와지부흥대책본부(阪神·淡路復興対策本部)'와 이에 부속하는 재건의 기본 이념과 계획을 입안하는 자문기구로서 '한신·아와지부흥위원회(阪神·淡路復興委員会)'를 설치했다.[22]

당초 일본 정부는 지진 피해를 복구하기 위해 지난 1923년 간토대지진 직후 설치됐던 '부흥원(復興院)'을 참고로 새로운 기관의 설치를 검토했었다. 그러나 이 같은 독립기관의 신설은 무라야마 내각의 가장 중요한 과제인 '행정 개혁'의 이념에 반하는 것이라는 비판의 소리가 높아, '한신아와지부흥위원회'의 제언을 바탕으로 총리부 산하의 '한신아와지부흥대책본부'가 부흥을 위한 시책 마련을 종합적으로 조정하는 역할을 수행하게 되었다(総理府阪神·淡路復興対策本部事務局 編, 2000: 39~40).

대도시 일부가 피해를 본 한신·아와지대지진의 주요 피해 지역(被災地)인 고베, 니시노미야 시, 아시야 시에는 대인(対人) 서비스를 중심으로 하는 제3차 산업 종사자의 비율이 70%를 넘었다. 따라서 제3차 산업을 중심으로 한 지역 산업의 부흥 문제가 주된 정책 대상이었다. 한신·아와지대

---

[22] 한신·아와지대지진의 부흥에 관해서는 일본 내각부의 방재 정보 홈페이지를 참조하기 바라며, 특히 「設置規定: 阪神·淡路大震災復興の基本方針及び組織に関する法律」을 참조하기 바란다(http://www.yuhikaku.co.jp/static_files/shinsai/jurist/J1070200.pdf).

〈표 4-8〉 한신·아와지대지진 이후의 부흥 계획 및 시행 과정

한신·아와지대지진 부흥 전략 비전(1995년 3월)
↓
한신·아와지대지진부흥계획 - 기본 구상 -
↓
한신·아와지대지진부흥계획(효고 피닉스 계획, 1995년 7월)
10년 계획: 2005(헤이세이 17)년 3월 종료.
한신·아와지대지진부흥계획책정조사위원회(阪神·淡路震災復興計画策定調査委員会): 구체적인 재건 사업을 검토, 입안해 제언
분야별 '긴급 부흥 3개년 계획' 수립(1995년 8월~11월)
↓
보완 계획
'한신·아와지대지진부흥계획 추진 방안(阪神·淡路震災復興計画推進方策)'(1998년 3월)

지진부흥계획의 기본 목표 중 하나는 '기존 산업의 고도화와 더불어 차세대 산업도 활성화되는 사회 만들기'였다. 부흥 계획의 흐름을 정리하면 〈표 4-8〉과 같다.

(2) 거품 붕괴와 구조 개혁

우선 구조 개혁을 파악하기 위해서는 일단 '거품 경기'와 '거품 붕괴'에 관한 이해가 필요하다. 일본의 거품 경기는 1986년 12월부터 1991년 2월까지 51개월 동안 일본에서 일어난 자산 가격의 상승과 호황 및 이에 수반해 일어난 사회 현상을 가리킨다. 이 시기의 일본에서는 주식이나 부동산을 중심으로 한 자산 가격의 과도한 상승과 경제 확대가 이루어졌으며, 이렇듯 실물 경제에서 괴리된 자산 가격이 일시적으로 대폭 상승한 상태에서 역으로 빠르게 하락하면서 온 경기 침체를 '거품 붕괴'라고 한다. 그리고 그 사회구조 자체를 바꿔야 하는 정책론적 입장에서 시행된 것이 '구조 개혁'이다. 특히 일본 사회가 지닌 다양한 문제에 대해 2001년 이후 자민당 정권의 고이즈미 준이치로 총리는 구조 개혁을 슬로건으로 내걸고, '성

역 없는 구조 개혁(구조 개혁 없이는 경기 회복은 없다)'을 주창하며 다양한 분야에서 변혁을 시행했다. 이 '구조 개혁'은 거품 붕괴 현상과 더불어 한신·아와지대지진 이후 일본 사회 자체의 구조 변화에서도 기인했다.

한편 일본 정부는 자생력과 활력 있는 '경제 사회의 창조', '풍요롭고 안심할 수 있는 경제 사회의 창조', '글로벌 사회에의 참여'를 목표로 '구조 개혁을 위한 경제 사회 계획: 활력 있는 경제·안심할 수 있는 생활(構造改革のための経済社会計画: 活力ある経済・安心できるくらし)' 계획을 수립해 정책을 시행했다.

(3) WTO 체제하에서 일본의 통상정책

한신·아와지대지진의 부흥정책과 연계되는지는 불투명하지만 글로벌 경제와의 상호작용을 염두에 두고 일본이 추진한 정책에 관해 검토해보기로 하자. 특히 WTO(World Trade Organization: 세계무역기구) 체제하에 실행된 일본의 통상정책은 앞에서 언급한 구조 개혁의 목적 중 하나인 '글로벌 사회에 참여'한다는 방안의 하나로서 시행되었다고 할 수 있다. 한신·아와지대지진이 발생한 시기인 1995년에 WTO가 설립되었으며, 이 WTO 체제하에서 일본의 통상정책은 다음과 같은 변화를 보였다. 주된 특징으로는 WTO를 중심으로 한 자유무역체제와 특정 지역과의 경제협력 강화를 통한 지역 간 협력 추진, 양국 간 경제협력을 포함한 다층적 통상 전략의 구상(추진)을 들 수 있다(⟨표 4-9⟩ 참조).

주지하는 바와 같이 1990년대 이전 일본과 동아시아의 정치·경제협력은 주로 일본과 특정 국가 간의 관계, 즉 양자 간 관계를 중시하는 정책 기조를 바탕으로 경제 선진국인 일본이 동아시아에 자본과 기술을 공여하는 입장이었다(김상준, 2007: 512). 그러나 20세기 후반에 아시아에서 새로운 경제 질서가 형성되면서 일본의 입장은 이전보다는 수평적인 관계이자 경

<표 4-9> 일본의 주요 통상정책 방향(2008~2013)

	2008	2009	2010~2012	2013~
WTO DDA 협상	• 연내 타결 추진 → 실패	• → 실패	• → 실패	• 서명·비준 (전망 불투명)
EPA / FTA	• 일-ASEAN 간 EPA 서명(2008.4) • 베트남, 인도, 호주, 스위스, GCC와의 교섭	• 2009년 초까지 12개 이상 국가·지역을 상대로 EPA 체결	• EPA 체결국 무역액 비중을 25% 이상으로 확대 • TPP 교섭 참가에 관심 표명(2010.10) • TPP 관계 9국(P9)과 협의 개시(2011.12)	• TPP 참여 (미국 주도의 TPP 활용) vs. 아시아 지역주의 주도
	• 동아시아자유무역권, 동아시아 포괄적 경제협력, 아시아·태평양자유무역권 구상 Framework 관련 연구·검토 및 적극 참가			
	OECD 등의 투자·경쟁 정책·기후변화·무역 등 새로운 정책 과제 대응 추진 ⇒ WTO 중심의 자유무역 체제 유지·발전을 보완			
'아시아 경제·환경 공동체' 구상	• '아시아경제·환경공동체' 구상 개시(2008.5) • '동아시아·ASEAN경제연구센터(ERIA)' 설립(2008.6)		⇒ ERIA *를 활용 '아시아경제·환경공동체' 구상 추진 (2010, 일본 APEC 의장국)	한중일 FTA 교섭 개시 선언 (2012.11)

주: * ERIA(Economic Research Institute for ASEAN and East Asia)는 '동아시아·ASEAN 경제연구센터(東アジア·ASEAN 経済研究センター)'를 지칭하며, 이 조직에 관해서는 経済産業省(2011: 256)을 참조하기 바란다.

자료: 経済産業省(2008, 2009, 2010, 2011, 2012); 内閣府(2011).

쟁과 협력이 공존하는 다층적인 관계 중시로 변화했다. 또한 이전과는 달리 일본은 아시아 국가를 상대로 신중한 대외정책을 추진하고 있다. 특히 일본은 아시아 지역주의의 흐름에서 고립 또는 배제되는 것을 피하고, 가능한 한 지역주의의 틀 안에서 영향력을 발휘하려 노력하고 있다. 이러한 변화는 아시아 지역에서 지역주의가 다양해졌으며 다자간 경제 관계가 더욱 활발하게 전개된 데에 기인한 것이다.

아울러 일본의 통상정책을 이해하는 데 주목해야 할 점은 WTO가 성립된 이후로 미국 통상법 301조를 바탕으로 하는 양국 간 교섭에 응하는 과거(특히 1980년대 중반)의 수동적 대응에서 벗어나 능동적이고 적극적으로

WTO 체제를 이용하는 방향으로 정책을 전환했다는 것이다.[23] 예를 들어 미국과 일본의 후지-코닥 필름 분쟁 과정에서 일본 정부와 일본공정거래위원회(Japan Fair Trade Commission)는 구체적이고 실증적인 자료를 제시했을 뿐만 아니라, WTO의 분쟁 해결 제도를 통한 대응이라는 정책 기조에 입각해 국내의 분쟁 요구에도 적극적으로 응하는 자세를 취했다.[24]

마지막으로 일본 정부는 한신·아와지대지진의 복구정책과 부흥정책을 실행하기 위해 필요한 재원에 대해서는 '소비세 인상' 등의 방법을 통해 조달하고자 했다. 부흥을 위한 재원을 확보하려고 하시모토 류타로(橋本龍太郎) 정권은 1997년에 소비세 증세(3% → 5%)를 단행했다.[25] 그러나 이는 일본 국내 소비를 급격히 감소시켰으며, 같은 시기에 발생한 아시아 통화 위기, 부실채권 문제를 처리하기 위해 실행한 대차대조표(Balance sheet) 조정에 따른 금융기관의 파산 속출 사태 등이 겹치며 일본의 경제 상황을 악화시켰다.[26]

---

[23] 예를 들어 김영근(2008: 170~198), 김영근(2007: 71~111) 등과 같은 사례 연구가 있다.
[24] 예를 들어 미·일 필름 분쟁(마찰) 상황의 초기에 미국은 (일본) 후지필름의 행위를 WTO의 관할 외 분야로 규정하고 301조의 틀 안에서 해결하려 했으나 일본은 이에 응하지 않았다. 이에 대응해서 미국은 관련 문제를 WTO에 호소했으나 결국 WTO 분쟁 해결 절차(DSP)인 소위원회(패널)에서 패소한다. 이후 WTO가 망라하는 분야 외의 분쟁 사례에서 301조가 발효되는 사례는 없었다(김영근, 2008: 170~198).
[25] 1989년(헤이세이 원년) 4월 1일에 소비세를 도입(소비세법 시행: 세율 3%)했고, 1997년(헤이세이 9년) 4월 1일에 소비세 등의 세율 인상(지방 소비세 포함 5%)을 단행한 바 있다.
[26] http://ja.wikipedia.org/wiki/失われた20年

4) 동일본대지진(2011) 이후의 경제정책

(1) 동일본대지진(2011) 이후의 부흥 계획

일본 사회와 경제에 상정 외의 큰 피해를 준 3·11 동일본대지진은 피해지역이 매우 광범위하며, 부흥정책에 대한 이해(국내 합의)와 실행에는 여전히 혼란이 지속되고 있다. 동일본대지진은 이른바 복합적·연쇄적인 재해였으며 그로 말미암은 피해는 실로 막대하다. 지진과 쓰나미 피해에 그치지 않고 후쿠시마 현의 제1원자력발전소의 제1·2·3호기가 전원을 상실하면서 핵연료가 녹아내려 원자로가 파괴되고, 그 결과 원자 물질이 바다와 공기 중으로 배출되는 방사능 오염 피해도 발생했다. 이 때문에 전국적인 전력 부족 상황이 발생했으며, 이는 일본 경제에도 지대한 영향(수십조 엔으로 추정되는 경제적 손실 발생)을 미치고 있다.

재해 발생 당시 일본의 경제구조에는 '잃어버린 20년'이라고 특징지을 수 있는 경기 침체 상황이 동시에 진행되고 있었다(武者陵司, 2011; 深尾京司, 2012). 1990년대 초반 이후 일본 정부는 '디플레이션 상황의 탈출'과 '경제 활성화'를 목표로 다양한 중장기적 경제 재정 정책을 운영해왔다. 무엇보다도 일본 정부는 기본적으로 디플레이션에서 탈출해 '잃어버린 20년'을 마감하고 일본의 '새로운 경제 재생'을 위한 '경제 성장과 재정 건전화의 양립'을 목표로 삼고 있었다. 따라서 일본 정부로서는 그러한 상황에서 발생한 동일본대지진(2011)이 그야말로 '엎친 데 덮친 격'이었다.

일본 정부는 '동일본대지진부흥구상회의(東日本大震災復興構想会議)'를 통해 다양한 관점에서 부흥 구상에 관한 논의를 진행해왔다(2011년 4월 14일에 제1차 회의를 개최한 이후 2011년 11월 10일에 열린 제13차 회의까지 총 13회 개최).[27] 일본 경제의 부흥을 목표로 ① 조기 부흥에 총력을 기울여 유대감을 강화할 것, ② 원전 폐지(廃止) 조치 및 배상에 집중적으로 대응할 것,

③ 재해 지역의 부흥을 일본 재생의 선례로 삼을 것, ④ 재해 방지(防災)와 재해 감소(減災)를 위한 노력을 강화할 것 등의 기치를 내걸고 있다. 특히 '부흥 구상 7원칙' 중에서도 "재해 피해를 입은 도호쿠 지방을 되살리기 위해 잠재력을 활용함으로써 기술 혁신을 수반한 복구 및 부흥을 목표로 한다. 앞으로 다가오는 미래를 이끌어나갈 경제 사회로서의 가능성을 추구한다"(원칙 3)와 "지진으로 크게 손실된 국제적 '부품 공급망(supply chain)'은 국내외 사람들에게 일본과 세계가 얼마나 깊게 연결되어 있는지를 다시금 인식시켰다. 그러므로 일본은 국제사회와 유대를 강화해 세계적으로 열린 부흥(정책)을 목표로 해야 한다"(東日本大震災復興構想会議, 2011: 44)라는 내용을 바탕으로 부흥정책의 국제 협력(세계로 열린 부흥을 목표)를 모색하고 있다. 아울러 일본은 '자유무역체제를 추진함으로서 세계에서 일본 기업과 상품이 동등한 경쟁 기회를 확보하기 위해 노력하는 것 외에도 재해 지역에서 생산된 제품의 해외 판로 확대를 목표로 삼아 피해 지역의 고용 창출과 경제 발전을 촉진하기 위해'(東日本大震災復興構想会議, 2011: 45) 노력하고 있다. 이 점에 관해서 '재해 부흥의 일환으로서 TPP 참여' 논의를 구체적으로 살펴보기로 하자.

(2) 재해 복구 및 부흥을 위한 새로운 경제정책 : TPP 참가에 따른 제3의 개혁

3·11 동일본대지진 발생을 전후로 일본은 해결해야 할 많은 구조적 문제를 안고 있었다. 예를 들어 TPP 교섭을 통한 개방 정책의 추진, 국내 규제 완화 등 경쟁 정책의 추진, 증세를 피하기 위한 세출 삭감 등을 들 수 있다(竹中平蔵·船橋洋一 編, 2011: 174). 일본이 처한 이러한 개혁 과제의 추

---

27 '동일본대지진부흥구상회의'의 회의록 내용에 관해서는 다음 사이트를 참조하기 바란다. http://www.cas.go.jp/jp/fukkou/

진은 2007년에 발생한 서브 프라임 위기와 2008년 리먼 사태 이후로 주춤했으나, 아이러니하게도 3·11 동일본대지진을 계기로 '잃어버린 20년' 사이에 발생된 이 모든 과제가 한꺼번에 해결될 것이라는 기대가 높아졌다.

동일본대지진 피해 지역이 안고 있는 특징은 고령화와 농어업 종사자가 많다는 구조적 문제점이 두드러지는 데에 있다. 이는 일본의 통상정책에서 농업 보호라는 정책 기조를 바꿀 필요성이 있다고 지적되는 것과 밀접하게 관련된 의제다. 3·11 동일본대지진 이후 일본 경제(정책)의 변화와 세계에서 가장 역동적인 지역인 아시아·태평양에서 논의되는 TPP 교섭에 대한 관심이 높아졌다. 특히 일본이 동아시아와 미주 등을 아우르는 TPP 교섭에 참가한 후의 타결과 맞물려, 동아시아 지역 내 자유무역 지대 구상을 통해 경제 통합이라는 새로운 제도 기반을 구축(정비)할 수 있을지가 큰 주목을 받고 있다. 그런데도 선행 연구는 동북아시아의 양자 간 교섭을 방해하는 요인 분석 및 FTA 체결에 따른 경제적 요인 분석 등 주로 단편적인 연구에 그쳤다.

2011년 3월 11일 일본 도호쿠 지방에서 일어난 대규모 재해(지진, 쓰나미, 원전 사고 등)는 상정 외의 어마어마한 재해 피해를 불러 일으켰으며, 이는 그야말로 '복합 연쇄 위기'라고도 불릴 만한 융합적인 위기를 초래했다. 또한 이는 비단 일본 내의 문제에만 머물지 않고 휴머니즘(인간을 둘러싼 정치, 경제, 사회, 문화 등의 측면을 포함) 관점에서 국제적인 관심과 협력을 필요로 한다. 이러한 상황 속에 동아시아 관점에서 '재해'에 관해 다시금 인식해 동북아 경제협력을 위한 진로 모색과 대재해로부터 부흥 및 복구 방안(계획)이 요구된다.[28]

3·11 동일본대지진을 전후로 일본의 통상정책은 다음과 같은 변화를

---

28 동북아 경제협력에 관한 선행 연구는 김영근(2012b: 275~298)을 참조하기 바란다.

보였다. 일본은 WTO 우선 정책이라는 기조하에 WTO 체제의 불안정 상황에 대응하려고 2004년에 FTA 정책을 공식화했다. 이후 2010년 11월 9일 '포괄적 경제협력에 관한 기본 방침[包括的な経済連携(EPA)に関する基本方針]'을 통해 통상정책의 기조를 재차 확립했다. '포괄적 경제협력에 관한 기본 방침'에 따르면, 일본의 FTA 정책 기조는 TPP, EU, 중국 등 거대 선진 경제권을 중시한다(김양희, 2011: 157). 새로운 FTA 정책 기조에서 가장 큰 비중을 차지하는 것이 TPP 전략이다. 2010년에 TPP를 '제3의 개국'이라고 선언하며 TPP 교섭에 대해 관심을 표명한 간 나오토 총리에 이어 노다 요시히코 총리대신은 2011년 11월에 '(동일본대지진을 계기로) TPP 교섭 참가를 목표로 관계국과의 협의 개시'를 표명했다. 이후 TPP는 일본 외교 통상정책의 주요 의제가 되었으나, 3·11 동일본대지진 이후 국내 피해 상황의 심각성을 고려해 TPP에 대한 논의는 중단되었다. 그러나 2011년 11월 12일 APEC 회의에서 노다 총리가 TPP 참가에 관해 강한 의지를 표명함으로서 일본의 통상정책에 변화의 움직임이 보이기 시작했다. 이 TPP 참가 의지 선언은 3·11 대지진의 복구와 부흥의 수단으로 활용되어, 불안정한 국제금융 상황에서 엔고(엔화 가치의 상승)에 따른, 일본 경제의 침체 상황에서 벗어나기 위한 출구 전략의 하나로 주목받고 있다. 대지진 이후 엔고 때문에 일본의 수출이 고전하는 상황을 타파하기 위한 문제 해결의 열쇠는 역시 수출 시장의 확대였다. 바로 이러한 상황에서 관심이 집중된 TPP가 논의된 것이다.

일본 정부가 TPP 교섭 참가에 관심을 표명하는 배경(이유)은 앞으로 FTAAP(Free Trade Area of the Asia-Pacific: 아시아·태평양자유무역지대)를 구축한다는 목표와 맞물려 있다.[29] 이러한 사실을 뒷받침하듯 일본 경제단

---

29 경제산업성의 홈페이지에 있는 APEC에 관련한 성과 설명 및 TPP 특집 사이트(http://

체연합회(게이단렌)는 3·11 동일본대지진을 극복하고 활기찬 경제 사회를 재구축함으로써, 새로운 일본을 실현하기 위해 TPP 교섭에 조기 참가할 것을 촉구하고 있다.[30] 그러나 앞으로 TPP 가맹 9개국(P9)과 일본, 캐나다, 멕시코가 TPP 교섭을 시작한다고 하더라도 발효가 될 때까지 우여곡절이 예상된다(高橋俊樹, 2012). 특히 TPP에 관해서는 이미 가맹 9개국(P9) 간에 협상이 시작되어 2011년 11월 APEC 회의에서 포괄적으로 합의되었는데도, 구체적인 분야별(서비스, 지적재산권, 노동·환경 등) 협의를 위한 기본 진행 방식 등이 명확하지 않다는 점이 TPP 추진을 저해하는 요인으로 작용하고 있다. 더욱이 일본의 농산물 자유화 문제, 캐나다의 유제품과 닭고기 등의 공급 관리 정책에 관한 자유화 문제 등이 교섭 의제(Agenda)에 추가될 경우 조속한 TPP 발효는 어려울 것으로 예상된다.

한편 다케나카 헤이조 교수는 3·11 동일본대지진의 부흥정책을 시행할 경우에도 간토대지진 당시의 고토 신페이 부흥 구상과 마찬가지로 매몰 비용이 제로가 되는 상황으로 상정하고 과감한 부흥 계획과 실행이 필요하다고 주장한다(竹中平蔵·船橋洋一 編, 2011: 174). 그러한 관점에서 일본 정부가 지진이 발생한 지 한 달 후에 '부흥구상회의'를 설립하고 2011년 6월 말에 '부흥에 대한 제언: 비참함 속의 희망'이라는 보고와 정책 제언을

---

www.meti.go.jp/policy/external_economy/trade/tpp.html)에서 FTAAP에 관한 기본 입장을 표명하고 있다.
30 "アジア太平洋自由貿易圏(FTAAP)への道筋"(2011年 11月 13~14日, APEC首脳会議)에 관해 게이단렌의 정책 제언 및 조사 보고 사이트(http://www.keidanren.or.jp/japanese/policy/index.html)에 실린 2011년 12월 13일 자 보고서「アジア太平洋地域における経済統合の推進を求める: 2020年のアジア太平洋自由貿易圏(FTAAP)実現に向けて」(http://www.keidanren.or.jp/japanese/policy/2011/110/index.html)를 참조하기 바란다. 일본무역진흥기구 아시아경제연구소(IDE-JETRO) 또한 "TPP는 FTAAP 실현을 위한 지름길"이라고 주장한다(平塚大祐·鍋嶋郁, 2011).

〈표 4-10〉 일본 정부의 동일본대지진 부흥 관련 재정대책(2011년도 추가 경정 예산)

	세출 총액	주요 세출 항목	주요 재원 조달 방법
제1차 (2011년 5월 2일)	4조 153억 엔	재해 경비: 4조 153억 엔	세외수입: 3,051억 엔
제2차 (2011년 7월 5일)	1조 9,988억 엔	원전 손해 배상: 2,754억 엔 재해 구조: 3,774억 엔 재해 복구 부흥예비비: 8,000억 엔 지방교부세 교부: 5,455억 엔	전년도 잉여금: 1조 9,988억 엔
제3차 (2011년 11월 21일)	12조 1,025억 엔	재해 구조: 941억 엔 재해 폐기물 처리: 3,860억 엔 공공사업: 1조 4,734억 엔 재해 융자: 6,716억 엔 지방교부세 교부: 1조 6,635억 엔 일본대지진 부흥기금: 1조 5,612억 엔 원전 재해 복구: 3,558억 엔	부흥채: 11조 5,500억 엔 세외수입: 187억 엔 세출 삭감: 1,648억 엔
제4차 (2012년 2월)*	2조 5,345억 엔	재해 대책: 1,406억 엔 중소기업 자금 지원: 7,413억 엔 고령자 의료비 지원, 육아, 복지: 4,939억 엔 TPP 대비 농업 지원: 1,574억 엔 친환경 자동차 보조금: 3,000억 엔	국채비 여분: 1조 2,923억 엔 세수: 1조 1,030억 엔 세출 삭감: 1,304억 엔

주: * 2012년 1월 25일 현재 국회 제출 상태.
자료: 김규판(2012: 117)에서 발췌 및 재인용.

했다는 점을 높이 평가했다(東日本大震災復興構想会議, 2011). 부흥구상회의의 보고와 제안에 관해서는 대담한 정책을 회피하고자 하는 각 관청의 영향력이 매우 강한 나머지 부흥에 관한 구상력이 부족하다는 평가도 덧붙였다.

마지막으로 동일본대지진의 복구정책과 부흥정책의 실행에 필요한 재정의 일부를 '부흥채', '세출 삭감(국채비 여분)'이나 '소비세 인상'[31] 등으로 조달한다는 방안을 내놓았다(〈표 4-10〉).

---

31 2014년 4월 1일 기준으로 소비세를 5%에서 8%로 인상할 예정이며, 2015(헤이세이 27) 년 10월 1일부터는 소비세를 8%에서 10%로 인상할 예정이다.

3. 대재해 이후 일본의 경제정책 및 부흥정책의 비교 분석

이 글의 문제의식은 대재해(대지진과 전쟁) 발생 후, 일본의 경제구조나 경제정책이 대내외적 환경 변화에 대응해 어떻게 변화했는지에 관해 사례별로 비교·분석하고자 하는 것이었다. 간토대지진(1923) 이후의 경제정책, 전후(1945) 일본의 경제정책, 한신·아와지대지진(1995) 이후의 경제정책, 동일본대지진(2011) 이후의 경제정책을 비교해본 결과, 사례별 경제정책과 부흥정책의 변화가 뚜렷이 드러난다. 이 글에서 분석한 재해 이후 일본과 세계 경제의 구조 변화 속에서 일본이 계획하고 실행한 복구정책과 부흥정책을 비교·분석한 결과를 정리하면 다음과 같다(〈표 4-11〉 참조).

첫째, 간토대지진(1923) 이후의 일본의 경제정책 분석을 간단히 정리하면, 당시 일본의 시스템은 '전간체제'라고 할 수 있으며, 세계정세의 주요 변동으로 세계 대공황(1929~1933)의 발생이라는 글로벌 경제의 불안정한 상태가 동시에 작동하고 있었다. 한편 일본의 경제구조는 '전간기(戰間期)의 군수 경제'와 '쇼와(금융) 공황' 같은 특징을 보였으며, 그러한 정책을 실행하는 데 필요한 재원을 조달하기 위한 일본의 경제정책으로는 '국채와 외채의 발행'이나 '긴축 재정 정책의 시행'과 같은 변화가 나타났다. 그리고 그러한 정책을 실행하는 데에 필요한 재원을 조달하기 위한 수단(재정)으로는 '국채와 외채의 발행' 등을 들 수 있다. 재해 후 일본의 부흥정책을 추진한 주요 정책 수행자는 '일본 정부'이며, '부흥원(復興院)'을 운영했다.

둘째, 전후(1945) 일본의 경제정책에 관련된 분석을 정리하면 당시의 시스템은 '전후체제'라 할 수 있으며, 대재해 발생 당시의 글로벌 환경 변화로는 'GATT(General Agreement on Tariffs and Trade: 관세 및 무역에 관한 일반 협정) 체제'에서 무역 자유화를 추진한 것을 들 수 있다. 한편 일본 경제구조의 특징으로는 '전후 개혁과 경제 부흥' 및 '전후 인플레이션' 현상을

〈표 4-11〉 재해 부흥 프로세스에서의 일본 경제정책 비교

	간토대지진 (1923) 이후	전후 (1945)	한신·아와지 대지진(1995) 이후	동일본대지진 (2011) 이후
일본의 시스템	전간체제	전후체제	재간체제	재후체제
글로벌 환경 변화	• 세계 대공황 (1929~1933)	• GATT 체제 • 무역자유화 • 조선 특수	• WTO 성립 - WTO의 침체와 FTA의 확산	• 세계 금융 위기
일본의 경제구조	• '공황의 10년': 쇼와(금융) 공황 전간기 군수 경제	• 전후 개혁과 경제 부흥 • 전후 인플레이션	• 거품 경제 붕괴 • '잃어버린 10년'	• '잃어버린 20년' (산업 공동화의 가속화)
일본 경제 정책의 변화	• 국채, 외채 발행 • 공적 금융 확충 (긴축재정 노선 견지)	• 경제 '비군사화' 및 '민주화' • 도지 라인 • 경제 자립의 길(방안) - 재벌 해체 - 농지개혁 - 노동개혁	• 구조 개혁 (금융, 재정 등) • 디플레이션 탈출	• TPP 교섭 참가 선언 - TPP 협상 참가국(P9) 과 협의 개시(2011.12) • 디플레이션 탈출과 중장기적 경제 재정 운영
재정(재원) 조달 수단	• 국채, 외채 발행	• 전후 특수 • 국제적인 군수 경기	• 증세 • 소비세 인상	• 부흥채 • 소비세 인상
주요 정책 수행자	• 일본 정부 - 부흥원	• 연합국군최고사령관 총사령부(GHQ/SCAP) - '전후 부흥원'	• 총리 관저	• 총리 관저 vs. NGO/NPO • '부흥구상회의'

자료: 필자 작성.

들 수 있다. 또한 일본의 경제정책 변화를 나타내는 요소로 경제의 '비군사화'와 '민주화', '도지 라인(Dodge line)'과 '경제 자립을 향한 노력(재벌 해체·농지 개혁·노동 개혁)' 등이 있으며, 이러한 정책을 실행하는 데에 필요한 재원을 조달하기 위한 수단(재정)은 '국제적 군수 경기에 따른 전후 특수 재정' 등이었다고 할 수 있다. 그리고 재해 후 일본의 부흥정책은 '연합군 최고사령관 총사령부(SCAP: Supreme Commander for the Allied Powers/GHQ)'가 주요 정책 수행자로서 추진했으며, '일본 경제의 재생'과 '세계 (무역) 체제로의 복귀'를 목표로 설정하고 노력했다.

셋째, 한신·아와지대지진(1995) 이후의 경제정책에 관련한 분석을 정리하면 당시 시스템은 '재간체제'라 할 수 있으며, 대재해 발생 당시의 주

요한 글로벌 환경 변화로는 1995년 'WTO'의 성립과 이후 WTO의 침체, FTA(자유 무역 협정)의 확산을 들 수 있다. 한편 재해 발생 당시 일본은 '거품 경제의 붕괴'라는 경제적 구조 문제를 안고 있었다. 일본 경제정책의 변화는 '구조 개혁(금융, 재정 등)', '디플레이션 탈피'로 나타낼 수 있으며, 그러한 정책을 실행하는 데 필요한 재원을 조달하기 위한 수단(재정)으로 '소비세 인상' 등을 들 수 있다. 그리고 재해 후 일본의 부흥정책을 추진한 주요 정책 수행자는 '총리 관저 중심의 일본 정부'라 할 수 있다. 일본의 부흥정책과 연계 여부는 불투명하지만 글로벌 경제와의 상호작용에 관해서는 "WTO의 국제 규범을 준수하며 일본 국내의 규제를 더욱 완화해 시장을 개방하고, 세계무역 발전에 공헌하고자 한다"(하시모토 류타로 통상산업성대신의 담화, 1995.6.28)라는 정책 스탠스를 표명하고 있다.

넷째, 동일본대지진(2011) 이후의 경제정책에 관련된 분석을 정리하면 '재후체제'[32]라 할 수 있으며, 대재해 발생 당시의 주요한 글로벌 환경 변화로는 '세계 금융 위기'[33]의 발생을 들 수 있다. 한편 재해 발생 당시 일본의 경제구조는 '잃어버린 20년'이라고 특징지을 수 있으며 'TPP 교섭 참가 선언', '디플레이션 탈피와 중장기적인 경제 재정 운영'이라는 경제정책의 변화가 나타났다. 이러한 정책을 실행하는 데 필요한 재원을 조달하는 수

---

32 3·11 동일본대지진이 발생한 후 '일본에서는 전후의 끝에 재후가 시작되었다'는 말이 논의되고 있다. 이는 일본의 저명한 정치학자이자 부흥청 부흥추진위원회(復興庁復興推進委員会)의 위원장 대리를 맡은 미쿠리야 다카시 도쿄 대학 교수가 주장한 말로, 일본이 제2차 세계대전에서 패한 후 '전후체제'를 확립했듯이 대지진 재해에서 복구해, 일본 재생 혹은 일본 재건(부흥)을 목표로 하는 중요한 전환기적 의미가 내포되어 있다.
33 세계 금융 위기란 2007년에 미국의 서브프라임 모기지 론(subprime mortgage loan) 문제가 주택 버블 붕괴로 파급되어 발생해, 2012년 현재에 이르기까지 계속되는 국제적인 금융 위기를 가리킨다. 이를 발단으로 한 세계적인 경제 불황의 연속은 '세계 동시 불황'이라고도 불린다.

단(재정)으로 '부흥채(復興債)' 발행, '세출 삭감' 및 '소비세 인상' 등을 실행했다. 재해 후 일본의 부흥정책을 추진한 주요 정책 수행자는 '총리 관저 대(對) 비정부 행위자(NGO/NPO 등)'이며, '재해로부터 재생, 복구, 부흥'을 목표로 노력하고 있다.

4. 결론: 재해 부흥 프로세스와 일본 경제정책의 귀결

이 글은 세계정세의 변화를 고찰하면서 대재해(대지진 혹은 전쟁) 발생 이후 일본의 경제구조와 경제정책에 변화가 발생했는지에 관한 문제의식에서 출발했다. 따라서 비교 대상으로 1923년의 간토대지진, 1945년 이후에 해당하는 전후, 1995년의 한신·아와지대지진, 2011년의 동일본대지진 이후를 설정하고, 우선 피해 실태와 현황을 파악해 주로 지진(전쟁)이 일본 사회에 미친 영향을 고찰하면서도 그중에서 경제구조와 경제정책에 관련된 변화를 중심으로 비교·분석했다.

간토대지진(1923) 이후의 경제정책, 전후(1945) 일본의 경제정책, 한신·아와지대지진(1995) 이후의 경제정책, 동일본대지진(2011) 이후라는 네 가지 사례 분석을 통한 재해 후 일본 부흥정책의 변용에 관한 분석 결과를 네 가지 요인별로 분류해 요약하면 다음과 같다.

첫째, 사례별 재해 부흥 프로세스에서 일본 시스템(거버넌스)의 변용에 관한 것이다. 각 사례에서 나타난 일본 시스템의 변용을 요약하면, 간토대지진(1923) 후는 전쟁과 전쟁 사이를 의미하는 '전간체제'이며, 전후(1945)는 말 그대로 '전후체제'로, 한신·아와지대지진(1995) 후는 재해와 재해 사이를 의미하는 '재간체제'이며, 동일본대지진(2011) 후에는 '재후체제'로 변화하고 있다.

둘째, 글로벌 경제의 변동에 따른 일본 경제정책의 대응관계에 관한 것이다. 간토대지진(1923) 후 경제 대공황(1929~1933)의 발생과 맞물린 쇼와 공황, 전후(1945) GATT 체제의 무역자유화 추진 및 '재벌 해체, 농지개혁, 노동개혁 등을 통한 경제 자립', 한신·아와지대지진(1995) 후에는 'WTO 성립' 및 '거품경제의 붕괴', 동일본대지진(2011) 후에는 '세계 금융 위기'의 발생과 맞물려 장기화된 '잃어버린 일본 경제 20년'이라는 변동이 지속되었다.

셋째, 재원을 조달하기 위한 수단인 재정정책에 관한 비교와 분석이다. 간토대지진(1923) 후는 '국채와 외채의 발행' 및 '긴축재정정책의 시행', 전후(1945)는 '세계 시스템으로의 복귀'를 통한 경제 대국으로의 진입, 한신·아와지대지진(1995) 후에는 '증세' 및 '소비세 인상' 등의 정책 시행, 동일본대지진(2011) 후에는 '부흥채', '국채비 여분(세출 삭감)' 및 '소비세 인상' 등의 정책 변화가 이루어졌다.

넷째, 재해 후 일본의 부흥정책을 추진한 주요 정책 결정자의 주체 및 역할 변화에 관한 것이다. 간토대지진(1923) 후에는 일본 정부가 운영한 '부흥원'이, 전후(1945)에는 연합국군최고사령부와 일본 정부가, 한신·아와지대지진(1995) 후에는 총리 관저 중심의 일본 정부의 역할이, 동일본대지진(2011) 후에는 '총리 관저 대(對) 비정부 행위자(NGO와 NPO 등)' 구도로 변화했다. 특히 재해 부흥 과정(현장)에서 '민간 부문이 강하고, 정부 부문은 약하다'[34]는 평가는 주된 정책 수행자가 바뀌었다는 것을 의미한다. 새로운 행위자로서 '비정부'의 역할이 더욱 증대된 경향을 보인 것이다.[35]

---

34 '일본의 민간 부문은 강하고, 정부 부문은 약하다'는 논의가 존재한다.
35 재해 현장의 자원봉사 활동 등 NGO와 NPO의 중요도(역할)에 대한 일본인들의 인식이 비약적으로 높아진 계기는 1995년 한신·아와지대지진 이후라 할 수 있다. 당시 재해 복구 현장에서 이재민 지원의 자원봉사 활동에 참가한 사람의 수는 하루 평균 2만 명

마지막으로 재해 부흥에 관한 연구 과제 몇 가지를 열거함으로써 결론을 대신하고자 한다. 일본이 재해 복구, 부흥, 재생을 위해 시행한 경제정책을 비교하고 분석했다는 점에서 이 글은 매우 유용하나, 위기관리 거버넌스가 신속하고 평등하며 공정하게 운영되는 제도가 실제로 구축되었는지 등을 포함해 재해의 정치경제학적 프로세스와 메커니즘 분석은 미흡한 실정이다.[36] 예를 들어 일본의 재해 복구에 관한 재해부흥기본법이나 부흥재원확보법 등 법과 제도의 메커니즘 및 실행 거버넌스에 관한 분석 등도 보완되어야 할 것으로 보인다. 또한 재해 이후의 재원 조달 및 재정정책도 분석했으나, 일본의 특수한 금융 시스템의 재정정책과 부흥정책의 상호연관성 등에 관해서도 사례 분석이 필요할 것으로 보인다. 특히 2011년 이후 일본 정부의 정책 결정에서 정부 및 비정부기관의 거버넌스 시스템과 재정 투입에 관한 정책 결정이 재해 이후의 경제구조와 경제정책에 어떻게 영향을 주었는지도 고찰되어야 한다. 더불어 이 글의 분석 대상인 네 차례의 대재해 경험을 감안하더라도 재해 복구와 부흥을 둘러싼 정책을 입안(및 시행)할 때에는 세계정세의 변동과 일본 경제구조의 상호작용에 관한 좀 더 구체적인 사례를 분석한다면 대재해 이후 일본의 정치경제 시스템의 변용을 좀 더 제대로 이해할 수 있을 것으로 기대한다.

이상으로, 3개월간 총 117만 명에 달한 것으로 알려졌다.
36 게다가 재해 복구와 부흥 과정에서 민주당 정권이 주창한 '콘크리트에서 사람으로'의 정책 전환, 즉 도시 재생 등은 물론이고 인간의 부흥을 우선시하는 부흥 통념의 전환도 고려해야 할 것이다. 특히 지방자치의 역할을 강조하는 사람들은 '인간 중심으로 부흥과 재건을 해야 한다'는 점을 강조한다.

참고문헌

간사이대학 사회안전학부 엮음. 2012. 『검증 3.11 동일본대지진』. 고려대학교 일본연구센터 〈포스트 3.11과 인간: 재난과 안전연구팀〉 옮김. 도서출판 문.
김규판. 2012. 「동일본대지진과 일본경제: 엔고와 재정문제를 중심으로」, 『저팬리뷰 2012: 3·11 동일본대지진과 일본』. 도서출판 문, 117쪽.
김상준. 2007. 「동아시아 지역체제와 일본」. 현대일본학회 엮음. 『일본정치론』. 논형.
김양희. 2011. 「일본의 2010년판 FTA 정책 제시와 향후 전망」. 최관·서승원 엮음. 『저팬리뷰 2011』. 도서출판 문, 157쪽.
김영근. 2007. 「미일통상마찰의 정치경제학: GATT/WTO체제하의 대립과 협력의 프로세스」. ≪일본연구논총≫, 26권, 71~111쪽.
_____. 2008. 「세계무역기구(WTO)체제하의 일본 통상정책의 변화: 후지-코닥 필름 분쟁을 중심으로」. ≪통상법률≫, 통권 제81호(2008년 6월호), 170~198쪽.
_____. 2012a. 「3.11 동일본대지진 이후 일본 경제와 동북아 경제협력의 진로: 환태평양경제동반자협정(TPP)을 중심으로」. 최관·서승원 엮음. 『저팬리뷰 2012: 3.11 동일본대지진과 일본』. 도서출판 문.
_____. 2012b. 「北東アジアにおける經濟協力の進路: 日韓-中韓-南北FTAの停滯要因と推進戰略」. ≪일본연구≫, 제17권, 275~298쪽.
다나카 헤이조·후나바시 요이치 엮음. 2012. 『일본대재해의 교훈』. 김영근 옮김. 도서출판 문.
마쓰오카 슌지. 2013. 『일본 원자력 정책의 실패: 후쿠시마 원전 사고 대응과정의 검증과 안전규제에 대한 제언』, 김영근 옮김. 고려대학교출판부.
이토 시게루 외. 2013. 『제언 동일본대지진: 지속 가능한 부흥을 위하여』, 고려대학교 일본연구센터 옮김. 고려대학교출판부.
ウィキペディア from http://ja.wikipedia.org/wiki/
ニック ティラッソー 外. 2006. 『戰災復興の日英比較』. 知泉書館.
経済産業省. 2008. 『通商白書 2008: 新たな市場創造に向けた通商国家日本の挑戦』. 日経印刷. from http://www.meti.go.jp/report/tsuhaku2008/index.html
_____. 2009. 『通商白書 2009: ピンチをチャンスに変えるグローバル経済戦略』. 日経印刷. from http://www.meti.go.jp/report/tsuhaku2009/index.html

_____. 2010. 『通商白書 2010: 国を開き, アジアとともに成長する日本』. 日経印刷. from http://www.meti.go.jp/report/tsuhaku2010/index.html
_____. 2011. 『通商白書 2011: 震災を越え, グローバルな経済的ネットワークの再生強化に向けて』. 山浦印刷. from http://www.meti.go.jp/report/tsuhaku2011/index.html
_____. 2012. 『通商白書 2012: 世界とのつながりの中で広げる成長のフロンティア』. 山浦印刷. from http://www.meti.go.jp/report/tsuhaku2012/index.html
経済安定本部総裁官房企画部調査課. 1949. 「太平洋戦争による我国の被害総合報告書」.
高橋俊樹. 2012. 「TPP, 日中韓FTAの今後の行方」. ≪フラッシュ≫, 150, 2012.1.6. from http://www.iti.or.jp/flash150.htm
関西大学社会安全学部 編. 2012. 『検証: 東日本大震災』. ミネルヴァ書房(간사이대학 사회안전학부 엮음. 2012. 『검증 3.11 동일본대지진』. 고려대학교 일본연구센터 〈포스트 3.11과 인간: 재난과 안전연구팀〉 옮김. 도서출판 문).
関西学院大学COE災害復興制度研究会 編. 2005. 『災害復興: 阪神・淡路大震災から10年』. 関西学院大学出版会.
内閣府(防災担当). 2011. 「東日本大震災における被害総額の推計について」. from http://www.bousai.go.jp/oshirase/h23/110624-1kisya.pdf
稲田義久. 1999. 「震災からの復興に影さす不況: 震災4年目の兵庫県経済」. 藤本建夫 編. 『阪神大震災と経済再建』. 勁草書房, pp. 1~43.
東日本大震災復興構想会議. 2011. 「復興への提言: 悲惨のなかの希望」.
藤本建夫. 1999. 『阪神大震災と経済再建』. 勁草書房.
老川慶喜・渡辺恵一・仁木良和. 2002. 『日本経済史: 太閤検地から戦後復興まで』. 光文社.
武者陵司. 2011. 『「失われた20年」の終わり: 地政学で診る日本経済』. 東洋経済新報社.
兵庫県. 2012. 「阪神・淡路大震災の復旧・復興の状況について」. from http://web.pref.hyogo.lg.jp/wd33/documents/fukkyu-fukko2012-12.pdf
福田徳三. 2012. 『復興経済の原理及若干問題』. 関西学院大学出版会.
棚橋祐治. 1995. 「阪神・淡路大震災の産業への被害と対応」, ≪ジュリスト≫. No. 1070. p. 126.
山中茂樹. 2012. 「創造的復興: 競争国家と福祉国家の狭間で」[고려대학교 일본연구센터・간세이가쿠인대학(関西学院大学) 재해부흥제도연구소 공동 국제학술대회 "東日本大震災と日本: 災害後日本社会の変容と韓国への投影" 発表 논문].
小林慶一郎. 2011. 「大震災に立ち向かう: 大震災後の経済政策のあり方」 from http://www.rieti.go.jp/jp/columns/a01_0306.html
小林真一朗. 2011. 「復興に向かって歩みだす日本経済: 東日本大震災後の日本経済の展望と課題」.

from http://www.murc.jp/thinktank/rc/quarterly/quarterly_detail/201103_65.pdf

松岡俊二. 2012. 『フクシマ原発の失敗: 事故対応過程の検証とこれからの安全規制』. 早稲田大学出版部(마쓰오카 순지. 2013. 『일본 원자력 정책의 실패: 후쿠시마 원전 사고 대응과정의 검증과 안전규제에 대한 제언』, 김영근 옮김. 고려대학교출판부).

深尾京司. 2012. 『「失われた20年」と日本経済: 構造的原因と再生への原動力の解明』. 日本経済新聞社.

深澤映司. 2011. 「関東大震災発生後における政策的対応: 財政・金融面の措置と日本経済への中長期的影響」. ≪調査と情報 Issue Brief≫, 第709号, pp. 1~10.

岩田規久男. 2011. 『経済復興: 大震災から立ち上がる』. 筑摩書房.

越澤明. 2011. 『後藤新平: 大震災と帝都復興』. 筑摩書房.

伊藤滋 外 編. 2011. 『東日本大震災 復興への提言: 持続可能な経済社会の構築』. 東京大学出版会(이토 시게루 외. 2013. 『제언 동일본대지진: 지속 가능한 부흥을 위하여』, 고려대학교 일본연구센터 옮김. 고려대학교출판부).

二神壮吉・横山禎徳 編. 2011. 『大震災復興ビジョン: 先駆的地域社会の実現』. オーム社.

日本経済団体連合会. 2011. 「アジア太平洋地域における経済統合の推進を求める: 2020年のアジア太平洋自由貿易圏(FTAAP)実現に向けて」 from http://www.keidanren.or.jp/japanese/policy/2011/110/index.html

財務省. 2011. 「平成23年度補正予算 第1・2・3・4号 フレーム」 from http://www.mof.go.jp/budget/budger_workflow/budget/fy2011/

竹中平蔵・船橋洋一 編. 2011. 『日本大災害の教訓: 複合危機とリスク管理』. 東洋経済新報社(다나카 헤이조・후나바시 요이치 엮음. 2012. 『일본대재해의 교훈』. 김영근 옮김. 도서출판 문).

中谷巌. 1996. 『日本経済の歴史的転換』. 東洋経済新報社.

総理府阪神・淡路復興対策本部事務局 編. 2000. 『阪神・淡路大震災復興誌』. 大蔵省印刷局, pp. 39~40.

貝原俊民. 1996. 『大震災100日の記録: 兵庫県知事の手記』. ぎょうせい.

平塚大祐・鍋嶋郁. 2011. 「アジア太平洋自由貿易圏(FTAAP)実現の道筋としてのTPP」 from http://www.ide.go.jp/Japanese/Publish/Download/Seisaku/pdf/1111_tpp.pdf

後藤新平. 2011. 『世紀の復興計画: 後藤新平かく語りき』. 毎日ワンズ.

동일본대지진과 일본: 경제적 변화

동일본대지진 사태로 본 일본 서플라이 체인의 특징과 한계

김도형

1. 머리말

 동일본대지진은 도호쿠 지방에 인적·물적 피해를 준 것은 물론 일본 국내, 나아가 일본을 기점으로 구축되어온 글로벌 서플라이 체인(Supply Chain)에 엄청난 충격을 초래했다. 동시에 서플라이 체인을 재구축해야 할 필요성과 서플라이 체인 매니지먼트(SCM: Supply Chain Management)의 중요성을 일깨우는 계기가 되었다.
 대지진 직후 도호쿠 지역은 물론 간토를 포함하는 동일본 제조 현장에서는 조업 정지와 감산이 불가피했다. 지진과 쓰나미 피해가 상상을 초월했던 도호쿠와 간토 북부 지방에 있는 제조업·수산업·농업은 물론, 이들로부터 부품과 부자재를 조달해온 기업의 조업이 연이어 정지되었다. 이러한 서플라이 체인의 훼손은 감산과 경제활동 전반의 둔화폭을 증폭시켰다. 그리고 그 영향이 가장 심각했던 업종은 자동차업계였다. 자동차는 대당 2~3만의 부품을 사용하지만 부품류 재고를 항시 최저한도로 억제하는, 이른바 토요타의 재고관리 방식인 'Just-in-time'을 채용해왔다. 따라서 부품업체가 피해를 입고 기간 부품 공급이 단절되면 순식간에 완성차 조립업체도 동시에 가동이 중단된다. 특히 이들 핵심 부품업체의 시장점유율이 높아 다른 업체로 대체하는 것이 어렵다면(즉, 업계 'only one' 기업이라면) 사태는 더욱 심각해졌다. 이러한 영향은 다른 산업으로도 파급되었다. 자동차 완성업체 감산으로 수요가 줄어든 관련 업종 등은 공급 능력에는 별 손상을 입지 않았지만 감산에 들어갔다. 그 결과 3월의 광공업 생산은 전 업종 마이너스, 월별로는 사상 최대의 감산을 기록했다.

이러한 생산 감소는 대폭적인 소비 감소를 유발하고 신차 판매가 차종 부족으로 급감했으며 전자 부품 부족으로 디지털카메라, 세탁건조기 등 신상품이 발매 연기되는 등 기계류 업종 외에도 포장재업계로 피해가 번지면서 식품 등 일용품업계에도 공급 불안이 엄습해왔다. 수출도 수송기계를 중심으로 급감했다. 완성차만이 아니고 부품류 수출도 감소해 북미와 동남아 등에 진출한 일본계 업체의 현지 생산과 판매가 4~5월에 걸쳐 크게 감소했다. 이러한 서플라이 체인의 대규모 훼손이 경제에 미치는 영향은 국내외로 확산되었다. 특히 외국에 진출한 일본 기업에 부품 소재 최종재의 공급이 중단된 일은 다시 국내 업체 소재 부품 최종재의 생산 중단으로 피드백됨으로써 서플라이 체인의 회복 전망을 더욱 어둡게 했다.

통상적으로 일본 기업은 잦은 지진과 재해에 대비해 제조업 현장에서 일어나는 예측하지 못한 사태에 기민하게 대응해온 것으로 알려져왔다. 그러나 이번 대지진은 피해 규모와 범위에서 유례를 찾기 어려운 대규모 광역적 재해를 초래했으며, 종래의 일본 제조 현장의 위기관리 범위를 초월해 일본적 제조관리 시스템의 근본을 위협하기까지 했다.

현시점에서 서플라이 체인은 예상외로 조기에 회복되고 있으나, 일본

〈그림 5-1〉 대지진으로 말미암은 국내외 서플라이 체인 피해

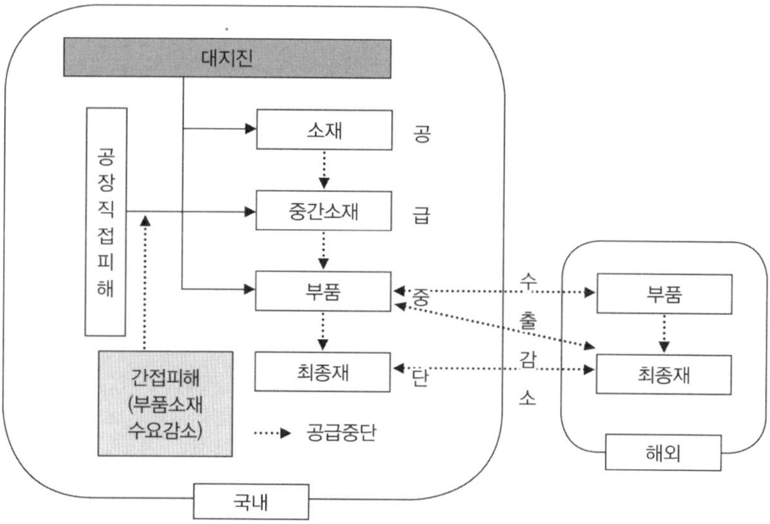

적 서플라이 체인의 구조적 취약점과 대책을 둘러싸고 논란이 지속되고 있다. 또한 원전 사고에 따른 방사능 피해, 뒤이은 세계적 금융 위기, 엔화 강세 등으로 일본 생산 거점의 해외 이전과 같은 재배치의 필요성이 제기되는 등 글로벌 경쟁력과 서플라이 체인의 강인성을 여하히 조화시킬 것인지에 관심이 집중되고 있다.

이 글에서는 동일본대지진을 계기로 드러난 일본 서플라이 체인의 산업 연관적 특성과 미시적 서플라이 체인 관리의 한계를 검토하고 글로벌 경쟁력 강화와 견고한 서플라이 체인의 구축과 관련된 논점을 정리하고자 한다.

2. 국내 권역 간 서플라이 체인의 특징: 자동차 부품과 전자 부품을 중심으로

이 글에서는 일본 서플라이 체인의 산업 연관적 특성을 살펴보기 위해 서플라이 체인을 권역 내 및 권역 간 이출입(移出入)을 통한 상호의존관계로 정의하고자 한다. 따라서 여기서는 일본의 8개 권역(오키나와 제외)을 대상으로 한다. 이를 위해 경제산업성이 2010년 3월에 발표한 2005년도 자료인 「平成17年地域間産業連関表」와 동일본대지진의 영향을 다각도로 분석한 2011년 판 『通商白書』 제4장 등을 이용하기로 한다.

대지진 직후 직면한 생산 정체는 도호쿠 지역의 직접 수출은 물론 도호쿠 지방과 국내 여타 지역과의 서플라이 체인을 통한 여타 지역의 간접 수출에도 영향을 미쳤다. 특히 후자의 경우 부품류처럼 해외 생산에 필요한 중간재로서 투입되면 국내 여타 지역이 이를 가공하고 조립해 해외에 수출하게 되므로 전자의 경우보다 글로벌 체인에 미치는 영향은 커지게 마련이다.

우선 간접 수출에 미친 영향을 파악하려면 피해 지역 중 도호쿠 지방이 국내 여타 지역에 공급하는 중간 투입 상황을 확인해야 한다. 도호쿠 지역으로부터 중간 투입이 많은 국내 각 지역의 중간 수요 부문(내생 부문)을 살펴보면(〈표 5-1〉) 다음 사실을 확인할 수 있다. 도호쿠 지역으로부터 중간 투입된 총액은 도호쿠 지역을 포함해 약 25조 엔이지만, 도호쿠 외 지역으로부터 다액의 중간 투입이 필요한 중간 수요 부문은 첫째가 간토 지역 기계 부문으로서 약 1조 6,900억 엔(전체의 6.8%)이다. 그다음도 동일한 지역인 간토 지역의 서비스 부문으로 약 1조 1,100억 엔(전체의 4.4%)이며, 여타 부문도 다수 존재한다. 그 밖으로는 예를 들어서 주부 지역 기계 부문(약 4,000억 엔, 전체의 1.6%)을 보면 순위가 매우 낮다. 이렇게 본다면 중

〈표 5-1〉 도호쿠 지역에서 나오는 중간 투입액의 비중이 큰 간토 지역 기계 부문

순위	지역	부문 이름	금액(억 엔)	비중(%)
1	간토	자동차 부품·동 부속품	3,709	21.9
2	간토	일반 기계	2,597	15.4
3	간토	전자 부품	2,247	13.3
4	간토	승용차	1,562	9.2
5	간토	통신기계·동 관련 기기	1,380	8.2
6	간토	기타 전기기계	1,063	6.3
7	간토	기타 자동차	1,000	5.9
8	간토	산업용 전기기기	738	4.4
9	간토	사무용·서비스용 기기	716	4.2
10	간토	전자계산기·동 부속장치	693	4.15
11	간토	정밀기계	625	3.7
12	간토	기타 수송기계	325	1.9
13	간토	민생용 전기기기	253	1.5
	간토	기계 계	16,907	100.0

자료: 経済産業省(2010), 53部門取引表.

간 투입으로서 도호쿠 지방의 산출물이 가장 많이 필요한 여타 지역 중간 부문은 간토 지역 제조업이며, 그중에서도 기계 부문임을 알 수 있다.

나아가 53개 부문 거래액 표를 이용, 간토 지역 기계 부문 중에서 도호쿠 지방으로부터 중간 투입 금액이 많은 개별 부문을 보면 자동차·동 부속품(이하 자동차 부품)부문이 약 3,700억 엔으로 기계 부문 전체의 약 22%를 차지한다. 다음이 일반 기계 부문(약 2,600억 엔, 전체의 15.4%), 전자 부품 부문(약 2,200억 엔, 전체의 13.3%)이다(〈표 5-1〉). 이는 바로 도호쿠 지역으로부터 나오는 중간 투입에서 간토 지역 부품산업에 투입되는 비율이 높기 때문이다. 이처럼 도호쿠 지역의 직접 수출에 미치는 영향보다는 간토 지역을 경유하는 글로벌 서플라이 체인을 통한 영향이 더 크며, 자동차 부품과 전자 부품이 바로 이에 해당한다.

1) 간토 지역 자동차 부품 부문에 대한 중간재 공급

간토 지역 자동차 부품 부문에 어느 지역과 부문으로부터 얼마나 중간 투입되는지를 보자. 간토 지역 자동차 부품 부문에 투입되는 내생 부문의 총액은 약 8.8조 엔에 이르며, 그중 약 39%(약 3조 4,200억 엔)는 간토 지역

〈표 5-2〉 간토 지역 자동차 부품 부문에 중간 투입이 많은 국내 지역 중간 투입 부문

순위	지역	부문 이름	금액(100만 엔)	비중(%)
1	간토	자동차 부품·동 부속품*	3,420,007	39.1
2	주부	자동차 부품·동 부속품*	711,535	8.1
3	간토	상업	574,118	6.6
4	간토	철강	440,793	5.0
5	간토	교육·연구	327,527	3.7
6	간토	비철금속	245,475	2.8
7	도호쿠	자동차 부품·동 부속품**	198,196	2.3
8	간토	기타 대사업소 서비스	186,196	2.1
9	간토	플라스틱 제품	185,719	2.1
10	간토	산업용 전기기기	117,056	1.3
11	긴키	자동차 부품·동 부속품*	107,937	1.2
12	간토	운수***	105,819	1.2
13	간토	기타 공업 제조 제품	97,983	1.1
14	간토	화학 최종 제품	86,436	1.0
15	간토	금속 제품	86,001	1.0
16	긴키	철강	82,439	0.9
17	주코쿠	자동차 부품·동 부속품*	79,664	0.9
18	간토	전자 부품	78,560	0.9
19	간토	전력***	76,762	0.9
20	간토	금융 보험	65,929	0.8
	전국	내생 부문으로부터 투입 계	8,751,232	100.0

주: 1) 간토 지역의 자동차 부품·동 부속품 부문에 대한 중간 투입 금액이 많고 국내 각 지역의 중간 투입 부문에 다음가는 상위 20위까지 추출함.
2) *: 여타 지역 자동차 부품·동 부속품 부문, **: 도호쿠 지역의 자동차 부품·동 부속품 부문, ***: 간토 지역 전력·운수 부문.

자료: 経済産業省(2010), 53部門取引表.

자동차 부문에서, 다음은 주부 지역의 자동차 부문(약 7,100억 엔, 전체의 8.1%)에서 각각 투입된다. 도호쿠 지역 자동차 부문의 중간 투입액은 약 2,000억 엔(전체의 2.3%)이며, 도호쿠 지역이 도호쿠 지역 자체에 공급하는 금액의 약 17분의 1, 주부 지역 공급액의 약 3분의 1 수준이다. 더욱이 「平成17年地域間産業連関表」상의 간토 지역 자동차 부품의 지역 내 생산액은 약 11조 엔이며, 국내 생산액 비중으로서는 주부 지역 다음인 38.5%를 차지한다(〈표 5-2〉).

이상에서 보듯이 간토 지역 자동차 부품 부문에서 도호쿠 지역 자동차 부품 부문 중간 투입이 차지하는 비중은 상대적으로 작다. 따라서 단기적으로는 도호쿠 지역 공장의 피해가 간토 지역 자동차 부품 부문에 미칠 영향이 큰 것은 부정할 수 없지만, 중장기적으로 본다면 한정적일 가능성도 있다. 더욱이 간토 지역의 운수 부문(약 1,060억 엔, 전체의 1.2%)과 전력 부문(약 770억 엔, 전체의 0.9%) 등 인프라 부문의 중간 투입도 비교적 많다는 점을 고려할 필요가 있다.

2) 간토 지역 전자 부품 부문에 대한 중간재 공급

간토 지역 전자 부품 부문에 어느 지역과 부문에서 얼마나 중간 투입이 되는지를 보자. 내생 부문 중간 투입 총액은 약 3.9조 엔이며, 이 중에서 약 23%(약 9,200억 엔)가 간토 지역 전자 부품 부문에서 투입되고 가장 많다. 이는 간토 지역 자동차 부품의 투입 구조와 동일하다. 그밖에 주부 지역이나 긴키 지역 등 여타 지역 전자 부품 부문 중간 투입액(각각 약 2,000억 엔, 약 1,900억 엔으로 전체의 5% 정도)이 많으며, 도호쿠 지역 전자 부품 부문의 중간 투입액은 약 1,500억 엔(전체의 3.7%) 정도로 간토 지역 투입액의 약 6분의 1 규모에 지나지 않는다. 더욱이 「平成17年地域間産業連

<표 5-3> 간토 지역 전자 부품 부문에 대한 중간 투입이 많은 국내 지역 중간 투입 부문

순위	지역	부문 이름	금액(백만 엔)	비중(%)
1	간토	전자 부품*	921,736	23.5
2	간토	교육 연구	446,669	11.4
3	주부	전자 부품*	196,389	5.0
4	긴키	전자 부품*	189,073	4.8
5	간토	상업	168,043	4.3
6	간토	기타 대사업소 서비스	162,201	4.1
7	도호쿠	전자 부품**	145,982	3.7
8	주코쿠	전자 부품*	120,954	3.1
9	간토	비철금속	119,091	3.0
10	간토	플라스틱 제품	78,350	2.0
11	간토	전력***	76,358	1.9
12	규슈	전자 부품*	69,929	1.8
13	간토	금속 제품	68,034	1.7
14	간토	운수***	64,096	1.6
15	간토	물품 임대 서비스	62,569	1.6
16	간토	기타 전기기계	59,812	1.5
17	간토	요업·토석 제품	59,564	1.5
18	간토	금융·보험	56,688	1.4
19	주부	요업·토석 제품	43,794	1.1
20	간토	건설	38,100	1.0
	전국	내생 부문으로부터 투입 계	3,930,253	100.0

주: 1) 간토 지역의 전자 부품 부문에 대한 중간 투입 금액이 많고 국내 각 지역의 중간 투입 부문에 다음
가는 상위 20위까지 추출함.
2) *: 여타 지역 전자 부품 부문, **: 도호쿠 지역의 전자 부품 부문, ***: 간토 지역 전력·운수 부문.

자료: 経済産業省(2010), 53部門取引表.

「関表」상의 간토 지역 전자 부품의 지역 내 생산액은 약 5조 3,500억 엔으로 국내 생산액 비중으로서는 최대치인 33%를 차지한다.

이상과 같이 간토 지역 전자 부품 부문에서 도호쿠 지역 중간 투입이 차지하는 비중은 자동차 부품이 투입되는 비중에 비하면 약간 크지만, 그 역시 비중은 작으며 간토 지역 자체에서 내부로 투입하는 금액이 많다. 따라서 단기적으로는 간토 지역 자동차 부품 부문과 마찬가지로 도호쿠 지역

공장이 피해를 당한 영향이 간토 지역 전자 부품 부문에 미칠 가능성은 부정할 수는 없지만 좀 더 긴 기간을 본다면 비교적 경미할 가능성이 크다. 더욱이 간토 지역 전력 부문(약 760억 엔, 전체의 1.9%)과 운수 부문(약 640억 엔, 전체의 1.6%) 등 인프라 부문의 중간 투입도 간토 지역 자동차 부문 투입 비중에 비해서 크다.

3) 여타 지역의 자동차 부품·전자 부품 산업에 대한 중간 투입

다음으로 도호쿠 지역에서 간토 지역이 아닌 지역으로 자동차 부품 및 전자 부품 산업에 중간재를 투입한 상황과 각 지역 부품산업 구조를 비교해보자.

우선 8개 권역별 자동차 부품과 전자 부품 산업 등 일본의 2대 부품산업의 역내 및 역외 중간 투입 구조를 비교해보자. 〈표 5-4〉와 〈표 5-5〉에는 8개 권역의 중간 투입 순위(1~5위)를 명시했으며, 대지진 피해 지역인 도호쿠 지역의 중간 투입 순위와 비중을 명시했다.

여기에서 알 수 있듯이 도호쿠 지역의 자동차 부품 및 전자 부품 부문의 투입액이 간토 지역 이상으로 많은 지역은 존재하지 않는다. 자동차 부품의 경우 도호쿠 지역은 간토 지역에 1조 9,861억 엔(2.3%, 제7위)의 중간재를 투입하는 데에 비해 간토 지역은 도호쿠 지역에 538억 엔(9.6%, 제3위)의 중간재를 투입하는 데에 지나지 않는다. 전자 부품의 경우 도호쿠 지역은 간토 지역에 1,460억 엔(3.7%, 제7위), 간토 지역은 도호쿠 지역에 1,013억 엔(7.5%, 제3위)을 각각 투입한다. 이처럼 양 지역 간 2대 부품산업의 상호의존도가 높으므로 대지진으로 받은 영향도 그만큼 여타 지역보다 컸을 것이다.

특히 도호쿠 지역 전자 부품산업의 중간 투입을 보면 도호쿠 지역 전자

<표 5-4> 국내 지역별 중간 투입 구조: 자동차 부품(비중과 순위)

	지역 내 생산 (10억 엔)	내생 부문 투입 계 (10억 엔)	중간 수요(금액 순)					도호쿠 자동차 부품
			제1위	제2위	제3위	제4위	제5위	
주부	11,908 (41.6%)	9,426 (100.0)	주부 자동차 부품 (42.2)	간토 자동차 부품 (6.4)	주부 철강 (3.8)	주부 교육 연구 (3.4)	간토 상업 (3.0)	44위 (0.2)
간토	11,040 (38.5%)	8,751 (100.0)	간토 자동차 부품 (39.1)	주부 자동차 부품 (8.1)	간토 상업 (6.6)	간토 철강 (6.6)	간토 교육 연구 (3.7)	7위 (2.3)
주코쿠	2,177 (7.6%)	1,720 (100.0)	주코쿠 자동차 부품 (30.1)	주부 자동차 부품 (11.8)	주코쿠 철강 (5.7)	간토 자동차 부품 (4.5)	긴키 자동차 부품 (4.0)	64위 (0.1)
긴키	1,568 (5.5%)	1,251 (100.0)	주부 자동차 부품 (23.6)	긴키 자동차 부품 (13.8)	간토 자동차 부품 (8.1)	긴키 상업 (4.6)	주코쿠 자동차 부품 (4.3)	23위 (0.8)
규슈	1,040 (3.6%)	832 (100.0)	주부 자동차 부품 (17.0)	간토 자동차 부품 (14.8)	규슈 자동차 부품 (14.6)	규슈 철강 (4.1)	주코쿠 자동차 부품 (3.4)	20위 (0.9)
도호쿠	718 (2.5%)	563 (100.0)	주부 자동차 부품 (21.3)	도호쿠 자동차 부품 (14.2)	간토 자동차 부품 (9.6)	간토 상업 (4.8)	도호쿠 교육 연구 (3.5)	-
홋카이도	184 (0.6%)	141 (100.0)	주부 자동차 부품 (24.5)	주코쿠 자동차 부품 (8.7)	홋카이도 상업 (5.6)	홋카이도 철강 (4.9)	간토 교육 연구 (4.6)	113위 (0.04)
시코쿠	14 (0.0%)	10 (100.0)	주부 자동차 부품 (29.3)	주코쿠 자동차 부품 (9.5)	간토 자동차 부품 (7.2)	시코쿠 교육 연구 (4.4)	시코쿠 철강 (3.7)	83위 (0.1)

주: 1) 8개 권역의 내생 부문의 중간 수요에서 해당 중간재 부문과 비중이 큰 순으로 5위까지 선정(제1위는 자체 지역)하고 도호쿠 지역과의 연관성을 보고자 도호쿠 지역 자동차 부품의 중간재 공급 금액과 순위를 명기함.
2) 권역별 자동차 부품 생산 점유율은 전체 생산액, 28,648(단위: 10억 엔)에서 차지하는 비중.

자료: 経済産業省(2010), 53部門取引表.

〈표 5-5〉 국내 지역별 중간 투입 구조: 전자 부품 (비중과 순위)

	지역 내 생산 (10억 엔)	내생 부문 투입 계 (10억 엔)	중간 수요(금액 순)					도호쿠 전자 부품
			제1위	제2위	제3위	제4위	제5위	
간토	5,345 (33.0)	3,930 (100.0)	간토 전자 부품 (23.5)	간토 교육 연구 (11.4)	주부 전자 부품 (5.0)	긴키 전자 부품 (4.8)	간토 상업 (4.3)	7위 (3.7)
주부	3,109 (19.2%)	2,318 (100.0)	주부 전자 부품 (30.8)	주부 교육 연구 (9.6)	간토 전자 부품 (6.7)	긴키 전자 부품 (3.9)	주부 사업소 서비스 (2.9)	12위 (1.8)
긴키	2,487 (15.3%)	1,829 (100.0)	긴키 전자 부품 (20.1)	긴키 교육 연구 (10.5)	주부 전자 부품 (6.2)	간토 전자 부품 (6.1)	긴키 사업소 서비스 (3.9)	23위 (1.0)
도호쿠	1,848 (11.4%)	1,350 (100.0)	도호쿠 전자 부품 (26.9)	도호쿠 교육 연구 (11.8)	간토 전자 부품 (7.5)	간토 교육 연구 (5.1)	간토 상업 (2.9)	-
규슈	1,748 (10.8%)	1,235 (100.0)	규슈 전자 부품 (17.3)	규슈 교육 연구 (9.3)	간토 전자 부품 (7.6)	주부 전자 부품 (5.5)	규슈 사업소 서비스 (4.5)	13위 (1.9)
주코쿠	1,248 (7.7%)	926 (100.0)	주코쿠 전자 부품 (24.7)	주코쿠 교육 연구 (10.6)	간토 전자 부품 (8.4)	주부 전자 부품 (4.6)	주코쿠 사업소 서비스 (3.2)	19위 (1.0)
시코쿠	314 (1.9%)	227 (100.0)	시코쿠 전자 부품 (12.3)	시코쿠 교육 연구 (11.3)	간토 전자 부품 (9.8)	긴키 전자 부품 (6.6)	시코쿠 전력 (3.4)	7위 (3.2)
홋카이도	110 (0.7%)	82 (100.0)	간토 전자 부품 (19.7)	간토 교육 연구 (10.5)	홋카이도 전자 부품 (8.0)	도호쿠 전자 부품 (5.7)	홋카이도 교육 연구 (5.4)	-

주: 1) 8개 권역의 내생 부문의 중간 수요에서 해당 중간재 부문과 비중이 큰 순으로 5위까지 선정(제1위는 자체 지역)하고 도호쿠 지역과의 연관성을 보고자 도호쿠 지역 전자 부품의 중간재 공급 금액과 순위를 명기함.
2) 권역별 전자 부품 생산 점유율은 전체 생산액, 16,212(단위: 10억 엔)에서 차지하는 비중.

자료: 経済産業省(2010), 53部門取引表.

부품 부문의 투입액(3,629억 엔, 제1위)이 간토 지역의 같은 부문에 투입된 금액(1,014억 엔, 제3위)을 크게 상회하며, 자동차 부품산업의 경우에는 도호쿠 지역 자동차 부품 부문에 투입된 금액(803억 엔, 제2위)이 간토 지역 같은 부문에 투입된 금액(538억 엔, 제3위)을 약간 상회한다.

이렇게 본다면 도호쿠 지역의 대지진으로 자동차 부품과 전자 부품 업종이 동일하게 타격을 입었지만, 전자와 후자의 피해를 상대적으로 비교한다면 도호쿠 지역에서는 후자가, 간토 지역에서는 전자가 상대적으로 피해가 컸다고 볼 수 있다. 즉, 도호쿠 지역은 전자 부품의 자체 지역 중간 투입이 많았던 만큼 직접 피해가 컸고, 간토 지역은 도호쿠 지역의 중간 투입 비중과 금액이 큰 만큼 간접 피해가 컸다고 판단된다.

일본의 자동차 부품산업 생산(전체 생산액: 29조 엔)은 주부·간토·주코쿠 지역으로 편재되어 중간재를 전국에 공급하며, 도호쿠 지역은 자체 지역과 여타 지역의 극히 일부를 담당한다. 이에 비해 전자 부품산업(전체 생산액: 16조 엔)은 간토 지역에 이어 주부 지역과 긴키 지역으로 편재되어 전국 서플라이 체인을 구축하고 있다. 도호쿠 지역은 자동차 부품처럼 여타 지역 중에서 간토 지역에 다량 공급하는 점은 유사하지만, 시코쿠 지역에도 다량 공급하는 점은 자동차와 상이하다.

동시에 부품산업 내부에서도 자동차 부품과 전자 부품은 중간 투입의 지역적 편재 혹은 투입 비율 면에서 구조가 상이하다. 즉, 자동차 부품은 자체 지역의 자동차 부문으로 투입하는 비율이 30~40%로 많은 지역(주부, 간토, 주코쿠)과 적은 지역(그 외 지역)으로 구분되는데, 전자는 자동차 생산의 주요 집적지에 해당되며, 후자는 특히 주부 지역 투입이 가장 많다. 한편 전자 부품은 자체 지역의 전자 부품 부문으로 투입하는 비율이 홋카이도를 제외하면 모든 지역이 거의 동일하게 가장 높다. 그러나 투입 비율은 20% 전후 수준이며(주부 지역은 30.8%) 자동차 부품 부문에서 자체 지역의 자동차 부품 부문으로 투입하는 비율이 높은 지역이 30% 이상인 것과 대비하면 낮은 편이다. 따라서 전자 부품산업은 자동차 부품산업에 비해 지역적 편재가 심하지 않으며 평균적으로 국내 지역 간 분업이 진전되고 있음을 알 수 있다.

4) 도호쿠 지역의 부품산업 구조

지금까지 권역별로 자동차 부품과 전자 부품 등 중간재의 수요처를 살펴보았는데, 이번에는 반대로 판매처를 중심으로 보자(〈표 5-6〉, 〈표 5-7〉). 도호쿠 지역이 생산한 자동차 부품과 전자 부품 등 중간재는 모두 도호쿠 지역 내에서 가장 많이 판매되지만, 그 외 지역으로는 간토 지역에 가장 많이 판매된다. 이는 수요처의 상황과 일치한다.

그러나 크게 다른 점은 자동차 부품은 간토 지역 자동차 부문에만 최대 약 30%(28.5%)를 판매하며, 주요 자동차 관련 부문(자동차 부품, 승용차, 기타 자동차, 기타 대사업소 서비스(자동제어 등), 기타수송기계)을 합치면 내생 부문 전체(6,971억 엔)의 절반 이상(53.5%)에 달한다. 간토 지역은 도호쿠 지역 자동차 부품 업종의 최대 고객인 셈이다. 도호쿠 지역이 자체 지역 자동차 부품 부문에 투입하는 금액은 전체의 10% 정도(11.5%)에 지나지 않는데, 도호쿠 지역의 주요 자동차 관련 부문을 모두 합쳐도 전체의 30% 미만(26.7%)에 지나지 않기 때문이다.

반면 전자 부품은 자체 지역의 주요 전자 관련 부문(전자 부품, 전자계산기·동 부속장치, 통신기계·동 관련기기)의 판매가 상위 3위까지를 모두 차지하며 자체 지역의 내생 부문 전체(1조 5,805억 엔)의 절반 이상(54.7%)을 차지한다. 그만큼 도호쿠 지역은 전자 부품산업의 자급도가 높다. 간토 지역으로 판매되는 주요 전자 관련 부품의 비중은 도호쿠 지역 자체 내에 대한

〈표 5-6〉 도호쿠 지역 자동차 부품 투입 지역 구성

순위	지역	부문 이름	금액(100만 엔)	비중(%)
1	간토	자동차 부품·동 부속품*	198,612	28.5
2	간토	승용차*	103,023	14.8
3	도호쿠	자동차 부품·동 부속품	80,253	11.5
4	간토	기타 자동차*	67,959	9.7
5	도호쿠	승용차	59,192	8.5
6	도호쿠	기타 대사업소 서비스	46,278	6.6
7	규슈	승용차**	27,183	3.9
8	간토	기타 대사업소 서비스*	22,158	3.2
9	주부	자동차 부품·동 부속품**	22,154	3.2
10	주부	승용차**	21,770	3.1
11	긴키	자동차 부품·동 부속품**	10,060	1.4
12	규슈	자동차 부품·동 부속품**	8,860	1.3
13	긴키	승용차**	4,539	0.7
14	주코쿠	승용차**	3,552	0.5
15	규슈	기타 자동차**	3,359	0.5
16	간토	기타 수송용기계*	3,294	0.5
17	규슈	기타 대사업소 서비스**	3,144	0.5
18	주코쿠	자동차 부품·동 부속품**	2,550	0.4
19	긴키	기타 자동차**	2,062	0.3
20	주부	기타 자동차**	2,015	0.3
21	긴키	기타 대사업소 서비스**	1,519	0.2
22	도호쿠	기타 수송용기계	760	0.1
23	주부	기타 대사업소 서비스**	604	0.1
24	긴키	기타 수송용기기**	508	0.1
25	주부	기타 수송용기기**	478	0.1
26	주코쿠	기타 자동차**	364	0.1
27	주코쿠	기타 대사업소 서비스**	173	0.0
28	도호쿠	기타 자동차	163	0.0
29	훗카이도	기타 대사업소 서비스**	116	0.0
	전국	내생 부문 계	697,139	100.0
	(도호쿠)	(수출)	33,843	

주: 1) 도호쿠 지역의 자동차 부품·동 부속품 부문으로부터의 중간 투입액이 1억 엔 이상인 국내 각 지역의 중간 수요(각 내생 부문)를 추출함.
2) *: 간토 지역의 중간 수요, **: 도호쿠 지역 외 지역의 중간 수요 부문.

자료: 經濟産業省(2010), 53部門取引表.

<표 5-7> 도호쿠 지역 전자 부품 투입 지역 구성

순위	지역	부문 이름	금액(백만 엔)	비중(%)
1	도호쿠	전자 부품	362,876	23.0
2	도호쿠	전자계산기·동 부속장치	183,149	11.6
3	도호쿠	통신기계·동 관련기기	177,795	11.2
4	간토	전자 부품 *	145,982	9.2
5	간토	통신기계·동 관련기기 *	84,982	5.4
6	간토	전자계산기·동 부속장치 *	48,377	3.1
7	간토	기타 전기기계 *	47,252	3.0
8	도호쿠	정밀기계	43,200	2.7
9	주부	전자 부품 **	41,434	2.6
10	간토	기타 대사업소 서비스 *	30,657	1.9
11	도호쿠	사무용·서비스용기기	28,192	1.8
12	간토	정밀기계 *	27,459	1.7
13	도호쿠	기타 전기기계	26,565	1.7
14	간토	사무용·서비스용기기 *	23,986	1.5
15	규슈	전자 부품 **	23,435	1.5
16	도호쿠	기타 대사업소 서비스	22,066	1.4
17	긴키	전자 부품 **	17,558	1.1
18	주부	통신기계·동 관련기기 **	14,333	0.9
19	간토	산업용 전기기기 *	12,081	0.8
20	주코쿠	전자 부품	9,667	0.6
21	간토	자동차용 부품·동 부속품 *	9,365	0.6
22	간토	일반 기계 *	8,475	0.5
23	도호쿠	공구	8,140	0.5
24	도호쿠	산업용 전기기기	8,134	0.5
25	시코쿠	전자 부품 **	7,234	0.5
26	긴키	통신기계·동 관련기기 **	6,911	0.4
27	주부	전자계산기·동 부속장치 **	6,134	0.4
28	주부	사무용·서비스용기기 **	5,473	0.3
29	도호쿠	일반 기계	5,473	0.3
30	간토	기타 제조 공업 제품 *	5,070	0.3
	전국	내생 부문 계	1,580,525	100.0
	(도호쿠)	(수출)	639,706	

주: 1) 도호쿠 지역의 자동차 부품·동 부속품 부문으로부터의 중간 투입액이 50억 엔 이상인 국내 각 지역의 중간 수요(각 내생 부문)를 추출함.
　2) *: 간토 지역의 중간 수요, **: 도호쿠 지역 이외 지역의 중간 수요 부문
자료: 經濟産業省(2010), 53部門取引表.

판매보다 20% 포인트 적은 28%일 따름이다. 따라서 도호쿠 지역 자동차 부품은 간토 지역과 연관이 강한 데에 비해 전자 부품은 연관도가 낮다.

그러나 도호쿠 지역의 중간 투입물 판매액은 전자 부품 부문이 자동차 부품 부문의 약 2.3배이며, 동시에 공급처가 다양하다. 즉, 도호쿠 지역 자동차 부품은 주로 각 지역 동일 자동차 부문의 판매 비중(46.3%)은 높고 승용차 등 완성재 부문의 판매 비중은 낮은 반면, 전자 부품은 각 지역 동일 전자 부품 부문의 판매 비중(38.5%)이 낮고 전자·통신·정밀기기 등 완성재의 판매 비중이 상대적으로 높다. 이는 도호쿠 지역의 자동차 부품산업이 같은 지역의 전자 부품산업에 비하면 후공정(後工程)을 맡는 1차 부품(Tier 1) 제조업체만으로 구성된 것이 아니라, 2차 부품(Tier 2) 이하의 제조기업이 다수이며 이들과 수직 하청(垂直下請) 시스템 아래에 있음을 반영한 것이다.

3. 일본의 글로벌 서플라이 체인의 특징

여기에서는 일본의 글로벌 서플라이 체인을 일본을 기점(국내 주요 권역의 수출 출하 지역)으로 형성된 대(對)세계 및 지역별 수출 품목별 구성을 통한 상호의존관계로 정의하고자 한다.

1) 자동차 부품의 글로벌 서플라이 체인

대지진 직후 세계 각국은 어떤 품목과 지역이 글로벌 서플라이 체인에 영향을 줄 것인지에 관심을 집중했다. 그리고 그 가운데 특히 자동차 부품과 구미(특히 미국) 수출에 주목했다. 한편 아시아 지역에서는 한국과 중국 등 어느 정도 공급력과 재고를 지닌 주변국 기업이 대체 생산, 수출, 부흥 수요를 기대했다. 일본의 자동차 부품 수출과 세계를 상대로 한 글로벌 체인 양상을 살펴보기 위해 주요 수출선에 직접 수출하는 일본의 국내 지역을 서로 비교해보자.

일본의 자동차 부품 수출 총액은 약 3조 엔으로, 최대 수출 출하 지역은 주부 지역이며(수출 점유율 48.2%), 다음은 간토 지역(수출 점유율 35.5%)으로 전체 수출의 80% 이상을 차지한다. 그다음으로 긴키 지역(수출 점유율 7.4%), 주코쿠 지역(수출 점유율 5.9%) 순이며 도호쿠 지역에서 직접 출하되는 수출액은 100억 엔 정도(수출 점유율 0.3%) 정도다. 수출 단가도 주부 지역과 주코쿠 지역이 여타 지역보다 고가다.

다음으로 주요 수출선을 보면 일본의 2대 수출국은 중국(수출 총액 약 6,900억 엔, 수출 점유율 22.4%)과 미국(수출 총액 6,700억 엔, 수출 점유율 21.6%)이다. 수출 지역은 수출선 국가 10위권 이내인 멕시코와 캐나다가 가입한 NAFTA가 최대(수출 점유율 29.8%)다. 타이와 인도네시아, 말레이시아가 포함된 ASEAN4(수출 점유율 16.1%), 영국과 네덜란드가 포함된 EU27(수출 점유율 12.9%) 및 한국이 포함된 NIES(수출 점유율 6.1%) 순이다. 대(對)미국·NAFTA, 대(對)중국, 대(對)EU27, 대(對)NIES·ASEAN4별로 일본 국내 수출 출하 지역을 보자.

미국·NAFTA 수출의 경우 간토 지역의 수출 출하(대미 점유율 46.1%)가 주부 지역의 수출 출하(대미 점유율 37.4%)를 상회하며 전 세계 수출 점유율과 순위가 역전된다. 동시에 간토 지역 이북의 홋카이도 지역과 도호쿠 지역의 출하 점유율도 해당 지역의 전 세계 출하 점유율보다 높은 것이 특징이다.

대중 수출의 경우 주부 지역의 수출 출하(점유율 56.7%)가 간토 지역의 수출 출하(점유율 27.4%)를 상회해 전 세계 수출의 지역별 점유율과 정합적이며, 주부 지역의 출하 비중이 높다. 동시에 주부 지역의 이서(以西)도 긴키 지역을 제외하면 주코쿠 지역이나 규슈 지역의 출하 점유율이 해당 지역에서 전 세계로 향하는 출하 점유율보다 높아 상대적으로 서일본의 수출 출하가 많다. 더욱이 대중 수출품 단가는 1,260엔/kg으로 대미 수출품 단가(1,170엔/kg)에 비해서도 손색이 없다.

EU27에 대한 수출의 경우 주부 지역의 수출 출하(점유율 59.8%)가 간토 지역의 수출 출하(점유율 30.9%)를 상회해 대중 수출과 마찬가지로 전 세계 출하 점유율 순위와도 정합적이며, 주부 지역의 출하 비율은 중국에 비해서도 높다. 일본의 대(對)유럽 및 중국 수출 출하가 주부 지역에 일극(一極)으로 집중되고 있음을 알 수 있다.

마지막으로 대(對)ASEAN4·NIES 수출 출하를 보면 주부 지역의 출하가 상대적으로 적어서 전 세계 출하 점유율을 하회한다(ASEAN4 35.2%, NIES 41.9%). 또한 간토 지역도 대(對)ASEAN4 출하는 주부 지역보다 많지만(점유율 41.2%), 대(對)NIES 출하는 상대적으로 적다(점유율 29.1%). 이들 2대 수출 출하 지역 대신 긴키·주코쿠·규슈 지역 등 서일본의 출하 점유율이 해당 지역의 전 세계 점유율보다 높다. 더욱이 수출품 단가는 구미와 중국에 비해 저렴하다.

이상과 같이 일본 국내 지역별 자동차 부품의 대(對)세계 수출을 통한 국별·지역별 서플라이 체인의 특징을 보면 미국·NAFTA는 상대적으로 간토 이북 지역과, EU27은 상대적으로 주부 지역과, ASEAN4·NIES는 서일본 지역과 각각 연결성이 강하다.

2) 전자 부품의 글로벌 서플라이 체인

반도체 등 전자 부품(이하 전자 부품으로 통칭) 수출을 통한 글로벌 서플라이 체인을 자동차 부품과 동일한 방법으로 주요 수출선에 대한 직접적인 출하 지역 비교를 통해 살펴보자.

전자 부품의 전 세계 수출 총액은 자동차 부품보다 약 1조 엔이 많은 약 4조 엔에 이른다. 최대 수출 출하 지역은 긴키 지역(수출 비중 44.1%)이며 다음이 간토 지역(수출 비중 38.5%)으로 2대 출하 지역의 수출이 각각 1조 5,000억 엔을 상회하며 전체의 80% 이상을 차지한다. 그다음으로는 규슈 지역(수출 비중 8.7%), 주부 지역(수출 비중 7.9%) 순이며 도호쿠 지역 수출 출하액은 약 160억 엔으로 전체의 0.4% 정도에 지나지 않는다. 자동차 부품의 최대 출하 지역은 주부 지역인 데에 비해, 전자 부품의 최대 출하 지역은 긴키 지역이며, 이들 2개 부품 모두 다음으로 중요한 지역은 간토 지역이다.

다음으로 수출 대상 지역을 보면 일본의 최대 수출선 국가는 중국(수출액 약 1조 400억 엔, 점유율 25.1%), 최대 수출선 지역은 NIES(수출액 약 1조 7,200억 엔, 점유율 41.5%)다. 다음은 수출선 상위 10위권 내의 말레이시아·타이·필리핀이 포함된 ASEAN4(점유율 15.9%), 미국이 포함된 NAFTA(점유율 7.4%), 독일이 포함된 EU27(점유율 7.4%) 등의 순이다. 아래에서 중국, NIES·ASEAN4, 미국·NAFTA, EU27 등에 수출하고 있는 수출 출하 지역을 비교해보자.

우선 최대 수출선인 대중 수출을 살펴보면 2대 수출 출하 지역인 긴키 지역(점유율 42.0%)과 간토 지역(점유율 35.3%)은 전 세계 수출에서 차지하는 비중보다 낮아 전체의 80%를 하회하는 반면, 규슈 지역을 비롯한 여타 출하 지역의 비중이 상대적으로 크다. 이렇게 보면 전자 부품의 대중 수출은 일본의 여러 지역에서 출하되고 있음을 알 수 있다.

다음으로, 최대 수출선인 NIES를 살펴보면 긴키 지역(점유율 50.3%)과 간토 지역(점유율 38.7%)이 전체 수출의 약 90%를 맡아 전 세계에 대한 수출 비중보다 높은 반면, 여타 지역의 출하 비중은 상대적으로 낮다. 한편 대(對)ASEAN4 수출은 긴키 지역(점유율 32.9%)이 상대적으로 낮은 반면 간토 지역(점유율 41.3%)이 가장 높아 전 세계에 대한 수출 비중의 순위와 역전된다. 동시에 주부 지역이나 규슈 지역 등의 출하 비중은 당해 지역이 전 세계에 대한 수출 비중보다도 높다. 이처럼 전자 부품의 대 아시아 수출구조는 동일하지 않고 국가와 지역에 따라 다소 상이하다.

그리고 대(對)미국·NAFTA 수출을 보면 간토 지역의 수출(대미 점유율 50.3%)이 차지하는 비중이 긴키 지역(대미 점유율 32.2%)의 비중보다 높아, 대(對)ASEAN4 수출과 마찬가지로 전 세계에 대한 수출 점유율 순위와 역전된다. 자동차 부품의 대미 수출에서 간토 지역의 비중이 높은 것과 동일한 양상이다. 동시에 간토 지역 주변의 도호쿠 지역과 주부 지역의 수출도 해당 지역의 전 세계 수출 비중보다 높으며, 반대로 긴키 이서(以西) 지역의 수출 비중은 낮은 편이다.

마지막으로 대(對)EU27 수출을 보면 긴키 지역의 수출(점유율 53.5%)이 간토 지역(점유율 31.4%)보다 많아 전 세계에 대한 수출 비중과 동일한 양상이다. 긴키 지역은 대(對)EU27수출의 절반 이상을 차지할 정도로 집중 출하하고 있다. 더욱이 규슈 지역을 제외하면 긴키 외 지역의 대(對)EU27 출하 비중은 해당 지역이 전 세계에 대한 수출 비중보다 낮아 전자 부품도 전반적으로 자동차 부품의 대(對)EU27 수출 비중과 동일한 양상이다.

이처럼 일본의 각 지역별 전자 부품의 수출과 세계 각국·지역과의 서플라이 체인을 살펴보면 미국·NAFTA는 상대적으로 간토 주변 지역과, 중국은 상대적으로 긴키·간토 지역 외에도 규슈 지역 등 국내 전 지역과, EU27은 상대적으로 긴키 지역과, NIES는 상대적으로 긴키·간토 2대 지역과, ASEAN4는 상대적으로 간토·주부 지역과 각각 강하게 연계되어 있음을 알 수 있다. 동시에 경박단소형(輕薄短小型) 제품의 성질상 항공 화물 수송 비율이 높은 것이 특징이다.

전자 부품은 자동차 부품의 수출구조와 비교하면 품목과 용도가 다양한 관계로 특히 대(對)아시아 수출에서는 자동차 부품만큼 명확한 수출구조를 확인할 수 없다. 그러나 구미 수출에서 대(對)미국·NAFTA 수출은 간토 주변 지역이 중심이며, 대(對)EU27 수출은 최대 수출 출하 지역(전자 부품의 경우 긴키, 자동차 부품의 경우 주부)의 비중이 두 품목 모두 매우 높다. 동시에 전자 부품의 전체 수출을 출하하는 지역이 긴키, 규슈 등 서일본 중심으로 형성되어 있다. 이는 대지진이 글로벌 서플라이 체인에 미치는 영향과도 깊은 관련이 있을 것으로 판단된다.

3) 자동차용 IC 칩 등의 글로벌 서플라이 체인

대지진이 전자 부품의 글로벌 서플라이 체인에 미친 영향을 보려면 일렉트로닉스 산업만이 아니라 자동차산업에 미친 영향을 함께 보아야 한다. 머서 매니지먼트 컨설팅(Mercer Management Consulting)이 2005~2015년 사이 자동차용 부품 시스템 수요 변화를 예측한 바에 따르면, 자동차 대당 전자·전기 부품 비중은 2005년의 20%에서 2015년에는 30% 이상으로 늘어나고 동시에 안전, 쾌적, 환경, 연비 요구에 대응하기 위해 전기·전자 시스템도 플라스틱 부품 비율이 급속하게 높아질 것이라 한다.

특히 현시점에서 자동차용 IC 칩의 공급 체제가 주목받고 있다. 과거 재난 시에도 부품 생산이 정지되면서 자동차산업의 국내외 서플라이 체인에 영향을 미쳤다. 예컨대 2007년에 니가타 현 주에쓰 앞바다(沖)에서 지진이 발생했을 당시 자동차 생산에 반드시 필요한 부품인 피스톤 링 생산 공장(니가타 현 가시와자키 시 소재)의 피해로 공급이 일시 중단되어 자동차 생산 전체에 영향을 미쳤다. 따라서 자동차용 IC 칩을 포함한 마이크로 컨트롤러(이하 마이콘) 수출의 경우 세계와의 서플라이 체인상의 연계성을 보기 위해 지금까지와 동일한 방법으로 주요 수출국에 대한 수출 출하 지역을 비교해보자.

일본의 마이콘 수출액은 약 1,800억 엔으로 전자 부품류 수출액(4조 엔 이상)의 약 4.3%에 해당된다. 지역별로는 간토 지역 수출이 전체의 65.2%로 최대이며, 다음으로 긴키 지역(점유율 17.5%), 규슈 지역(점유율 9.3%) 순이다. 이는 전자 부품이 주부 지역에서 최대 수출품인 것과 대조적이다. 더욱이 주요 수출선의 수출 단가는 주부 지역, 다음으로 간토 지역의 수출품이 상대적으로 높은 편이다.

마이콘의 주요 수출선 국가 혹은 지역의 경우 대(對)NIES 수출 점유율이 약 40%(38.4%)로 최대이며, EU27(점유율 22.4%), 중국(점유율 16.2%), NAFTA(점유율 15.2%, 미국 14.7%), ASEAN4(점유율 7.0%) 순으로 전 세계 수출액의 99% 이상을 차지하고 있다. 더욱이 전자 부품류의 전체 수출 점유율과 비교하면 대(對)구미(NAFTA, EU27) 수출 비중이 높은 것이 특징이다(전자 부품 전체로는 각각 7.4%). 다음에서 수출 제품 단가가 상대적으로 높은 구미(미국·NAFTA, EU27) 지역과 단가가 상대적으로 저렴한 대(對)아시아(NIES, ASEAN4, 중국) 수출 출하 지역을 각각 비교해보자.

구미로 수출하는 마이콘의 경우 간토 지역이 전 세계에 대한 수출에서 차지하는 비중과 마찬가지로 최대 수출 출하 지역이며(대미 수출 점유율 65.3%, 대 EU27 수출 점유율 75.9%), 동시에 주부 지역은 제품 단가가 높은 마이콘을 수출, 특히 대미 수출의 20%(19.3%) 정도를 차지하고 있다. 그밖에 규슈 지역 출하 비중이 상대적으로 높으며 긴키 지역은 낮다.

대(對)아시아 수출의 경우 간토 지역의 비중이 중국과 ASEAN4 지역을 합치면 절반 이하로, 전 세계에 대한 수출 출하 비중에 비해 상대적으로 낮다. 한편 대(對)NIES 수출은 70% 이상으로 구미 수출과 마찬가지로 높다. 또한 긴키 지역의 출하 비중은 중국·ASEAN4의 경우 30% 수준을 차지해 같은 지역의 전 세계에 대한 수출 출하와 비교하면 높다.

마이콘의 수출구조를 종합하면 NIES 등 대(對)아시아 수출이 많지만 전자 부품류 전체와 비교하면 구미 쪽이 많아(EU27이 NAFTA보다 많음), 자동차 부품의 수출선 구조와 유사하다. 동시에 마이콘 수출선의 경우 간토 지역은 어느 지역과 비교하더라도 높은데, 이는 전자 부품류 전체(긴키 지역이 최대) 및 자동차 부품(주부 지역이 최대)에서는 간토 지역이 둘째로 중요한 출하 지역인 것과 대조적이다. 특히 마이콘 중에서도 고부가가치품으로 알려진 자동차용 IC 칩은 구미로도 다수 수출된다. 이처럼 구미에 대한 간토 지역의 수출 비중이 높은 마이콘 수출구조는 대지진이 글로벌 서플라이 체인에 미친 영향과도 관련이 있을 것이다.

이상에서 살펴본 일본의 핵심 부품인 3개 부품류의 공급지와 5대 대(對)세계 수출지 사이의 글로벌 서플라이 체인의 특성을 요약하면 〈표 5-8〉과 같다.

첫째, 자동차 부품은 NAFTA(미국이 중심)와 중국(NAFTA에 버금가는 시장 규모) 시장이 압도적이다. 다음으로 ASEAN4와 EU 시장이 뒤를 따르고 있다. NAFTA와 미국 시장에는 간토 이서(以西) 지역과 주부 이서(以西) 지역이 핵심 공급지이며, ASEAN4와 EU에는 각각 주부와 서일본이 핵심 공급지다. NAFTA를 제외하면 전 세계 자동차 부품 시장은 일본 주부·서일본과 주요한 서플라이 체인을 구축하고 있다.

한국 등 자동차 부품 생산 기반이 상대적으로 갖추어졌거나 자동차 국내 생산 기반이 취약한 일부 도시국가 등의 존재로 NIES는 일본에서 자동차 부품을 수출하는 비중이 상대적으로 낮다.

둘째, 전자 부품은 자동차 부품과는 달리 NIES가 일본에 가장 큰 시장을 제공하며, 긴키와 간토가 가장 중요한 공급 기지가 되고 있다. 이는 대

<표 5-8> 3대 부품류의 일본 기점 글로벌 서플라이 체인 비교

	수출지	공급지	수출액	비중
자동차 부품	NAFTA	간토 이북	9,182	29.8%
	중국	주부 이서*	6,912	22.4%
	ASEAN4	서일본	4,979	16.1%
	EU27	주부	3,981	12.9%
	NIES	서일본	1,880	6.1%
전자 부품	NIES	긴키, 간토	17,224	41.5%
	중국	규슈 등 전 지역	10,434	25.1%
	ASEAN4	간토, 주부	6,613	15.9%
	EU27	긴키	3,074	7.4%
	NAFTA	간토 주변	3,073	7.4%
마이콘	NIES	간토	687	38.4%
	중국	간토, 주부	400	22.4%
	EU27	간토	290	16.2%
	NAFTA	간토, 주부	272	15.2%
	ASEAN4	간토, 주부	125	7.0%

주: * 긴키 제외

자료: 財務省貿易統計(http://www.customs.go.jp/toukei/) 2010년도 자료를 참조해 작성함.

만, 홍콩, 싱가포르, 한국이 전자 부품에서 일본과의 산업 내 분업 정도가 높고 특히 긴키와 간토에 모기업을 둔 중소·중견기업이 일찍부터 해당 지역에 다수 진출, 아시아 생산 네트워크를 구축한 결과임을 알 수 있다. 이어서 중국 역시 자동차 부품보다 큰 시장을 제공하며 공급지는 일본의 규슈 지역 외 전 지역으로 분산된 것이 특징이다. 즉, 전자 부품은 일본의 거의 모든 지역이 중국과 서플라이 체인을 형성하고 있다. 긴키 지역이 EU에 집중 공급하는 것을 제외하면 간토·간토 주변·주부 지역이 ASEAN4와 NIES와 연계되어 있다.

셋째, 마이콘의 경우 수출 출하지 비중은 전자 부품과 마찬가지로 NIES의 비중이 높으며, 자동차 부품처럼 중국의 비중도 비슷하다. 그러나 전자 부품과는 달리 NAFTA의 비중이 크며 이런 의미에서 자동차 부품과 유사하다. 이들 시장은 주로 간토 혹은 간토와 주부 지역과 강한 서플라이 체인을 형성하고 있다.

이상에서 일본의 주요 수출 품목과 국내 출하 지역별로 세계 각국과 일본 지역 간에 형성·연계되어온 글로벌 서플라이 체인이 각각 상이하며, 자동차 부품과 전자 부품 가운데에서도 자동차용 IC 칩에 사용되는 국내 마이콘 출하 지역과 수출선 지역·국가가 상당히 편재되어 있다는 사실을 확인할 수 있다. 이것은 바로 대지진이 글로벌 서플라이 체인에 미치는 영향에 관한 구조적 요인을 분석하는 데에 매우 중요한 시사점을 제공한다.

4) 서플라이 체인 매니지먼트와 수익률

다른 한편 이러한 구조적 요인 가운데 무시할 수 없는 것이 서플라이 체인상에서 재고관리를 하는 문제다. 대지진 발생 후 일본의 글로벌 서플라이 체인이 어느 정도, 어느 기간, 어떤 범위에 걸쳐 변화할 것인지 예측할 때 관심을 모았던 것이 바로 일본 기업과 산업이 어느 정도의 재고로서 서플라이 체인이 단절되는 위기를 극복할 것인가 하는 점이었다. 그리고 예상과는 달리 비교적 단기간에 영향을 최소화할 수 있었던 기업이나 업종은 대부분 재고를 상당 수준 유보하고 있었다. 역설적으로 SCM의 최적 관리 수준에서 이탈해 과잉 재고를 유지한 기업일수록 대지진 피해를 최소화했다는 것이었다. 이는 일본계 기업이 다수 진출해 있던 주변국 혹은 지역 연관 기업에서도 마찬가지였다.

즉, 일본과 글로벌 서플라이 체인망의 연계가 강할 경우일지라도 과잉 재고를 유지한 일본계 혹은 외국계 기업은 대지진 피해를 최소화 할 수 있었다. 다시 말해, 최적 재고에서 벗어나 단기적으로는 코스트 상승 압박이 컸을 것이지만, 대지진 이후 시점에서는 이러한 코스트 상승 요인이 상쇄

되었을 것으로 판단된다. 이런 의미에서 재고관리 차원을 통해 일본 서플라이 체인의 특징을 살펴볼 필요가 있다. 즉, 서플라이 체인상의 유통량에 결정적 영향을 미치는 것이 재고 수준이며, 이는 지역별·업종별로 상이한 만큼 대지진의 영향은 물론 사후 대책도 그에 따라 달라지기 마련이다.

일본의 '法人企業統計調査'를 이용한 2009년 말 주요 제조업 업종별 생산공정별 재고율(원재료·가공품 및 제품)의 차이를 비교해보면 자동차·동 부속품은 원재료·가공품 재고율 3.0%(약 10.8일분), 제품 재고율 1.7%(약 6.2일분), 전체 재고율 4.6%(약 17.0일분)으로 주요 제조업 중에서 가장 낮다. 이에 비해 전자 부품·디바이스·전자회로 제조업을 포함한 정보 통신 기계기구 업종은 원재료·가공품 재고율 5.1%(약 18.6일분), 제품 재고율 2.4%(약 8.9일분), 전체 재고율 7.5%(약 27.5일분)이다. 어느 경우이든 자동차·동 부속품 제조업 다음으로 낮다. 자동차, 전기기계 등의 재고율과 생산공정별 재고율을 시계열로 보면 각 업종의 재고관리와 SCM의 특성을 짐작할 수 있다.

자동차산업은 토요타 생산 시스템(TPS: Toyota Production System) 등의 영향으로 과거부터 재고율이 낮은데, 1980년대 후반부터 현재까지 5% 정도로 낮게 추이하고 있다. 특히 제품 재고율은 1960년대 이후 매우 낮게 추이해, 거의 변동이 없다. 그 대신 원재료·가공품 재고는 1970년대 후반까지 제품 재고와 거의 동일한 수준에 있었으나, 1990년대 후반부터 다시 제품 재고보다 높아지고 있다. 이러한 재고 동향은 자동차산업의 생산 시스템이나 SCM과 밀접하게 관련되었을 것으로 판단된다.

제품 재고 수준은 주문생산 체제에서는 일관되게 낮게 추이하는 데에 반해, 원재료·가공품 재고는 낮은 수준이지만 연대별로 변동하고 있다. 이는 재고관리 차원에서 본다면 공정 간 재고는 최소화하면서도 생산체제 면에서는 작업 시간을 단축하고 동시에 그때, 그때의 최종 수요에 적절하

〈표 5-9〉 일본의 자동차산업과 전기기계산업의 SCM 비교

산업	생산 체제	생산 방식	공정 간 재고	제품 재고	작업 교체 준비
자동차산업	변종변량 생산	주문 생산	최소	최소	소요 시간 단축
전기기계산업	단속 생산	계획 생산	완충 재고	보유	주로 회수 삭감

자료: 社團法人 日本機械工業連合会・財團法人 日本立地センター(2010).

게 대응하면서 유연하게 국내외 소비자의 선호를 만족시켜온 일본 자동차 산업의 변천과정을 반영하는 것이다. 즉, 1970년대 전반까지의 소품종 대량생산 시대, 1970년대 후반에서 1990년대 전반까지 다품종 소량생산 시대, 1990년대 후반 이후 수요 예측이 어려운 상황에서의 변종변량(變種變量) 시대 등 시대적 상황 변화에 대응한 경영 수법의 변화에 기인한다(〈표 5-9〉). 이러한 가운데 자동차산업의 재고 동향은 SCM을 강하게 의식하면서 복잡하게 구축해온 글로벌 서플라이 체인을 효율적 재고관리 수법을 통해 적절하게 제어하고 관리해왔음을 의미한다. SCM은 크게 기업 내부의 반제품, 소재, 가공 및 서플라이어와의 수급 특성에 따라 다양한 방식을 선택하는 것이지만, 인바운드(Inbound) SCM에서의 재고 삭감, 아웃바운드(Outbound) SCM에서의 고객 생산, 물류 및 재고관리(인바운드 SCM)와 기업과 고객 간의 물류 및 재고관리(아웃바운드 SCM)으로 나뉘며 재고관리 포인트(〈그림 5-2〉)를 중심으로 그 내부와 외부를 총괄하는 방식은 다양하다. 특정 업종을 상대로 단(短)납기를 통해 총자산이익률(ROA: Return On Assets)을 개선하는 것이 최종 목표다.

전기기계산업과 자동차산업의 SCM을 개괄적으로 비교해보면 전자는 로트(Lot) 생산(하나의 품종을 일정 수량 단위로 생산), 생산 코스트 절감이 목표이므로 작업 변경 횟수를 최소화하고 공정 간 재고도 생산 변동에 따른 리스크 완충장치로서 인정해야 하는 반면, 자동차산업에서는 필요한 것을 필요한 만큼 필요한 시간에 납품하는 이른바 변종변량 생산에 대응하기

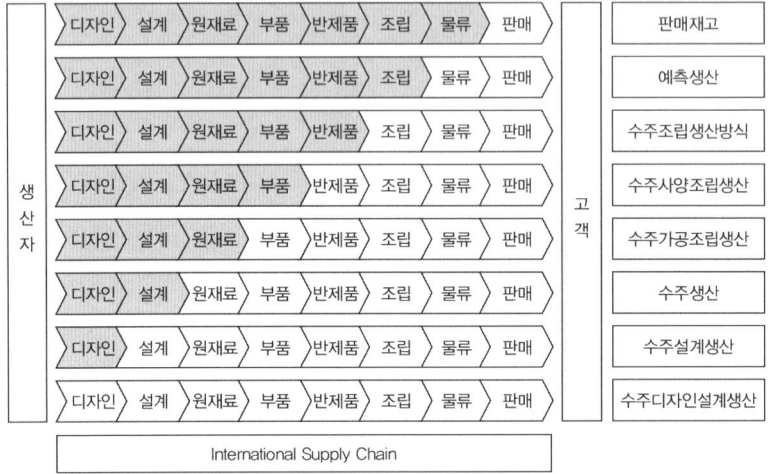

〈그림 5-2〉 SCM(Supply Chain Management) 방식

주: 회색 부분은 신규 비즈니스 영역임.
자료: ウィキペディア, サプライチェーン・マネジメント 항목.

위해 작업 변경에 필요한 준비 시간을 확보하고, 이를 개선하려 한다. 따라서 전자에서는 가공품이 발생하므로 공정 간 재고가 불가피하지만, 후자는 기본적으로 단종 품목이므로 공정 간 재고는 최소화된다. 그 결과 전자는 토요타 시스템을 전제로 하는 후자보다 생산 리드 타임이 길어지고 낭비와 불량률이 높아질 가능성은 높아진다. 이런 점에서 양 업종의 SCM 구축 방법은 대조적이다.

그러나 어느 업종이든 SCM을 통해 최적 효율화를 추구해왔음을 알 수 있다. 예컨대 재고율과 재고 대비 판매관리비 추이를 비교해보면(〈그림 5-3〉), 이들 2개 업종 모두 수준조차 다를지라도 적정 수준을 지속적으로 유지해왔음을 알 수 있다. 이처럼 업종별로 면밀하게 구축된 SCM이 대지진 이후에도 여하히 강화되고 동시에 수익률 제고라고 하는 SCM의 궁극적 목표를 실현해갈 수 있을 것인지 우려되고 있다. 지금까지와 같은 효율

〈그림 5-3〉 재고율과 재고/판매비 비율 관계(자동차 및 전자전기)

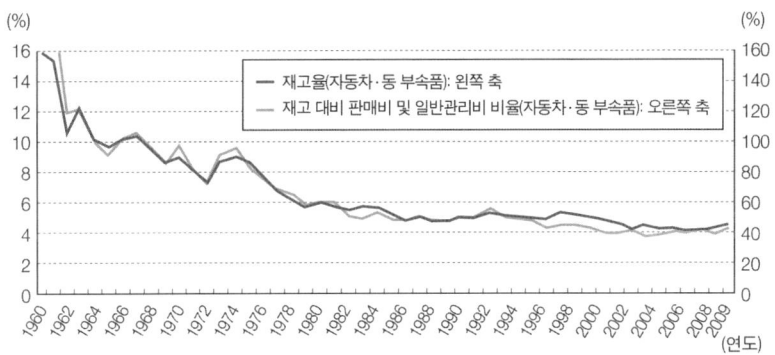

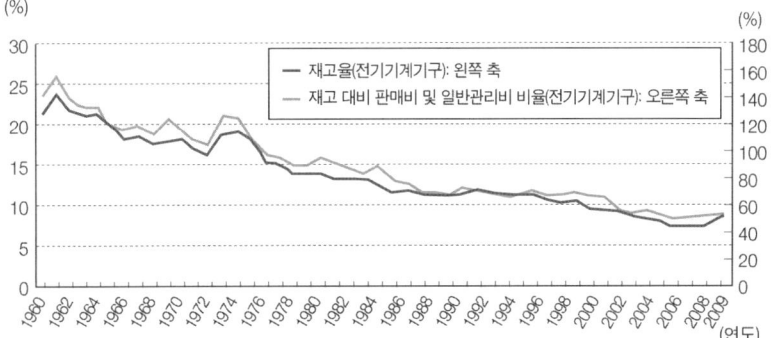

주: 재고율=재고 자산(당기말)÷매출액(당기말), 재고/판매비=재고 자산(당기말)÷판매비 및 일반관리비(당기말).
자료: 財務省 法人企業統計調査(https://www.mof.go.jp/pri/reference/ssc/) 年次別調査.

적 메커니즘과 일본 산업의 강점인 이해관계자 간 신뢰에 의거한 장기거래 관행에 더해 객관적 리스크 매니지먼트와 동시에 수익률 확보가 선결과제로 등장하고 있다.

일본의 제조업 서플라이 체인은 엄밀한 생산 재고관리를 통해 부품 소재업종에서 높은 세계적 점유율을 유지하고 있지만, 장기 침체 속에서 다운스트림(Down-stream)의 수익률이 하락해왔으며, 최근에는 세계 점유율마저 하락 추세에 있는 업종이 등장하고 있다.

이러한 일본 제조업 서플라이 체인의 특성을 전반적으로 요약한다면 다음과 같다. 첫째, 소재산업(Up-stream)에서 조립기기산업(Down-stream)에 이르기까지 관련 산업이 전국에 광범하게 분포되어, 부품과 부품, 부품과 제품, 제품과 서비스 간 인터페이스 조율 과정을 거쳐 신제품과 신시장을 창출하는 중견기업이 다수 존재한다. 둘째, 부품산업(Middle-stream)과 소재산업이 각 지역에서 고도부품 재료산업 집적을 형성함으로써 강한 첨단 제품 개발력을 보유한다. 셋째, 공정마다 수직 계열의 장기 안정적 거래관계(일본적 'Keiretsu')를 유지한다. 넷째, 동아시아의 조립기기산업은 대일 고도부품 소재의 수입을 통해 일본의 산업 집적 메리트를 활용하면서 대담하고 신속하게 투자를 결정해서 일본의 조립기기산업과의 경쟁력 격차를 축소하는 중이다. 다섯째, 소재(Up-stream)와 부품(Middle-stream)이 가전(Down-stream)보다 영업이익률이 높지만, 일부 동아시아 국가의 가전 제품 영업이익률이 일본보다 더 높아지는 경향을 보이고 있다.

5) 동아시아 역내 생산 네트워크 구축

일본 제조업은 1970년대 중반 석유 위기를 계기로 한 에너지 위기에서 에너지 절약형 산업구조로 전환했고, 1980년대 중반 이후 급격한 엔화 강세를 배경으로 조립산업을 구조 조정하며 내수 주도 성장 전략의 일환으로 NIES, ASEAN, 중국으로 이어지는 동아시아 생산 판매 네트워크를 구축해왔다. 이 과정에서 일본형 생산·재고관리 시스템이 자연스럽게 이전되어 일본 모기업에 유사한 통폐합 등을 통한 생산 합리화, 국내외 고객을 향한 단납기 대응 체제를 구축해왔다.

구체적으로 2000년대 초 무렵 일본 국내 산업 집적지 소재 모기업·동아시아 일본계 기업·현지 기업 간에 구축된 서플라이 체인을 전기전자 제

〈표 5-10〉 디지털 A사(社)의 동아시아 역내 분업 전략

공정		마케팅·상품 기획	상품 개발	부품 생산	제품 조립	판매
자사 내 분업	일본 (본국)	본사 (기획·개발)	본사 (개발·설계)	국내 관련 회사	〈조달〉	판매 본부 (역수입)
	진출국 (중국)			자사 현지 법인 〈조달〉	자사 현지 법인	현지 법인 및 현지 유통
	제3국	구미 현지 법인				구미 등 전 세계
외부				• 중국 내 일본계 부품 업체 • 중국 지방계 부품 업체 • 중국 내 대만 부품 업체 • 중국 외 아시아 지역 부품 제조 위탁 회사		

품별 주요 공정별로 살펴보면 제품 콘셉트-기초연구-상품개발 등 업스트림(Up-stream)에서는 간토 지역, 시제품(試製品) 공정에서는 간토·규슈 지역과 연계가 강하다. 그리고 제조 공정에 이르면 규슈 지역이 핵심적인 공급 기지로 등장한다. 특히 AV용 IC, 마이콘, 모니터용 LSI(주문자용), 휴대폰용 카메라 모듈, DVD 롬(PC용) 등 이른바 개방형 조율형 아키텍처의 경우에는 도호쿠 지역과 규슈 지역이 핵심적인 서플라이 체인을 형성하고 있음을 알 수 있다. 경우에 따라서는 전(前)공정은 이들 양대 지역이 담당하고 후(後)공정은 여타국이 담당하는 수평적 분업관계를 형성한다(〈부표 1〉). 예컨대 조율형 아키텍처의 전형인 디지털카메라는 마케팅과 상품개발까지도 일본 본사가 수행하고, 부품 생산 공정도 본사가 일부를 분담한다. 나머지 범용품은 현지 진출 법인이 현지 기업에서 조달해 생산하며, 판매는 일본·현지·구미 판매법인의 글로벌 체인을 활용한다(〈표 5-10〉).

이처럼 판매, 콜 센터, 수리 및 정비 등 후공정은 일본 국내, 아시아 역내, 유럽을 포함하는 전 세계 거점과의 연계를 통해 최종 고객의 선호를 만족시켜왔으며, 요소기술과 부품 및 소프트웨어 개발도 국내 거점을 유

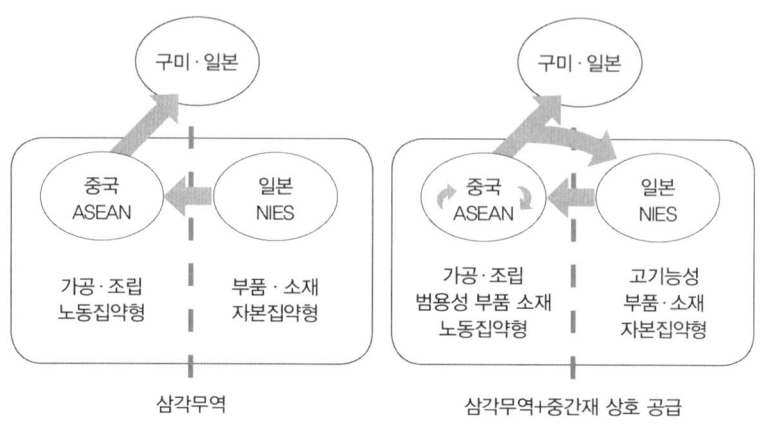

〈그림 5-4〉 동아시아 역내 글로벌 서플라이 체인

자료: 経済産業省(2005).

일하게 유지해야겠다는 종래의 방침과는 달리 해외 거점에서 일부를 수행하기 시작했다. 한편 의료용 세제, 세안료(洗眼料), 샴푸, 생리용품, 종이 기저귀, 신발 밑창 우레탄 등 가정용 소비재의 경우에는 마케팅(제품 콘셉트)의 전부, 기초연구의 극히 일부는 일본 국내에서도 도쿄와 간토 주변에서 수행하고 그 외 여타 공정 대부분은 동아시아 역내 주요 도시권에 분산 배치하고 있다. 이는 소비지에서의 조달, 생산, 판매가 좀 더 효율적이라는 판단에서 비롯된 것이다.

이와 같은 기업의 일본 국내를 포함한 동아시아 기업 내 분업 전략의 결과 동아시아에서는 과거보다 일본을 기점으로 하는 글로벌 서플라이 체인이 고도화되어왔다. 즉, 2000년 이전까지 일본·NIES는 부품소재공정(자본집약재)를 통해 중국·ASEAN에 공급하고 여기에서 가공조립공정(노동집약재)에 따른 최종재를 구미와 일본에 공급하는 이른바 삼각무역을 통한 글로벌 서플라이 체인을 구축했다. 그러나 이후 NIES, ASEAN, 중국이 각각의 비교 우위에 입각한 부품 산업 기반을 형성함에 따라 일본과 NIES는 주문형 고기능성 특수 부품 소재의 좀 더 고도화된 자본집약공정에, 중국·ASEAN은 범용성 부품 소재의 노동집약공정에 각각 특화해, 역내에서 서로 융통하는 한편 구미와 일본에도 공급하기에 이르렀다. 이른바 삼각무역+중간재 상호 공급이라는 동아시아 글로벌 체인의 고도화 단계로 이행하고 있는 것이다(〈그림 5-4〉).

4. 국내 및 글로벌 서플라이 체인 피해와 일본형 서플라이 체인의 한계

1) 국내 서플라이 체인의 피해와 단절

　동일본대지진에서 비롯된 서플라이 체인의 단절 상황은 대지진 발생 3개월 후 일본입지(立地)센터가 전국 주요 제조업 6,000개사를 대상으로 조사한 동일본대지진·전력 부족 등에 따른 생산기능의 영향에 관한 결과에 여실히 나타난다.

　이 조사는 구체적으로 재료·부품·제품 조달과 출하에 미친 영향과 리스크 분산에 따른 공장 배치 재검토 여부를 물었다. 그 결과 회답한 기업 943개사 중에서 '자사 공장 피해로 조달·출하가 영향을 받았다'라는 기업이 152개사(16.1%)인 데에 반해, '거래선 공장 피해로 조달·출하가 영향을 받았다'는 기업이 632개사(67.0%), '물류 두절로 조달·출하가 영향을 받았다'는 기업도 485개사(51.4%)로 많았다. 고속도로 등 물류 인프라 붕괴와 복구 지원을 위해 불가피했던 당시의 통행 규제 등 조치 때문에 수송이 어려웠던 사실도 크게 부각되었다(〈표 5-11〉).

　여기에서 부재 조달에 가장 크게 영향을 주었다고 회답(67.5%)한 이유가 바로 거래선 공장이라고 하는 서플라이 체인이었다. 후공정인 제품 출

〈표 5-11〉 대지진 시 재료·부품·제품 조달과 출하에 대한 영향(복수 회답)

설문 항목	회답수	회답률
자사 공장 피해로 조달·출하가 영향을 받았다	152	16.1
거래선 공장 피해로 조달·출하가 영향을 받았다	632	67.0
물류 두절로 조달·출하가 영향을 받았다	485	51.4
기타	72	7.6
무회답	60	6.4
합계	1,401	148.6

자료: 社団法人 日本立地センター 東日本大震災復興支援本部(2011).

하에 영향을 미치는 원재료, 소재, 반제품 등 전공정은 물론, 판매에서도 그 이전 공정의 장기 안정 거래선이라고 하는 서플라이 체인의 피해로 영향을 받았다는 것이다.

이러한 서플라이 체인은 국내는 물론 수출입을 통해 일본을 기점으로 각국 간에도 구축되었던 것이므로 대지진 피해는 국내외 전·후공정 간으로 단기간에 광범하게 확산되기에 이르렀다. 예컨대 상류(上流) 공정인 소재 부문을 보면 화학품[초고순도과산화수소(超高純度過酸化水素), 리튬 이온 전지의 부자재인 흑연, 폴리프로필렌], 일렉트로닉스관련 부소재[副素材; 전해동박(電解銅箔, electrolytic copper foil), 수정 진동자(水晶振動子, quartz vibrator) 등] 관련 업체의 생산 중단은 동일한 상류의 실리콘 웨이퍼는 물론 다음 공정이자 중간 부소재인 마이콘 업체(세계 점유율 30%)의 생산 정지로 이어졌다. 이들 소재 업체의 세계 점유율은 압도적으로 높았던 만큼 직간접 피해 역시 컸다. 일본의 비교 우위 제품인 반도체 장비업체도 생산을 중단했고, 마이콘 업체에는 엎친 데 덮친 격으로 생산 라인 피해가 가중되는 동시에 자동차, 산업기계, 가전 일렉트로닉스 등 하류 부문 생산이 중단되었다. 세계 점유율 100%인 인공 수정(水晶) 업체의 전(前)공정 가동 중단으로 하류 부문인 중소형 액정 패널의 생산 가동이 중단되고 이는 일렉트로닉스 업체 전체의 생산에 차질을 가져왔다(〈부표 2〉).

이처럼 이번 동일본대지진에 따른 소재, 반도체 등 중간 부소재, 최종 제품(자동차, 산업기계, 액정 패널, 가전 일렉트로닉스 등)으로 이어지는 서플라이 체인의 피해는 피해 업체 수, 피해 지역과 경로의 광역성, 해외 거점과 외국 기업에 미치는 영향의 심각성, 제품의 디지털화에 따른 복구 작업의 곤란함, 쓰나미와 원전 사고가 결합된 전대미문의 파괴성과 장기 파급성 등을 볼 때 최근의 서플라이 체인 단절 사고와는 비교할 수 없을 정도였다. 특히 동아시아 역내 네트워크를 구축해온 일본계 기업의 사업 방침 등에 미친 영향은 컸다.

2) 아시아에 진출한 일본 기업에 미친 영향: JETRO 조사를 중심으로

대지진으로 아시아에 진출한 일본 기업이 어느 정도 피해를 입었는지를 살펴보자. 일본무역진흥기구(JETRO: Japan External Trade Organization)가 시행한 2011년 10월의 실태 조사 '在アジア・オセアニア日系企業活動実態調査'에 따르면, 영향(심각+경미)을 받은 기업 비중은 71.3%다. 특히 일본과의 서플라이 체인을 구축 중이던 ASEAN과 동북아시아의 경우 피해 기업의 비중이 높았고, 업종별로는 제조업의 경우 수송기계기구, 고무·피혁, 전기기계기구가, 비제조업의 경우 운수업의 80% 이상 기업이 영향을 받았다(〈그림 5-5〉).

일본 기업이 동아시아와 서플라이 체인을 구축해온 지역별로 사업 활동에 어떤 형태로든 영향을 받았던 기업의 비율을 보면 타이(77.4%), 말레이시아(75.1%), 중국(74.7%) 등에서 특히 높게 나타난다.

한국은 68.2%(심각 13.6%, 경미 54.6%)인 반면, 심각하게 영향을 받았다는 기업의 비중이 가장 높은 국가는 중국(20.8%)이었다. 이는 일본 기업이 조사 대상국과의 무역관계가 깊고 생산·판매 네트워크상의 보완관계가

<그림 5-5> 동일본대지진의 업종별 영향

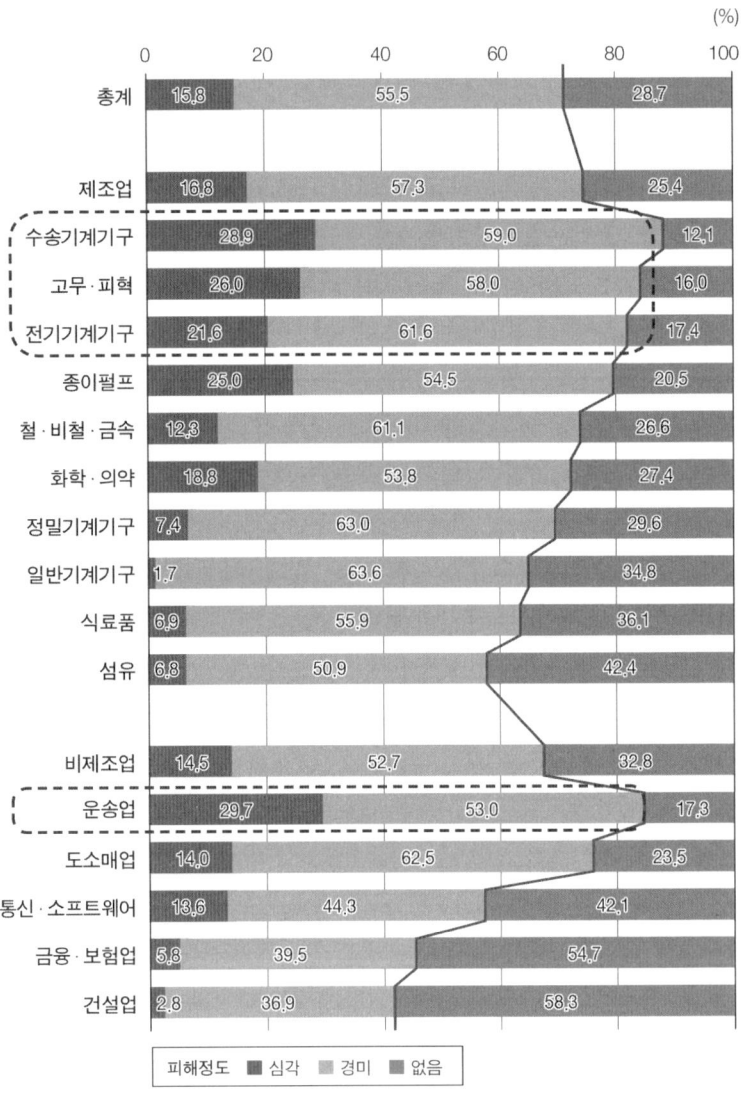

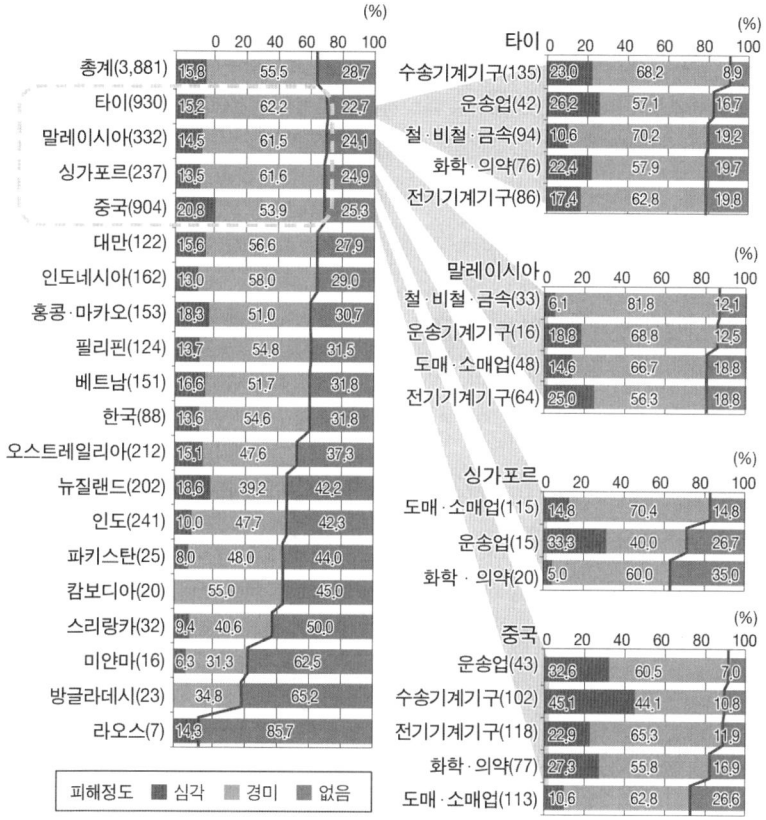

〈그림 5-6〉 동일본대지진의 동아시아 국가별 업종별 영향

빠르게 진행 중임을 반영하는 것이다. 중국의 운수업이나 타이의 수송기계기구업종의 경우에는 영향이 가장 심각했다. 90% 이상 기업이 사업에 영향을 받았다고 회답할 정도이며, 말레이시아나 중국의 수송기계기구업종도 90% 가까운 기업이 영향을 받았다고 답했다. 아시아의 국제 물류 기지인 싱가포르에서는 특히 도소매업과 운수업 등에서 태반의 기업이 영향을 받았다고 답했다(〈그림 5-6〉).

이처럼 대지진의 영향을 받은 사업 활동을 구체적으로 보면 '대일 구입·

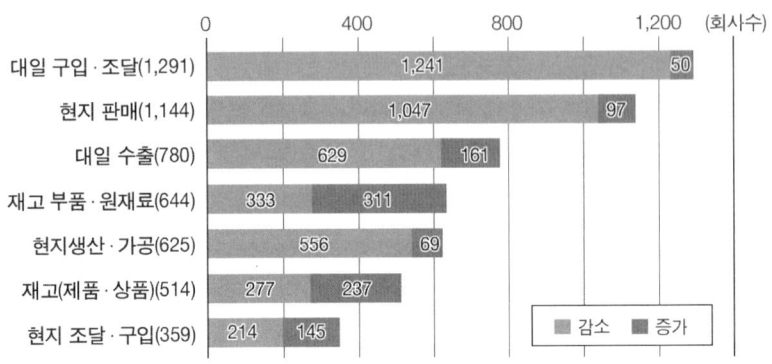

〈그림 5-7〉 동일본대지진의 영향을 받은 사업 활동

조달 감소'가 1,241개사로서 최대인 반면, '현지 판매 감소'가 1,047개사로 뒤를 잇는다(〈그림 5-7〉). 동시에 사업 활동이 영향을 받은 기간을 보면 구입·조달, 현지 판매 어느 것이든 과반수 기업이 1~3개월 미만이며, 6개월 미만으로 회답한 기업이 약 90%다. '대일 수출 감소'를 거론한 기업 수는 629개사이며 이 중 약 5% 기업은 그 영향이 1년 이상 지속될 것이라고 답했고 예측 불허 상태라고 회답한 기업도 약 5% 정도였다.

그런 의미에서 이번 서플라이 체인의 단절은 20세기 말 한신·아와지대지진과 비교해 글로벌 경쟁 하에서 일어난 선진국 초유의 거대 광역 재해로서 다음과 같은 특징을 지닌다고 판단된다.

첫째, 지역 산업 전반이 전자제어계(電子制御系)로 복잡하고 계층화되었던 만큼 복구가 지연되고 피해도 컸다. 예컨대 오늘날 자동차 전자제어계는 다수의 ECU(Electronic Control Unit)로 연동되지만, 실제로 거기에는 수요 업체의 제품 특수적인 내장 소프트웨어가 삽입되어 '마이콘＋내장 소프트웨어'로서 가동되는 만큼, 결국 ECU는 제품 특수(product specific)적 성격이 강하다(立本博文·藤本隆宏·富田純一, 2009). 현재 선진국 시장의 고급차는 수십 종의 마이콘을 천만 행 이상의 내장 소프트웨어로 제어하는,

그야말로 복잡하고 계층화된 제품이다. 그 결과 동일본에 있는 마이콘 공장의 피해도 컸다.

둘째, 서플라이 체인이 전 지구적 범위로 연계되어 있으므로 해외 기업이 국내 모기업과의 파이프라인 재고에 따라 가동 정지를 다소 지연시킬 수는 있지만, 마이콘 등 전자 부품과 기능성 재료를 사용하는 미세한 개별 부품 중 일본에서 집중 생산하거나, 해외 조립 공장이나 기능품 생산 공장에 수출하는 경우에는 그 미세한 개별 부품의 공급이 중단되면서 가동은 중지되고 만다. 유럽의 토요타 조립 거점에서는 기능 부품을 물론 현지에 있는 유럽 기업에서도 조달하지만, 결국 피해 지역 거점의 기능성 부품 공급이 단절되면서 가동이 중단된 것이다.

셋째, 2008년 리먼 쇼크에 따른 미국 시장 위축, 구미 기업의 조립 생산성과 제조 품질 면에서의 대일 캐치 업(catch up), 중진국과 신흥국에서 급성장한 자동차산업과 전자기기산업, 일본 국내 시장의 장기 정체와 엔고 진행 속에서 현장 생산성과 설계 품질 향상과 기존 시스템의 재해 대응력도 키워야 하는 어려운 상황에서 발생한 재난이었다.

3) 일본형 제조업 서플라이 체인의 한계

이상과 같은 서플라이 체인 피해가 최근과 같은 치열한 글로벌 경쟁하에서 동시에 전개되어온 시장적·기술적 특성 외에 일본의 서플라이 체인은 원래 외부 쇼크에 취약하다는 구조적 요인을 지적하는 주장이 자주 거론되어왔다.

예컨대 세계적 마이콘 전문업체인 '르네상스'의 피해로 국내외 서플라이 라인의 피해가 극심했던 것도 바로 같은 회사의 전공정 공장에서 자동차에 탑재하는 IC 칩에 의존하는 정도가 과도하게 높았기 때문이었다. 이

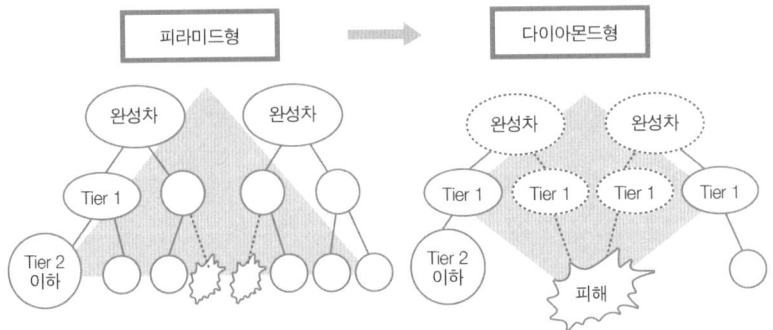

〈그림 5-8〉 서플라이 체인 구조 변화

자료: 日本経済の新たな成長の実現を考える自動車戦略研究会(2011).

는 종래와 같은 다운스트림의 최종재 조립 업체를 정점으로 하는 피라미드형과는 달리 다이아몬드형(부재 공급의 제2, 3 계층이 특정 1개사에 집약)에서 비롯된 것으로서, 자동차업계가 서플라이 체인상의 리스크라고 일찍부터 우려해온 바다. 따라서 과거에는 계열별로 복수의 부품 소재 업체가 넓게 포진하고 있어, 특정 부품 업체의 생산이 일시적으로 중단되더라도 업계 전체가 받는 영향은 매우 한정적이었다. 그러나 이번 대지진으로 분명해진 것은 특정 부품 업체가 부재 공급을 전담하는 다이아몬드형, 혹은 공급경로가 복잡하게 얽혀 있는 메시(Mesh)형으로 변모하고 있었다는 점이다(〈그림 5-8〉). 즉, 다운스트림(하류)에 가까운 곳에서는 공급 업체가 분산되어 있지만, 상류의 부품은 1개 회사가 독점 공급하는 형태다. 따라서 특정 업체가 공급을 중단하면 서플라이 체인의 모든 계층에서 생산 활동이 중단된다.

이와 같은 서플라이 체인의 구조적 변모는 다음과 같은 두 가지 상반된 거래구조의 변화에서 비롯된 것이다. 그 하나는 최종 조립업체에 가까운 계열에 이르면 거래가 다양화하고 복잡해지는 것이며, 다른 하나는 업스트림(상류)에서는 특정 업체에 공급이 집약되는 경향을 보이는 것이다. 전자는 조립업체가 1990년대 이후 글로벌 경쟁력을 확보하기 위해 코스트 절감, 품질 향상, 원가 절감 차원에서 범용품을 저렴하게 조달해야 했던 결과 종래와 같은 일본형의 폐쇄적 장기 지속 거래 관행에서 탈피해 계열 외 기업으로 거래가 개방되었고, 다른 한편 제품 차별화를 위해 부품도 고도기술이 요구되는 제품으로 수요가 이동하면서 결국 이러한 조립업체의 엄격한 요구에 부응할 수 있는 소수 업체만이 부품 소재 업체로서 생존하게 된 것이다. 이에 따라 동아시아 주재 일본 기업도 제품 수 축소, 공정 단일화, 관련 기업의 통폐합을 강요하기에 이르렀다.

이처럼 국내외 서플라이 체인은 집약화 과정에서 하류와 상류 기업 간의 협조적·쌍방향적 거래관계가 구축되어왔으며, 이를 통해 전자는 거래 다양화, 후자는 생산 집약화가 가능해진 것이다. 즉, 전자는 수요 업체에 의한 납품업체의 세분화·분업화·다양화, 후자는 공급 업체에 의한 사업 재편과 통폐합을 통한 합리화의 프로세스를 거쳐왔다. 자동차업계의 경우 조립업체와 부품 공급 업체 간의 긴밀한 협조관계가 구축되어 있으므로 제조 시 상호 조정과 최적화 과정을 거치면서 공동 개발을 통한 조율형 아키텍처가 축적되어왔다. 이를 통해 서플라이어의 높은 개발력 활용과 리드타임 단축이 가능해지고 그 결과 설계 정보를 개선하는 데에 이바지해왔다.

확실히 일본형 서플라이 체인은 지금까지 경쟁력의 원천으로 작용해온 측면이 강하며, 유사시 서플라이어를 특정화할 수 있으므로 재해 복구가 손쉬운 측면도 있다. 그럼에도 'Only one' 기업에 부품 소재 공급이 한정됨에 따라 서플라이 체인의 단절에서 비롯된 리스크가 전 생산 부문으로 확산될 가능성이 크다. 특히 복구가 지연되고 조립 기업의 조업에 크게 영향을 준 대표적 업종을 중심으로 일본의 서플라이 체인의 취약점을 살펴보자.

첫째, 반도체집적회로[마이콘과 주문형 반도체(ASIC: Application-Specific Integrated Circuit)]다. 자동차, 가전, 전자기기, 사무기계, 산업기계 등 개별 기기의 제어에 쓰이는 ASIC와 마이콘 등의 반도체를 제조하는 공장이 대지진으로 피해를 보았고 수많은 산업의 서플라이 체인에 영향을 주었다.

자동차에 탑재되는 마이콘 자체는 특정 고객용 설계(customer-product-specific)가 아니고 카탈로그를 구입할 수 있는 범용적 반도체 제품이다. 그러나 해당 공장에서 생산된 마이콘은 개발 과정에 이용된 설계 룰과 그 과정에서 만들어진 개발 환경이 공급자 공정 특수적 성격이 강하다. 따라서 그 마이콘을 전제로 수요 기업이 고객 제품 특수적인 내장 소프트웨어를 개발하면 그 소프트웨어가 그다음에는 공급자 공정 특수적인 성격을 띠게 되고, 소프트와 하드를 포함하는 제어계 전체가 이른바 해당 공장 특수적으로 전환되어 여타 공장으로 공급원을 전환하는 것은 더욱 어려워진다. 부품의 '대체 가능성(substitutability)'이 현저하게 떨어지는 이유다. 반도체 중에는 공정 간 조율 프로세스가 내부화한 결과 공정 아키텍처가 상대적으로 모듈화하기도 하지만, 단일 칩 시스템(SoC: System on Chip)이나 첨단 ASIC, 또는 마이콘은 조율형 아키텍처에 가깝다.

나아가 이처럼 설계 정보가 대체 곤란함은 물론 생산공정이 고도로 복잡하고 장치산업인 동시에 설계 정보(회로 설계 정보가 전사된 마스크)를 장치에서 분리해 다른 공정으로 이설하는 것이 사실상 곤란한 경우에도 공급선 전환은 어렵고 장치 전체를 복구하지 않는 한 조업 재개는 어렵다. 당초 지진 복구 지연에 따른 영향이 확산될 것이라는 우려가 있었는데도, 실제로는 'All Japan'이라고도 불릴 정도로 수요 기업과 서플라이 체인 기업이 연대하면서 복구 지원도 가속되어 조기에 복구할 수 있게 되었다. 이는 오히려 피해 대상 서플라이 체인의 특정화가 용이했기 때문이라고 판단된다.

둘째, 기능성 화학품이다. 동일본대지진으로 피해를 입은 또 하나의 대표적인 자동차 자재가 타이어 브레이크용 고무 관련 기능성 화학품이다. 이들 화학품의 특징은 장치산업적 공정산업이며, 타사의 대체 공급은 일부 가능하지만 그 자체 시장 점유율(국내 30~100%)이 높으므로 한계가 있다. 가고시마 항의 미쓰비시(三菱) 화학과 카네카의 기능성 화학품이 대표적이다. 이들 화학품의 경우 설비는 제품 특수적이지 않은 경우도 많지만, 레시피(조작 노하우)나 일부 설비가 제품 특수적인 설계 정보가 많아 다른 공장으로 이식할 가능성(portability)이 낮다.

셋째, 미세부품과 소모품이다. 자동차를 3만 점까지 분해했을 경우 얻어지는 미세한 단일 부품(나사못, 스프링 등), 생산공정 일부에 사용되는 소모품 등 완성차업체 차원에서는 대수롭지 않게 여겨온 말단 서플라이어 가운데 특히 토요타의 경우 유관 중소기업이 다수 피해를 입었다.

원래 자동차 서플라이 체인은 지극히 복잡해 이들 단일 부품 생산공정까지 거슬러 올라가 전체를 완전히 파악하기란 쉽지 않다. 1차 서플라이어는 2차를, 2차는 3차를 관리하는 등 분권 시스템이 정착되어 있기 때문이다. 그 결과 과거 토요타 등 완성차업체는 재해 시 일단 현장을 파악하면 복구도 효과적으로 지원할 수 있었다. 그러나 이번에는 피해 후 1개월이 지나도 서플라이어의 전모를 파악하기가 어려웠다. 토요타 관계자도 피해 후 1개월 단계에서는 피해를 당한 부품업체는 100개사 이상이라고 했을 뿐 정확하게 파악하지 못한 것 같다.

4) 서플라이 체인 재구축 방향에 관한 논점

상기 JETRO 조사에 따르면 아시아로 진출한 일본 기업은 대지진 이후에도 사업 전략과 방침을 재검토하지 않는다는 회답이 전체의 3분의 2 정

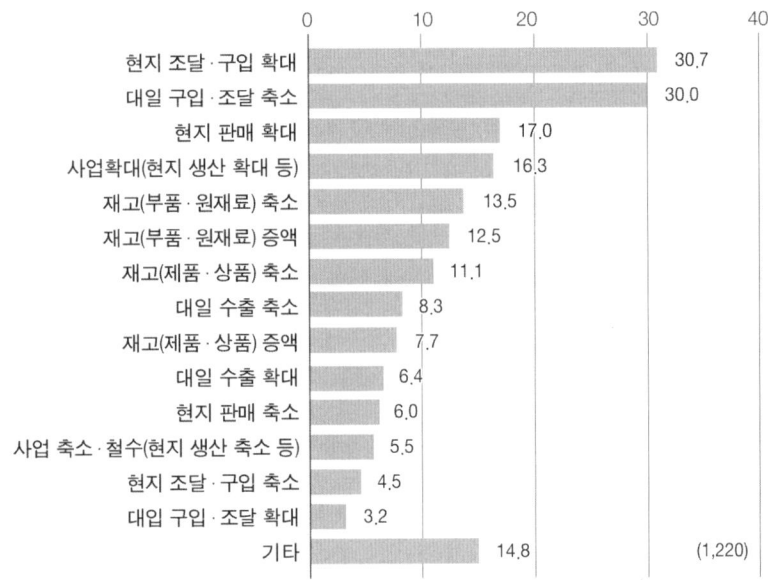

〈그림 5-9〉 대지진 이후 기존 사업 방침 변경 사유

항목	값
현지 조달·구입 확대	30.7
대일 구입·조달 축소	30.0
현지 판매 확대	17.0
사업확대(현지 생산 확대 등)	16.3
재고(부품·원재료) 축소	13.5
재고(부품·원재료) 증액	12.5
재고(제품·상품) 축소	11.1
대일 수출 축소	8.3
재고(제품·상품) 증액	7.7
대일 수출 확대	6.4
현지 판매 축소	6.0
사업 축소·철수(현지 생산 축소 등)	5.5
현지 조달·구입 축소	4.5
대입 구입·조달 확대	3.2
기타	14.8

(1,220)

도였다. 그 최대 이유는 '기존 서플라이 체인 복구'였다. 대폭적으로 재검토했다는 회답은 2.4%에 지나지 않았다. 전자의 이유 중 기타 항목에서는 '일본과의 거래(조달과 판매)가 없거나 적다'는 점이 대부분을 차지했다. 그리고 후자로 회답한 기업의 구체적인 방침 중에는 '현지 조달과 구입 확대' 및 '대일 구입·조달 축소'가 모두 약 30%를 차지했다(〈그림 5-9〉). 즉, 동일본대지진으로 말미암아 앞으로는 대일 구입·조달을 줄이는 대신 현지 조달·구입을 늘리겠다는 분명한 입장을 보였음에 유의할 필요가 있다.

기존의 서플라이 체인 복구에 따라 사업 전략과 방침에 큰 변화는 보이지 않았지만 구체적인 사업 변경 방침 중에서 현지 조달·구입 확대를 거론한 기업의 비중은 중국, 대만, 인도에서 35%를 넘었다. 업종으로는 정밀기계기구, 식료품 등이 1위를 차지했다. 대일 구입·조달 축소라고 대답한 기업의 비중은 특히 대만, 한국, 홍콩, 마카오 등 동북아시아가 40% 전후로 높고, 업종으로는 식료품이 50%로 높았다. 오스트레일리아, 뉴질랜드의 경우 사업 전략과 방침을 변경하지 않겠다는 이유로 서플라이 체인 복구를 드는 기업의 비중이 60%에 가깝다. 대일 조달이나 대일 판매 비율이 상대적으로 낮은 것도 그 이유 중 하나로 판단된다. 수송기계기구의 경우 60%를 넘는 기업이 서플라이 체인이 이미 복구되었다는 점을 이유로 들었다.

 이처럼 대지진 피해를 조기에 복구하면서 사업 방침은 바뀌지 않았으나 해외 진출 기업, 특히 동아시아 주변국 진출 기업의 경우 대일 수입 축소, 현지 조달 및 대일 수출 확대 가능성은 매우 높아졌다. 국내 기업 역시 리스크를 분산하는 차원에서 국내외 조달선을 다변화하고 국내 공장 재배치를 검토하겠다는 의견은 절대수로는 여전히 높지 않지만, 앞으로 재배치하거나 검토하겠다는 의견 중에는 국내에 복수의 생산 거점 배치, 해외 거점 신설, 관련 회사에 대한 OEM 확대 등이 다수를 차지한다. 이 결과 일본의 동아시아 글로벌 서플라이 체인의 축소와 함께 동아시아 의존도가 높은 지역의 산업 공동화 우려를 낳았다.

 2011년 6월 시점에서 조사 대상 기업 943개사의 77.7%(매우 우려 20.0%, 우려 57.7%)가 산업 공동화를 우려, 업종별로는 전자 부품 디바이스, 석유·석탄, 금속 제품, 비철금속, 플라스틱은 그 정도가 매우 높다. 지역별로는 지진 발생 지역인 도호쿠 지역에 비해 긴키·주부·간토 지역의 공동화 우려가 오히려 높으며, 자본금 1억 엔 이하 규모 기업의 공동화 우려가 더 높다는 점은 특기할 만하다. 이는 이미 살펴본 국내 서플라이 체인의 산업 연관적 특성을 그대로 반영한 것으로서, 단기적으로는 지진의 직접 피해보다 간접 피해가 더 심각했고 대기업의 해외 진출이 가속화되는 동시에 이로 말미암은 중견기업의 쇠퇴를 예견하는 것이기도 했다.

 이상과 같은 서플라이 체인에 내재하는 취약점을 체계적으로 이해하려

면 서플라이 체인을 새롭게 정의할 필요가 있다. 제조 시스템 구축(혹은 ものづくり) 이론을 따라 서플라이 체인을 '고객을 향한 설계 정보의 흐름'이라고 정의한다면 SCM은 설계 정보 흐름을 안정적으로 확보해 공정별 수익률을 올리는 것이 목표다. 따라서 서플라이 체인이 취약하고 단절되었다는 것은 바로 설계 정보를 확보한 상태가 취약하고 단절되었음을 의미한다.

예컨대 특정 생산공정이 피해를 당했을 경우에는 첫째, 제품과 서비스 경쟁력과 동시에 설계 정보 흐름을 안정적으로 유지하려면 그 정보 차단 공정의 하류 공정에서 이미 설계 정보가 전사된 제품이나 시공품(試供品) 재고의 증감 상태를 점검해야 한다. 둘째, 문제 공정의 상류 공정에서 전사할 설계 정보(설비, 금형, 공구, 레시피)를 조기에 확보해 차단된 설계 정보 흐름이 재개될 수 있도록 해야 한다. 즉, 단기적으로는 동일한 설계 정보를 전사할 수 있는 설비와 금형을 상시로 여러 개 준비하거나 생산 라인 그 자체를 사내외에 복수 계통으로 확보해야 한다. 그러나 중장기적으로는 상류 공정에서 설계 정보 흐름, 즉 서플라이 체인을 재구축하지 않으면 안 된다. 분명히 단기적 복구를 우선시하면 코스트 상승으로 경쟁력 저하를 초래할 수도 있지만, 설계 정보 흐름의 확보라는 차원에서는 바람직한 선택이라 볼 수 있다.

이미 지적한 바처럼 1990년대 이후 글로벌 경쟁 시대에 돌입하면서 일본형 계열 거래에는 여러 변화가 있었으며, 동시에 설계 정보와 서플라이 체인도 다음과 같은 의미에서 취약성을 노정하기에 이르렀다.

첫째, 제조와 공정 특성상 특정 서플라이어에 대한 의존도가 높은 제품일수록 서플라이 체인이 취약했다. 이번 대지진으로 토요타자동차 등이 재인식한 것은 예컨대 1, 2차 부품(기능 부품)은 복수 서플라이어로 분산되어 있지만 제3차 부품(단일 부품)은 특수한 공정 기술을 구사하는 특정 1개 기업에 집중되는 이른바 다이아몬드 구조라는 사실이다. 거래선을 무리하게 분산하는 것은 오히려 차별화와 양산 효과를 확보하지 못해서였고, 이런 의미에서 합리적이었다.

둘째, 하류의 고객 기업이나 조립업체가 인지하지 못하는 비가시적(非可視的) 부분이 실은 중대한 설계 정보 흐름을 차단하고 있었다는 사실이다. 그러나 실제 일본의 자동차업체의 서플라이어 시스템 관리 체계를 보면 2차는 1차가, 3차는 2차가 관리하는 계층별 관리가 기본이었다. 이러한 계층별 서플라이 체인 관리는 효율적 측면도 있지만, 하류의 조립 기업은 공정과 제품에 걸친 전 계층 정보를 총괄하지 못했다는 점이다.

셋째, 특정 고객용 설계 부품, 또는 서플라이어의 개발이나 생산 프로세스의 특이성에 기초한 특정 서플라이어용 특수 공정(supplier-process-specific) 부품은 예측하지 못한 사태가 일어날 때 표준 부품으로 전환하거나 서플라이어 대체가 어려워 피해 규모가 크고 그 범위도 넓었다. 전후 일본은 복잡하게 얽힌 제품 기능과 구조를 상호 조정해 최적 설계를 도모하는 조율형(integral) 아키텍처(藤本隆宏, 2003, 2004) 제품을 경쟁력의 원천으로 삼았다(Nishiguchi, 1994; 浅沼萬里, 1997; 武石彰, 2003). 그러나 이들 제품의 구성 부품은 제품 특수적인 고객 부품일 가능성이 높은 만큼 외부 충격에 취약하다는 단점이 있다. 예측하지 못한 사태에 대비하려는 의도가 정작 위기에는 취약한 결과를 초래했으니 아이러니가 아닐 수 없다. 마이콘의 사례에서 본 바와 같이 공급자 측 공정의 특수성으로 말미암아 많은 경우 부품의 대체 가능성이 상대적으로 낮을 수밖에 없기 때문이다.

넷째, 특정 생산 설비에 체화된 설계 정보는 정작 필요할 때 여타 생산 설비로 이동해가기가 어려운 만큼 재해에 따른 피해는 클 수밖에 없다. 예컨대 첨단 반도체 제조 라인처럼 제품 특수적인 회로 설계 정보(마스크나 레시피)를 설비에서 분리해 다른 설비로 긴급 피난하는 것이 기술적으로 어려운 공정도 존재한다. 이러한 설계 정보의 이동 가능성이 낮은 공정이 일단 파괴되면 설비와 라인 전체를 복구하지 않는 한 해당 제품의 생산 재개는 거의 불가능하다. 이번 동일본대지진에서 피해를 본 마이콘 공장이 그 전형이다.

그렇다면 서플라이 체인의 취약점을 여하히 보완해 최적 시스템을 구축할 것인지가 문제다. 대지진 이후 재해 영향을 최소화하기 위해 ① 충분한 재고 확보, ② 표준 부품 대체, ③ 조달선과 공급원의 복수화 혹은 다변화, ④ 국내외 생산 거점 재배치 등 다양한 대안이 제시된다. 그러나 이들의 장단점에 관해서는 글로벌 경쟁력 향상과 견고한 서플라이 체인망 구축을 조화하는 차원에서 충분히 논의되지 않은 실정이다.

5. 맺음말

이 글은 일본의 국내외 서플라이 체인의 산업 연관적 특성, 서플라이 체인의 관리상 특성, 대규모 재해에 취약한 성격과 금후 대책을 수립하는 데에 유효한 논점을 제시하고자 했다.

일본의 도호쿠 지역은 대지진 발생 직전까지만 해도 전국 26개 산업 클러스터 중에서도 특색 있는 'Tohoku Corridor'로 지정되어 장래 일본의 글로벌 경쟁력을 견인할 신세기 지역 산업정책 대상 지역으로 주목받아왔다. 자동차 부품·부속품, 전자 부품·디바이스·전자회로·집적회로, 자동차(이륜차 포함) 등 기반 제조업, IT·BT·ET에 특화한 기술 융합의 현장이기도 했다. 그만큼 전대미문의 도호쿠대지진은 물적·인적 피해 이상으로 일본인에게 깊은 상처를 안겼다.

실제로 대지진으로 비롯된 도호쿠(도호쿠 4개 현) 피해지의 상위 5대 품목 출하액(11.7조 엔)은 전국(305조 엔) 대비 3.8%에 지나지 않았다. 그러나 이 글에서는 다음과 같은 점들을 확인했다. 첫째, 「平成17年地域間産業連関表」를 활용해 도호쿠 지역이 간토, 주부, 긴키 등 여타 지역에 대한 핵심 소재, 중간 부자재 중심으로 핵심적 국내 서플라이 체인을 구축해왔음을 밝혔다. 둘째, 일본은 자동차 부품, 전자 부품, 마이콘 등 3대 핵심 부품류 수출을 중심으로 글로벌 서플라이 체인의 기점이 되고 있으며, 그 근저에는 도호쿠 지역이 존재함을 밝혔다. 셋째, 일본계 기업 중심으로 동아시아 생산·판매 네트워크를 구축해 일본 본사는 상류 부문, 일본계 기업과 현지 기업은 하류 부문에 특화하는 한편, 기존의 생산·판매 네트워크의 통폐합으로 합리화를 추진해왔음을 밝혔다. 넷째, 도호쿠 지역의 직접 피해에 비하면 이들 연관 지역의 생산과 수출 등의 감소라는 차원에서 볼 때 단기적으로는 간접 피해가 매우 컸으나 중장기적으로는 그다지 크지 않다는 점을 확인했다.

이처럼 일본 내 서플라이 체인은 소재산업(Up-stream)에서 조립기기산업(Down-stream)에 이르기까지 관련 산업이 전국에 광범하게 분포해 부품과 부품, 부품과 제품, 제품과 서비스 간 인터페이스의 조율 과정을 거친 고객과 제조 공정 특화적인 신제품을 창출하는 중견·중소기업이 다수 존재하는 형태로 구축되어 있다. 동시에 이러한 부품산업(Middle-stream)과 소재산업이 고도부품 재료산업 집적을 형성함으로써 강한 첨단 제품 개발력을 보유하게 되었다. 그리고 동아시아 조립기기산업은 이들 대일 고도 부품 소재 수입을 통해 일본의 산업 집적 메리트를 활용해 대담하고 신속한 투자 결정으로 일본의 조립기기산업과의 경쟁력 격차를 급속히 좁혀왔으며 일부 제품은 수익력에서 일본을 앞서가고 있다.

한편 이러한 일본 기업의 높은 글로벌 경쟁력의 이면에는 철저한 재고관리, 계열 기업의 구조 조정, 일본계 기업의 제품 공정 합리화가 진행되어왔음을 알 수 있다. 그런데 이러한 고객과 제조 공정 특화적 특성이 강한 제품·서비스는 부품 소재를 표준품으로 대체하거나 설계 정보의 이전, 또는 공정과 제품 정보를 파악할 가능성이 낮아 대규모 재해처럼 예측할 수 없는 사태에 대응이 둔화될 수밖에 없었다는 사실이 분명해졌다. 이에 따라 금후 대재해 대응형 서플라이 체인망 구축과 글로벌 경쟁력 확보라는 두 가지 목표를 동시에 달성하는 것이 가능한지를 둘러싸고 논쟁이 일기 시작하면서 다음과 같은 방안들이 제시되었다.

첫째, 재고량을 증대하는 방안이다. 적정량의 안전 재고 혹은 완충 재고를 적재적소에 두는 것은 재고 이론의 기본이다. 그럼에도 실제로는 이러한 기능적 재고량을 초과하는 낭비 요소가 많다는 것이 'just-in-time'의 기본 사상이다. 따라서 글로벌 경쟁의 격화 속에서 생산성, 리드타임, 품질 등을 고려해 현장과 제품 경쟁력 하락을 초래하는 수준 이상의 과잉 재고를 허용할 수는 없다.

둘째, 표준 부품의 대체다. 확실히 절대 우위에 있는 기능성 화학품이나 일부 고기능 부품 등 대체가 어려운 제품 특수적인 자재일수록 관련 서플라이 체인은 재해에 구조적으로 취약하며 조정력이 뛰어난 설계 현장은 시장의 기능 요건이나 제약 조건 이상으로 최적 설계에 몰입하려는 경향이 강한 것은 사실이다. 특유의 장인 정신 때문이다. 그렇다고 조달과 공급원을 복수화 혹은 다변화하거나, 표준 부품과 공통 부품으로 대체하자는 주장은 설득력이 약하다. 부품과 자재의 표준화·공통화는 설계 합리화의 일환으로서 일본 기업과 현장의 일상적인 경쟁력 강화를 위한 합리적 행동이며, 일관되게 강조되지 않으면 안 된다. 그러나 대재해에 대비한다는 명분으로 표준 부품을 사용하면 고객의 기능 요건과 사회기술적 제약 조건이 요구하는 제품의 아키텍처에서 벗어나게 되고, 이는 결국 제품 설계 품질이 조악해지는 결과로 이어져 경쟁력은 떨어지게 마련이다. 따라서 설계 변경은 기업 스스로 경쟁력의 원천을 상실하는 것인 만큼 최대한 자제하지 않으면 안 된다.

셋째, 서플라이 체인의 다변화·복수화다. 확실히 서플라이 체인 중 의존도가 높아 설비 정보의 대체와 이동 가능성이 낮은 제품이나 공정을 대상으로 설계 정보 흐름을 복수화·다변화하는 것은 효과적일 수 있다. 그러나 이 또한 코스트, 품질, 리드타임 면에서 현장 경쟁력을 하락시키지 않는다는 전제 아래 가능하다.

넷째, 생산 거점의 국내외 분산 입지다. 피해지인 동일본의 생산 라인 전부를 서일본이나 해외로 이설하는 안이기도 하다. 특히 생산 설비가 원전 사고로 출입 금지 구역에 위치한 경우 선택의 여지가 없이 공장은 일시적이거나 영구적으로 이전할 수밖에 없고, 연속 조업이 필수적인 일부 장치산업이나 의약품업종 등이라면 자발적으로 조업을 일시 정지하거나 예비 발전설비를 증설하는 동시에 공장 그 자체가 해당 피해 지역으로부터 탈출하는 수밖에 없을 것이다.

그러나 글로벌 경쟁이 격화하는 가운데 국내 생산 거점의 해외 이전은 일상적으로 발생하고 있다. 거시적으로 본다면 무역재에는 반드시 경쟁 우위와 열위가 있기 마련이며, 후자의 경우에는 적극적인 해외 이전이 국내 현장과 산업 활성화에 이바지할 것이다. 그런 의미에서 해외 이전은 경쟁력을 유지하는 차원에서 필요한 것이지만 단순히 대재해 대책 차원에서 논할 대상은 아니라고 본다. 위험은 국내는 물론 해외에서도 발생하며 해외 이전 후에 재해가 발생한다면 이전한 의미를 상실하게 되기 때문이다.

더욱이 환율과 임금 면에서 국내가 비교 열위라고 하더라도 동아시아 일본계 기업 현장의 생산성 향상을 지원하는 공장, 제조 설계를 지원하는 개발 공장, 혹은 리드타임으로 승부하는 국내시장 전용 공장 등은 존치하는 것이 장기적으로 글로벌 최적의 비교 우위를 유지하는 길이라고 본다.

실제 일본은 디지털 가전의 경우 상류 공정은 일본 본토를 사수하겠다는 전략으로 일관하고 있다. 동일본에 있는 기존 생산 라인의 노후화, 생산 조건 악화 등으로 경쟁력이 약화되었다고 한다면 라인을 서일본으로 이전할 수는 있으나, 재해만을 이유로 이전을 가속화하는 것은 비교 우위를 조기에 상실할 가능성이 크다고 보는 것이다.

대지진 이후 원전 사고와 방사능 재해를 제외한다면 일본의 글로벌 서플라이 체인은 예상외로 조기에 회복되고 있으나, 도카이대지진이 연이어 일어날 것으로 예상되는 가운데 제조·서비스 기능의 국내외 분산, 동아시아에 진출한 일본계 기업과 한국, 중국, 대만 등의 대일 수출 증대, 대일 수입 감소, 일본의 OEM 수요 증가, 일본의 중소·중견기업에 대한 주변국 기업의 M&A 증가 등의 추세는 당분간 이어질 공산이 크다. 그럼에도 조율형 핵심 소재 부품의 공급 기지 선택은 재해 방지 혹은 예방보다는 일본의 글로벌 경쟁력 유지 강화라는 시각에서 진행될 것으로 판단된다.

〈부표 1〉 제조 공정별 글로벌 서플라이 체인

전지전자 제품									
제품	주요 공정								기타 공정
	제품 콘셉트	기초 연구	상품 개발	시험 제작	제조	판매	콜센터	수리 정비	
네트워크용 LSI (주문용)	간토(일)	간토(일)	간토(일), 독일	간토, 규슈(일)	규슈(일, 전공정), 독일(후공정)	유럽			요소기술 개발(일, 포르투갈)
게임용 화상 LSI (주문용)	간토(일)	간토(일)	간토(일), 미국	규슈(일)	규슈(일)	일본			CPU 요소 기술 개발(미)
AV용 IC (범용)	간토(일)	간토(일)	간토(일)	규슈(일)	도호쿠, 규슈(일, 전공정) 말레이시아(후공정)	아시아			
AV용 마이콘 (반주문용)	간토(일)	간토(일)	간토(일)	도호쿠, 규슈(일)	규슈(일)	아시아			소프트웨어 개발 화베이, 화난(중)
모니터용 LSI (주문용)	간토(일)	간토(일)	간토(일)	도호쿠, 규슈(일)	도호쿠, 규슈(일)	일본			요소 기술 개발 (싱가포르)
휴대폰용 카메라 모듈	간토(일)	간토(일)	간토(일)	도호쿠, 규슈(일)	도호쿠, 규슈(일)	아시아			샤시 제조 화베이(중)
아날로그 TV 세트	간토(일)		싱가포르	싱가포르	화베이(중), 자바(인니)	일본, 아시아	일본, 아시아	일본, 아시아	
노트북 PC	간토(일)	간토(일)	간토(일)	간토(일)	간토(일), 대만, 화베이(중), 필리핀	일본, 아시아	전 세계	전 세계	마더 보드 필리핀
HDD	간토(일)	간토(일)	간토(일)	간토(일)	필리핀	전 세계			
DVD 롬 (PC용)	간토(일)	간토(일)	간토(일)	도호쿠, 규슈(일)	필리핀	전 세계			요소 부품 제조 화난(중)

제품	가정용 소비재							
	주요 공정							
	마케팅 (제품 콘셉트)	기초 연구	개발	시험 제작	제조	판매	콜센터	보수
의류용 세제	도쿄, 타이베이, 상하이, 방콕	와카야마	도쿄, 타이베이, 방콕	상하이, 타이베이, 자카르타	상하이, 타이베이, 자카르타	중화권, 아세안 각국	중화권, 아세안 각국	
세안료	도쿄, 타이베이, 상하이, 방콕	도쿄	타이베이, 상하이, 방콕	타이베이, 상하이, 방콕, 자카르타, 호치민	타이베이, 상하이, 방콕, 자카르타, 호치민	중화권, 아세안 각국	중화권, 아세안 각국	
샴푸	방콕	방콕	방콕	방콕	방콕	아세안 각국	아세안 각국	
생리용품	도쿄, 타이베이, 상하이, 방콕	도치기	상하이, 방콕	상하이, 방콕	상하이, 방콕	중화권, 아세안 각국	중화권, 아세안 각국	
종이 기저귀	도쿄, 타이베이, 상하이, 방콕	도치기	상하이, 타이베이, 방콕	상하이, 타이베이, 방콕	상하이, 타이베이, 방콕	중화권, 아세안 각국	중화권, 아세안 각국	
신발 밑창 우레탄	도쿄	와카야마	와카야마	와카야마	광저우	홍콩, 도쿄		홍콩, 도쿄

자료: 経済産業省(2005).

〈부표 2〉 대지진에 따른 서플라이 체인의 피해 상황

	실리콘 웨이퍼	화학품	일렉트로닉스 관련 부소재
소재	생산 비중이 큰 공장의 전공정을 중심으로 일시 정지됨. 현재는 복구를 거쳐 조업을 재개. A사 a공장 세계 점유율: 33%(회사 전체) 생산 상황: 생산 정지, 일부 조업 재개. B사 b공장 세계 점유율: 29%(회사 전체) 생산 상황: 피해로 말미암은 생산 정지, 일부 조업 재개.	초고순도 과산화수소 C사 c공장 국내 점유율: 약 60% 생산 상황: 생산 정지, 설비 피해 없음. 재고 공급과 원료 공장 조기 복구로 대책 강구. 흑연(리튬 이온 전지 부극재) D사 d사업소 세계 점유율: 약 50% 생산 상황: 피해를 본 후 즉각 설비 복구를 거쳐 원료를 조달해 생산 재개. EPDM(자동차 도어 방수, 브레이크 호스, 타이어에 사용) E사 e공장 국내 점유율: 약 20% 생산 상황: 피해를 본 후 설비를 정지함. 설비를 복구하고 원료를 확보해 5월 20일에 생산을 재개할 예정. 폴리프로필렌(자동차용 등) F사 f공장 국내 점유율: 약 20% 생산 상황: 지진 당시에 설비가 긴급 정지됨. 현재 복구 중으로, 재고와 수입으로 대응. 5월 20일에 재개 예정.	극박 전해동박 지진 피해와 계획 정전으로 수많은 전해동박 공장의 생산이 감소함. 현재 복구 후 다시 조업을 개시했는데, 일본 전체 생산량은 지진 전의 약 70%이며, 5월 초순이 되어야 지진 전 수준에 도달할 것으로 예상. G사 ga공장 세계 점유율: 20% 생산 상황: 5월 이후 전면 가동. H사 h공장 세계 점유율: 18% 생산 상황: 복구 종료 후 현재 전면 가동 중으로, 공급 문제없음. ITO 타겟재 G사 gb공장 세계 점유율: 40% 생산 상황: 생산 재개, 순차 재건. 7월 초·중순의 생산량은 지진 전의 80%로, 완전 가동은 7월 말 예정. 인공수정(수정 디바이스) 세계 점유율: 100% 수정 진동자의 전체 후공정은 대부분 기업이 조업을 지속함. 일부 생산이 정지된 전공정이 순차적으로 회복됨에 따라 제품 공급도 회복.
중간 부소재 등	반도체 L사 l공장 세계 점유율: 마이콘 점유율 약 30%(회사 전체) 생산 상황: 300mm 생산 라인과 200mm 생산 라인의 설비를 복구 중. 200mm 생산 라인은 최대한 노력해 예정보다 대폭 조기 재개. M사 ma공장, mb공장 세계 점유율: 2개 공장에서 생산하는 공작기계용 NC용 칩의 점유율 약 50% 생산 상황: 모든 공장의 생산 능력이 100% 복구되어 통상 조업 재개.	반도체 제조 장치 지진 후 여러 사업소에서 생산 재개, 일부는 생산 정지. N사 n공장 지진과 여진으로 건물 설비가 피해를 봄. 5월 초순에 조업을 재개하고, 여타 공장에서 대체 생산. O사 o공장 재해로 생산 정지, 3월 말부터 조업 재개.	I사 i공장 생산 상황: 후공정 1개 피해, 도호쿠 외 지역에서 후공정 가동 중. 피해 공장도 복구되어 완전 가동 중으로, 공급에 문제없음. J사 j공장 생산 상황: 상공정의 설비 피해 확인 후 조업 재개. 후공정은 도호쿠 외 지역에서 전

구분		내용
최종 제품	자동차	국내 생산: 약 57조 엔(출하 기준) 국내 종업원 수: 약 100만 명 생산 상황: 도호쿠 지역 자동차 및 동 부품업체가 다수 피해를 보아서 생산이 축소·정지됨. 일부는 생산 재개. S사: 4월 18일~6월 3일 사이에 차량의 생산을 중단했던 모든 공장에서 생산 재개를 결정. T사: 현재 일부 공장에서 생산 중. 4월 18일부터 국내 주요 공장에서 생산 개시. U사: 4월 11일부터 일부 사륜 완성차의 생산을 재개. 국내 모든 공장이 재가동.
	산업기계	국내 생산: 약 22조 엔(출하 기준) 국내 종업원 수: 86만 명 생산 상황: 지진 후 여러 사업소에서 생산 재개. 일부가 부소재의 공급 차질로 생산 조정 중. 건설기계: 일부 생산이 중지된 후 거의 모든 공장에서 생산 재개
	가전 일렉트로닉스	국내 생산: 약 31조 엔(출하 기준) 국내 종업원 수: 약 75만 명 생산 상황: 일부 생산이 재개되었지만 피해가 큰 사무소와 공장이 다수.
		면 가동. K사 k공장 생산 상황: 상공정은 5월 중순에 생산 개시 예정으로, 국내 및 해외 공장에서 대체 생산 중. 후공정은 도호쿠 외 지역에서 아무런 문제없이 완전 생산 중으로 공급에 문제없음. 일부 특별 주문품은 대체품으로 대응.
	액정 패널	중소형 액정 패널 P사 p공장 세계 점유율: 약 6% 생산 상황: 지진으로 생산 정지 후 전면 조업 재개. Q사 q공장 세계 점유율: 8%(회사 전체) 생산 상황: 지진 후 생산 정지, 일부 생산 재개. 4월 말에 전면 가동 예정.

자료: 経済産業省(2011b).

참고문헌

ヨッシー シェフィ・渡辺研司・黄野/吉博. 2007. 『企業のレジリエンシーと事業継続マネジメントーサプライチェーン途絶!その時企業はどうしたか』. 日刊工業新聞社.

経済産業省. 2005. 『通商白書 2005: 我が国と東アジアの新次元の経済的繁栄に向けて』. ぎょうせい.

_____. 2010. 「平成17年地域間産業連関表」 from http://www.meti.go.jp/statistics/tyo/tiikiio/result/result_02.html

_____. 2011a. 「東日本大震災後の産業実態緊急調査」 from http://www.meti.go.jp/press/2011/04/20110426005/20110426005-2.pdf

_____. 2011b. 被災した企業によるサプライチェーンへの影響について. from http://www.meti.go.jp/press/2011/04/20110426005/20110426005-4.pdf

内閣府. 2011. 「東北地方太平洋沖地震のマクロ経済的影響の分析」 from http://www5.cao.go.jp/keizai3/getsurei/2011/03kaigi.pdf

_____. 2011. 「第1章 大震災後の日本経済」. 『平成23年版 経済財政白書 縮刷版』. 佐伯印刷.

大塚哲洋・市川雄介. 2010. 「日本型サプライチェーンをどう評価すべきか」. ≪みずほ総研論集≫, 2001年3号.

藤本隆宏・東京大学21世紀COEものづくり経営研究センター. 2007. 『ものづくり経営学: 製造業を超える生産思想』. 光文社.

藤本隆宏・西口敏弘・伊藤秀史. 1998. 『サプライヤー・システム: 新しい企業間関係を創る』. 有斐閣.

藤本隆宏. 1997. 『生産システムの進化論: トヨタ自動車に見る組織能力と創発プロセス』. 有斐閣.

_____. 2003. 『生産構築競争: 日本の自動車産業はなぜ強いのか』. 中公新書.

_____. 2004. 『日本のもの造り哲学』. 日本経済新聞社.

_____. 2009. 「アーキテクチャとコーディネーションの経済分析に関する試論」. ≪経済学論集≫, 第75巻第3号.

_____. 2011. 「サプライチェーンの競争力と頑健性: 東日本大震災の教訓と供給の'バーチャル・デュアル化'」 from http://merc.e.u-tokyo.ac.jp/mmrc/dp/pdf/MMRC354_2011.pdf

立本博文・藤本隆宏・富田純一. 2009. 「プロセス産業としての半導体前工程: アーキテクチャ変動のダイナミクス」. 藤本隆宏・桑島健一 編. 『日本型プロセス産業: ものづくり経営

학에 의한 경쟁력분석』. 有斐閣.

武石彰. 2003.『分業と競争: 競争優位のアウトソーシング・マネジメント』. 有斐閣.

百嶋徹.「スマイルカーブ現象の検証と立地競争力の国際比較~我が国製造業のサプライチェーンに関するミクロ分析と政策的インプリケーション~」.≪ニッセイ基礎研所報≫, Vol. 46.

社団法人 日本機械工業連合会・財団法人 日本立地センター. 2010.「平成21年度東北地域における自動車関連産業集積の展開方向性と立地可能性に関する調査研究報告書」, from http://www.jmf.or.jp/japanese/houkokusho/kensaku/pdf/2010/21kodoka_09.pdf

小峰隆夫. 2011.「巨大地震の経済的影響をどう考えるか」,≪日経ビジネスオンライン≫ from http://business.nikkeibp.co.jp/article/money/20110322/219083/?bpnet&rt=nocnt

安部忠彦. 2011.「東日本大震災の日本経済に与える影響と教訓(5): 東日本大震災後の日本産業への提言」from http://jp.fujitsu.com/group/fri/column/opinion/201103/2011-3-6.html

野口悠紀雄. 2011.『大震災後の日本経済』. ダイヤモンド社.

日本経済の新たな成長の実現を考える自動車戦略研究会. 2011.「中間とりまとめ」from http://www.meti.go.jp/press/2011/06/20110615002/20110615002-4.pdf

日本貿易振興機構(ジェトロ) 海外調査部 アジア大洋州課・中国北アジア課 2011「在アジア・オセアニア日系企業活動実態調査」from http://www.jetro.go.jp/jfile/report/07000732/asia_oceania_enterprises.pdf

財団法人 日本立地センター 東日本大震災復興支援本部. 2011.「東日本大震災・電力不足等による生産機能の影響について-全国主要製造業6000社への緊急アンケート調査結果」. from http://www.jilc.or.jp/topics/6000enquete.pdf

田中賢治・上野山智也. 2008.「自然災害リスクマネジメントとサプライチェーン」. from http://www.esri.go.jp/jp/archive/e_dis/e_dis200/e_dis200.pdf

浅沼萬里. 1997.『日本の企業組織・革新的適応メカニズム』. 東洋経済新報社.

黒川文子. 2008.『21世紀の自動車産業戦略』. 税務経理会.

Nishiguchi, Toshihiro. 1994. *Strategic Industrial Sourcing: The Japanese Advantage*. Oxford University Press.

동일본대지진과 일본: 사회적 변화

동일본대지진에 대한 일본 시민사회의 대응 *

정미애

1. 들어가며

2011년 3월 11일, 눈으로 화면을 보면서도 믿기 어려울 정도의 대재해가 일본의 도호쿠 지역을 덮쳤다. 이번 재해는 규모 9.0의 대지진과 뒤이어 닥친 거대한 쓰나미에, 원전 사고까지 겹친 복합 재난이었다.

재해 발생 직후 전 세계의 언론들은 그 어마어마한 참상을 전달하는 데에 급급했다. 그런데 이틀, 사흘이 지나면서 세계의 눈이 대재앙 앞에서 믿기 어려울 정도로 침착하고 질서정연한 일본 국민들에게 쏠리기 시작했다. 일본에서는 대재해가 휩쓴 나라들에서 으레 나타났던 무질서와 약탈 같은 현상은 찾아볼 수 없었다. 이를 두고 전 세계의 매스컴들은 "인류 정신의 진화", "일본의 재발견", "일본은 있다"와 같은 찬사를 보냈고, 어떻게

---

* 이 글은 ≪동서연구≫ 24권 1호(2012년 3월), 141~162쪽에 게재된 것이다.

저 상황에서 저럴 수 있을까 하는 의문으로 그 이유가 무엇인지에 관심을 갖기 시작했다.

그 이유는 긍정적 측면과 부정적 측면으로 나누어 생각해볼 수 있다. 가장 먼저 꼽고 싶은 긍정적 이유는 일본이 발달된 민주주의 국가이고, 그 구성원인 일본인들은 성숙한 민주 시민 의식을 갖고 있다는 것이다. 그들은 무질서가 발생할 수밖에 없는 재난 상황 속에서 민주시민의 자세가 무엇인지를 세계에 보여주었다. '잃어버린 20년'에도 마르지 않은 일본의 '사회적 자본'이 힘을 발휘한 것이다.

이에 더해 일본인들이 침착하게 대응한 이유를 역사적·문화적 전통에서 찾는 시각도 많다. 예를 들면 자기 자신보다 사회 전체를 중시하는 집단주의 의식, 이웃이나 동료와 함께 기쁨과 아픔을 나누는 동료(나카마, 仲間) 의식, 남에게 폐를 끼치지 않으려고 노력하는 이른바 '메이와쿠(迷惑)' 문화 등이 그것이다.

그러나 역사적·문화적 전통은 동전의 양면과도 같다. 그것은 긍정적으로 보면 긍정적이지만 부정적으로 보면 얼마든지 부정적으로 평가할 수도 있기 때문이다. 일본에는 에도 시대부터 촌락공동체의 규칙이나 질서를 어긴 자를 상대로 '공동 절교'하는, 즉 마을 전체가 그를 따돌리는 무라하치부(村八分)라고 하는 풍습이 있어왔다. 1909년에 일본 대심원은 무라하치부는 협박 혹은 명예훼손이라는 판결을 내렸지만, 실제로 공동체의 규범을 어긴 자가 제재를 당하는 암묵적 규범은 여전히 일본 사회에 강하게 자리하고 있다. 재난을 당해 모두가 어려운 때에 나만 잘 살려고 하다가는 결국 공동체의 일원으로 살아갈 수 없다는 것을 일본인들은 너무나 잘 알고 있다. 역설적이지만 일본 사회에서 공동체의 일원으로 살아가려면 이타주의야말로 최선의 이기주의라는 것이다.

그러나 대재난 앞에서 일본인들이 보여준 침착함과 질서는 공동체에서 이탈하면 안 된다는 두려움 때문이 결코 아니다. 슈퍼마켓 앞에, 주유소 앞에, 피난소의 배급대 앞에 줄을 서는 것과 같은 놀라운 질서 의식과 인내심은 사회 전체를 유지하려면 사회 구성원으로서 규범을 준수해야 하고 그렇게 함으로써 모두가 함께 살 수 있다는 것을 일본인들이 잘 알기 때문이다. 따돌림으로서의 공동체주의가 아니라 공생·공존의 공동체주의가 자발적으로 발현된 것이라 할 수 있다.

공생·공존의 공동체주의는 재해 복구를 지원하기 위한 적극적 움직임으로도 나타났다. 1995년에 오사카·고베 지역을 중심으로 발생한 한신·아와지대지진 이후 일본에서는 자연재해가 발생하면 다수의 볼런티어가 신속하게 피해 지역으로 달려가 이재민을 돕고 피해 지역의 복구를 지원하는 것이 시민문화로 자리 잡아왔다.

이번 동일본대지진에서도 일본 시민사회의 성숙한 문화는 어김없이 발휘되었다. 중앙정부가 위기 상황에서 위기 대응 능력의 한계를 보여준 반면, 시민사회는 중앙정부보다 조직적이고 신속하게 움직였다. 이를 통해 제3섹터로서 시민사회의 거버넌스가 다시금 조명받고 있다.

한편 일본 시민들이 마냥 '조용하고 침착'하기만 한 것은 아니었다. 애드보커시(advocacy) 활동이 취약해 한국 시민사회 일각에서 '죽은 시민의 사회'라고 비판하기도 했던 일본 시민사회는 동일본대지진 이후 서서히 변화의 움직임을 보이고 있다. 후쿠시마 원전 사고로 원전의 '안전 신화'가 붕괴되고 정치권에 대한 신뢰가 더욱 저하되면서 시민들이 거리로 나오고 있는 것이다. 일본의 반원전 시위는 동일본대지진이 발생한 지 한 달 뒤인 4월 10일에 도쿄에서 약 1만 5,000명이 참가한 것을 시작으로, 후쿠시마 원전 사고 발생 6개월째를 맞은 9월 19일에는 약 5만 명(시위대 추산)이 참가하는 대규모 시위가 벌어졌다. 도심에서 수만 명 규모의 시위가 벌어진 것은 1960년 안보투쟁 이후 거의 처음 있는 일이다.

동일본대지진에 대해 이를 학문적 차원에서 접근한 연구는 일본에서조차 아직 거의 없는 실정이다. 일본 국회도서관 검색 시스템을 이용해 '동일본대지진' 관련 문헌을 검색한 결과 2012년 1월 30일 현재 127건이 검색되었지만, 이들 관련 문헌들은 피해자 또는 자원봉사 활동 참가자의 수기, 기자의 르포·사진집, 지진과 원전에 관한 건축공학·지질공학·원자력공학 등의 공학적 접근, 지진 이후의 신체적·정신적 건강에 대한 의료·보건 복지 차원의 접근 등이 주를 이룬다. 이상의 출판물 외에 현재 출판된 서적 중 사회과학적인 연구 성과물은 동일본대지진 이후의 일본 경제 전망을 분석한 오사와 마사치(大澤眞幸)·이와이 가쓰토(岩井克人)의 『3·11 後の日本経済』, 동일본대지진 이후 일본 사회의 변화를 다각도로 분석한 엔도 가오루(遠藤薫) 편저의 『大震災後の社会学』, 위기관리에 대한 일본 정치 리더십의 문제점을 지적한 다케나카 헤이조·후나바시 요이치(船橋洋一) 편저의 『日本大災害の教訓: 複合危機とリスク管理』를 꼽을 수 있다.

따라서 이 글은 주로 신문기사와 인터넷 정보에 기초해 동일본대지진 발생 이후에 나타난 일본 시민사회의 대응 상황을 살펴보고, 그 시사점과 한계를 고찰함으로써 동일본대지진 이후 일본 시민사회를 거버넌스적 관점에서 재조명하며, 아울러 이에 따른 일본 사회의 변화를 전망해보고자 한다.

2. 동일본대지진에 관한 시민사회의 대응 양상

2011년 5월 30일의 내각부 긴급재해대책본부 발표에 따르면, 동일본대지진의 피해 상황은 〈표 6-1〉과 같다.

동일본대지진과 관련한 자원봉사 활동의 정보는 피해 지역 현지의 사

〈표 6-1〉 동일본대지진의 피해 상황

(2011년 5월 30일 현재)

인적 피해		건축물 피해	
사망자	1만 5,270명	완전 파괴	10만 7,696호
행방불명	8,499명	부분 파괴	6만 2,842호
부상자	5,363명	일부 손괴	29만 7,206호

자료: 内閣府 緊急災害対策本部(2011).

회복지협의회 홈페이지를 비롯해 다음의 관련 홈페이지에서 정보를 제공하고 있다.

- 다스케아이(助けあい)재팬: 내각관방진재(震災)볼런티어연계실과 시민사회의 연계 프로젝트[1]
- 전국사회복지협의회 재해볼런티어센터[2]
- 동일본대지진지원전국네트워크(이하 '전국네트워크'): 동일본대지진 피해자를 지원하려고 결성된 시민단체의 전국적 네트워크 조직[3]

앞에서 언급한 조직 중에서 '다스케아이재팬'과 '재해볼런티어센터'는 공적 부문(public sector)과 자발적 부문(voluntary sector)의 협력 모델이다. '다스케아이재팬'은 중앙정부와 시민사회가 연계한 것이고, '재해볼런티어센터'는 지방자치단체와 시민사회가 연계해 활동한다. 이에 반해 '전국네트워크'는 명실상부한 시민의 자발적 조직(VO: Voluntary Organization)이다. 이하에서는 공적 부문과 시민사회의 협력 조직인 '재해볼런티어센터'

---

[1] http://tasukeaijapan.jp
[2] http://www.saigaivc.com
[3] http://www.jpn-civil.net

와 자발적 조직인 '전국네트워크'가 동일본대지진에서 활동한 내용을 살펴본다. 또한 동일본대지진 발생 직후 가장 신속한 대응을 보인 일본 최대의 소비자 조직인 일본생협연합회에 초점을 맞추어 동일본대지진에서 보여준 지원 내용과 신속한 대응의 배경을 조명한다.

1) 공적 부문과 시민사회의 협력: 재해볼런티어센터

동일본대지진 이후 피해 주민을 지원하고 피해 지역을 복구하기 위해 〈표 6-2〉에서처럼 '재해볼런티어센터' 79개가 설치되어 재해 복구의 중심적 역할을 하고 있다.

'재해볼런티어센터'는 교토 부, 사가 현, 지바 현과 같이 상설 조직으로 설치한 지자체도 있지만, 주로 재해가 발생했을 때 자원봉사 활동을 효율적으로 추진하기 위해 조직된다. 상설 조직의 경우는 평소 볼런티어 교육 및 재해 예방 훈련 등을 시행하지만, 대부분은 재해 발생 후 설치되어 피해 지역의 상황 파악, 볼런티어 접수, 피해 지역과 자원봉사 활동 참가자 간의 인원 조정 등을 담당한다.

'재해볼런티어센터'는 1995년 한신·아와지대지진과 1997년 러시아 선적 나호토카호의 중유 유출 사고 당시 활동했던 볼런티어 대부분이 자원봉사 경험이 거의 없는 초심자였다는 점에 주목해, 자원봉사 활동을 효율적으로 하려면 이를 조정할 조직이 필요하다는 판단으로 만들어졌다.

'재해볼런티어센터'는 설치자와 운영자에 따라 세 가지 유형이 있다.

① 행정기관·공적기관이 설치하고 운영(공설 공영)
② 재해 볼런티어나 NGO가 설치하고 운영(민설 민영)
③ 행정기관·공적기관이 설치하고 재해 볼런티어나 NGO가 운영(공설 민영)

최근에 설치되는 것은 대부분이 공설민영의 형태를 취한다.

동일본대지진 발생 이후 각 시정촌에 설치된 '재해볼런티어센터'를 경유해 활동한 볼런티어 수는 〈표 6-3〉과 같다. 2011년 5월 30일 현재 이와테 현, 미야기 현, 후쿠시마 현 등 세 현에서 활동한 볼런티어는 연인원 36만 6,000명을 넘었다. 특히 주목할 것은 지진 발생 이후 시간이 지날수록 볼런티어수가 지속적으로 증가한다는 것이다. 그 외에도 센터를 경유하지 않고 시민단체 등에서 활동한 볼런티어도 다수가 있으므로, 전체 자원봉사 활동 참가자수는 이보다 훨씬 더 많을 것으로 예상된다.

〈표 6-2〉 재해볼런티어센터 설치 상황
(2011년 5월 30일 현재)

설치 지역	수
아오모리 현	1
이와테 현	22
미야기 현	12
센다이 시	3
후쿠시마 현	30
이바라키 현	8
도치기 현	2
나가노 현	1
계	79

자료: http://www.saigaivc.com

자원봉사를 희망하는 사람이 너무 많아 '내각관방진재볼런티어연계실'은 일본 최대의 연휴인 이른바 '골든 위크'가 시작되는 4월 29일에서 5월 8일까지 열흘간 볼런티어가 급증할 것으로 전망하고, 골든 위크가 시작하기 전날인 4월 28일에 "자원봉사 활동을 하기 위해 자가용으로 피해 지역을 방문하는 것은 극심한 정체를 초래하므로 삼가 달라"라는 당부의 성명을 발표하기까지 했다(≪朝日新聞≫, 2011.4.28).

'재해볼런티어센터'는 이상과 같이 재해 시에 피해 지역 간에, 그리고 피해 지역과 자원봉사 활동 참가 희망자 간에 발생하는 불균형 문제를 최소화하기 위한 조직이다. 자원봉사 활동의 접수 창구를 각 시구정촌의 '재해볼런티어센터'로 일원화함으로써 피해 지역의 수요와 공급할 수 있는 볼런티어 수를 파악해 적절하게 배치하고 피해 지역을 지원하는 활동이 원활하도록 조정하는 것이 '재해볼런티어센터'의 가장 중요한 역할이다.

〈표 6-3〉 재해볼런티어센터에서 접수한 볼런티어수의 추이

(2011년 5월 30일 현재)

월별 볼런티어 수				
	이와테 현	미야기 현	후쿠시마 현	3현 합계
3월	11,900	26,500	15,700	54,200
4월	34,800	92,500	20,400	147,800
5월	46,500	88,000	29,800	164,200
누계	93,200	207,200	65,900	366,300
주별 볼런티어 수(각각 월요일부터 일요일까지)				
	이와테 현	미야기 현	후쿠시마 현	3현 합계
3월 11일~3월 13일	200	0	300	500
~3월 20일(일)	3,000	5,600	3,400	12,000
~3월 27일(일)	5,400	12,600	9,700	27,600
~4월 3일(일)	6,200	17,400	4,700	28,300
~4월 10일(일)	6,900	19,100	4,900	30,900
~4월 17일(일)	8,600	22,900	4,400	36,000
~4월 24일(일)	8,000	20,200	3,300	31,500
~5월 1일(일)	10,600	27,000	7,400	45,000
~5월 8일(일)	13,200	28,700	11,800	53,600
~5월 15일(일)	9,300	19,200	6,000	34,500
~5월 22일(일)	9,900	17,300	5,800	33,000
~5월 29일(일)	10,100	16,000	4,200	30,300
재해 발생으로부터 1개월 단위의 누계				
	이와테 현	미야기 현	후쿠시마 현	3현 합계
4월 11일(월)	23,000	57,000	23,400	103,500
5월 11일(수)	41,400	102,900	28,400	172,800

자료: Retrieved June 10, 2011, http://www.saigaivc.com/ボランティア活動者数の推移/

2) 시민사회의 자발적 조직

(1) 동일본대지진지원전국네트워크

'재해볼런티어센터'가 반관반민(半官半民)의 형태를 띤 조직인 데에 반해, 시민사회의 자발적 조직으로는 '동일본대지진지원전국네트워크'[4](이하 '전국네트워크'로 줄임)가 있다.

한신·아와지대지진 이래 시민단체는 피해자 지원에서 큰 힘을 발휘해왔다. 일본 시민사회는 동일본대지진의 피해가 너무나 커서 각 단체의 개별적 행동으로는 지원이 닿지 않는 지역이 나오는 등 시민단체의 지원이 효과적으로 발휘되지 않을 수 있다고 판단하고 재해 지원에 관련된 NPO·NGO를 비롯한 민간단체를 연계해 전국적 네트워크를 설립했다.

지진 발생 사흘 뒤인 3월 14일에 재해 볼런티어 관련 단체들이 먼저 회합을 가진 뒤 3월 30일에 설립총회를 개최하면서 '전국네트워크'가 정식으로 출범했다. '전국네트워크'는 동일본대지진의 피해자를 지원하고자 결성된 전국 재해 지원 관련 NPO·NGO 등 민간단체의 네트워크로, 출범 당시인 2011년 3월에는 526개 단체가 참가했으나, 2012년 1월 현재는 참가 단체가 714개 단체에 이른다.

참가 단체의 리더 역할을 하는 대표 단체는 다음 세 단체가 맡고 있다.

① 'Rescue Stock Yard'(1995년 설립, 나고야 시 소재)[5]
② '일본NPO센터'(1996년 설립, 도쿄 소재)[6]
③ '퍼져라 볼런티어(広がれボランティアの輪) 연락회의'(1994년 결성, 도쿄 소재, 전국사회복지협의회 전국볼런티어·시민활동진흥센터가 사무국을 담당).

'전국네트워크'는 다음 9개 팀으로 구성되어 매우 조직적으로 활동한다.

---

4 http://www.jpn-civil.net/
5 http://rsy-nagoya.com/rsy/
6 http://www.jnpoc.ne.jp/

① 자금팀: 기부금을 효과적·효율적으로 활용할 수 있도록 단체 간 연계
② 지역 네트워크팀: 피해자 지원 활동을 하는 각 지역의 지원 단체·개인 네트워크의 창구
③ 제도팀: 규제 완화 및 재해 관련 제도 요망 등 정부와의 연계
④ 가이드라인팀: 자원봉사를 하거나 지원 물자를 보내는 등의 활동에서 지켜야 하는 일정의 공통 규칙을 작성·제공
⑤ 젠더·다양성팀: 편부모 가정, 성적 소수자, 고령자, 외국인 등 지원이 잘 닿지 않는 사람들을 지원하기 위한 환경 정비
⑥ 국제팀: 일본 국내의 NGO, 재일 외국 NGO 등에 정보 제공
⑦ 청년팀: 학생·청년이 활동하기 쉬운 환경 정비
⑧ 정보팀: 재해 지원을 하고자 하는 자·단체에 필요한 현황 정보 등을 제공
⑨ 홍보팀: 기자회견, 취재 대응, 미디어 대응 정보 수집 등

한편 '전국네트워크'는 지원 방식을 ① 자원봉사, ② 지원 물자 보내기, ③ 지원금의 세 가지로 나누어 대응하고 있으며, 전국의 지원 상황을 홈페이지의 '지원 상황 맵(map)'을 통해 알기 쉽게 제공함으로써 봉사 활동 지원자들이 자신의 상황과 형편에 따라 지원 방식과 활동 지역, 시기 등을 결정하는 데에 필요한 다양한 정보를 제공하고 있다.

(2) 일본생협연합회

일본 최대의 소비자 조직이며 전국 조합원이 2,500만 가구가 넘는 일본생협연합회(JCCU)와 회원 생협은 지진 발생 후 30분 만에 대책본부를 마련하고 피해 지역의 상황에 관한 정보 수집과 지원 물자 공급 준비를 개시했다(日本生活協同組合連合会, 2011).[7] 가장 먼저 시행한 것은 긴급 지원 물자 수송이었다. JCCU는 재해 당일 밤에 우선 필요하다고 생각되는 물자를

〈표 6-4〉 JCCU의 지원 물자 내역

(2011년 4월 6일 현재)

분류	수량	단위	분류	수량	단위
식품	1,715,447	개	건전지	43,812	팩
음료	1,612,421	병	휴대용 가스버너	42,380	개
일용 잡화	938,045	개	속옷	30,016	매
컵라면	705,944	개	냉동식품	29,123	개
빵	690,793	개	마스크	26,260	개
과자	675,321	개	쌀	26,159	부대
신선식품	553,154	개	찹쌀	25,282	부대
바나나	531,100	개	모포	23,598	매
통조림	527,992	개	우유	13,716	팩
물	439,740	병	시트	13,599	매
녹차	297,586	병	기저귀	12,343	팩
스프	289,931	개	침구	11,580	매
레토르트 식품	166,566	개	휴대용 티슈	8,820	개
핫팩	149,667	팩	유아용품	5,088	개
면	78,663	팩	곤로	1,588	개
주스	77,114	병	야채	1,350	상자
즉석밥	75,992	개	화장품	567	개
랩	74,978	개	포스터	550	매
의류	73,920	매	텐트	100	개
티슈	67,778	상자	스토브	53	개
파스타	57,243	팩	가솔린 캔	24	개
화장지	55,688	개	기타	2,760	개
총계				10,173,851	

자료: 日本生活協同組合連合会(2011).

사이타마 현 물류 센터로부터 10톤 트럭 4대분을 보냈다. 물자는 다음날인 3월 12일 아침 7시 40분에 미야기 생협 물류 센터에 도착했다. 이를 시작으로 JCCU가 4월 1일까지 보낸 물자 수송 트럭 수는 1,407대, 지원 물자는 약 1,017만여 점, 파견 인원은 2,802명에 이른다. 〈표 6-4〉는 JCCU가

---

7 일본 생협의 신속한 대응은 한국의 언론에도 보도되었다(김형미, "정부보다 발빠른 지원 '재해있는 곳에 생협있네'", ≪한겨레≫ 2011년 4월 27일 자).

동일본대지진 발생 직후부터 4월 6일까지 약 한 달간 재해 지역에 지원한 물자 내역이다.

재해 지역에 들어간 생협 직원들은 피난소 취사 활동, 고립 지역에 생활 물자를 제공하기 위한 이동 판매 차량 운행, 지역 주민의 생활 안정을 위한 신속한 생협 매장 재건, 조합원 안부 확인 활동 등에 나섰다. 특히 후쿠시마 제1원전 사고의 영향으로 생활 물자 공급이 부족해진 원전에서 가까운 하마도리 지역의 노인 요양 홈, 복지시설, 어린이집 등에는 생협이 먼저 연락을 넣어 부족 물자를 파악해 4월 3일까지 시설 403곳에 쌀, 생수, 음료, 채소 등을 공급했다. 의료복지생협연합회는 3월 말까지 의사 109명을 비롯한 직원 529명을 파견해 피난소 순회 진찰, 가설 진료소 설치, 후쿠시마 제1원전에서 가까운 의료생협의 입원 환자 대피 등을 서둘렀다.

JCCU가 대지진이 발생하자마자 이처럼 신속하게 대응할 수 있었던 배경에는 전국적인 조직망 외에도 두 가지 협정이 유효하게 작용했다.

첫째, 한신·아와지대지진 이후 전국의 생협은 대형 재난에 대비해 각 지방자치단체와 '재해 시 응급 지원 물자 제공 협정'을 체결했다. 협정을 체결한 지자체 수는 2010년 9월 현재 광역 지자체 46곳, 기초 지자체 310곳에 이른다.

둘째, JCCU는 납품 가공업체 72개사와 재해 발생 시 긴급 지원 생활 물자(음료수, 컵라면, 통조림, 휴대용 난방용품, 휴지, 기저귀, 생리대 등 231개 품목)를 우선적으로 JCCU에 납품한다는 '지진 등 대규모 재해 발생 시 상품의 우선 공급에 관한 협정'을 체결하고 있다.

한편 JCCU는 이 같은 협정을 실제 상황에서 어떻게 활용할 것인지에 관한 예상 연습을 매년 조직적으로 벌여왔으므로, 이번 재해 때 신속하고 조직적으로 대응할 수 있었다. 한신·아와지대지진 이후 자연재해 발생 시마다 신속하게 대응해온 생협의 역할을 상징하듯 일본에는 '재해 있는 곳에 생협이!'라는 조어가 생겨났다고 한다.

3. 동일본대지진에 관한 시민사회의 대응에서 주목할 점

1) 새로운 형태의 활동 유형: 볼런티어 버스

동일본대지진에서 나타난 재해볼런티어의 활동 방식에서 특히 주목할 만한 것은 '볼런티어 버스'다. '재해볼런티어센터'와 '전국네트워크'는 홈페이지에 '볼런티어 버스' 코너를 별도로 만들어놓고 '볼런티어 버스 일람'을 출발지별로 정리해 제공하고 있다.[8]

'볼런티어 버스'란 피해 지역이 필요로 하는 활동 내용 및 인원수 등을 공개하면 봉사 활동에 지원한 일정 인원의 볼런티어 개인이나 단체가 비용을 부담하는 형태를 통해 버스로 피해 지역을 방문하거나 혹은 숙박하면서 활동하는 새로운 형태의 자원봉사 활동이다. 버스의 수배를 비롯해 활동에 필요한 도구와 숙식 등은 물론 모두 볼런티어가 준비해야 한다. 피해 지역의 재해볼런티어센터와 행정관청은 '볼런티어 버스'가 도착했을 때 효율적으로 활동할 수 있도록 버스 주차장, 집합 장소, 해산 시간, 해산 장소, 작업 분담 등에 관한 사전 준비를 해둔다. '볼런티어 버스'는 이번 동일본대지진처럼 특히 피해가 심각해 도움의 손길은 절실하지만, 자원봉사자들이 방문하더라도 숙식할 수 있는 공간이나 식자재조차 부족한 열악한 상황에서 자원봉사자의 방문 자체가 오히려 지원 물자를 축내는 '민폐(메

---

8 '전국네트워크'의 볼런티어 버스에 관한 정보는 http://www.jpn-civil.net/volunteer_bus/를 참조하기 바란다.

〈그림 6-1〉 '볼런티어 버스' 모집 광고의 일례

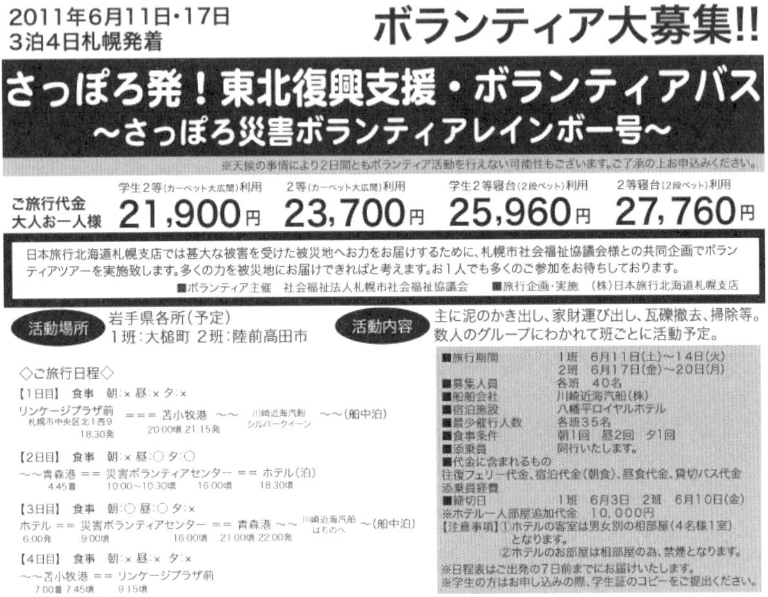

자료: 日本旅行(http://bus.nta.co.jp/), Retrieved June 5, 2011.

이와쿠)'가 될 수 있다는 점을 고려한 데에서 비롯된 것이다.

한편 〈그림 6-1〉은 '전국네트워크'의 활동과는 별개로 민간 여행사가 '여행 상품'으로 기획한 '볼런티어 버스 투어' 광고의 일례다. 광고 내용을 보면 성인 1명의 참가비는 3박 4일에 학생/일반, 공동 침실/2층 침대에 따라 2만 1,900엔에서 2만 7,760엔 사이다. 참가자는 이 비용을 지불하고 재해 지역을 방문해 봉사 활동을 하는 것이다. '볼런티어 버스 투어'는 동일본대지진 이후 거의 모든 여행사에서 인기 상품으로 판매되었다.

이러한 변화를 반영해 2011년 5월 27일에 내각 관방에서는 시민단체와 관광업계를 상대로 피해지에서 볼런티어의 확보와 지역 관광의 진흥을 연계하는 방안을 추진해보라고 관광청에 요청했다. 이에 관광청은 일본여행업협회(JATA: Japan Association of Travel Agents)와 전국여행업협회(ANTA:

All Nippon Travel Agents Association)에 그 취지를 전달하고 회원 기업에 '볼런티어 투어'를 추진하도록 권유했다. 그러나 회원 기업인 일본의 대표적 여행사들[긴키니혼투어리스트, JTB, 다이아몬드 빅(地球の歩き方), 탑투어, 일본여행 등]은 이미 '볼런티어 투어'를 판매하고 있었다. 이에 정부의 의사를 반영해 "앞으로 이와 같은 여행 상품을 더욱 많이 판매해 좀 더 많은 사람이 피해지에서 자원봉사 활동에 참여하고, 아울러 피해지 주변의 관광지를 방문해 피해지의 경제적 부흥에 기여할 수 있도록 하겠다"라고 답변했다. 관광청에서는 내각관방진재볼런티어연계실과 연계해 계속해서 피해지의 볼런티어 활동과 관광 진흥을 세트로 한 '볼런티어 투어'를 적극 추진하겠다고 밝히고 있다.[9]

'볼런티어 버스'는 자원봉사의 원래 의미가 100% 발현된 형태의 활동 유형이라고 평가할 수 있다. 그런데 '볼런티어 버스'가 이처럼 활성화될 수 있었던 이유는 자원봉사 활동이 보편화된 시민문화의 발달과 더불어 기술한 바와 같이 남에게 폐를 끼치지 않으려는 일본적 '메이와쿠 문화'의 절묘한 결합에 있다고 생각한다. 동일본대지진을 계기로 '볼런티어 버스'는 새로운 형태의 자원봉사 유형으로 자리 잡아가고 있다.

다만 아쉬운 점은 시민사회의 창의성과 자발성에서 비롯된 '볼런티어 버스'에 정부와 기업이 편승한다는 점이다. 물론 정부의 적극적 지지와 기업의 상품화를 통해 '볼런티어 버스'가 더욱 보급·정착될 수 있다는 점은 부정할 수 없다. 그러나 '볼런티어 버스'를 장려하고자 한다면 정부는 관광업계에 상품의 개발과 판매를 요청하기보다, 행정관청에 '볼런티어 버스' 참가자들이 효율적으로 활동할 수 있도록 하는 지원 매뉴얼을 제공하

---

9 관광청에 게재된 일본 국내 여행사들의 '볼런티어 투어' 상품 소개는 다음 문서에서 확인할 수 있다. http://www.mlit.go.jp/common/000146699.pdf

고 기반 정비를 지시하는 것이 더 바람직할 것이다. 관광업계 또한 마찬가지다. 재해 상황에서 봉사 활동을 상품화해 판매함으로써 영리를 추구하기보다 버스를 무상 혹은 저렴하게 제공하는 것이 기업의 '사회적 책임'이라고 생각한다.

2) 자원봉사 활동의 효율성을 높이기 위한 기반 정비: 수원력

자원봉사 활동을 하는 것도 중요하다. 그러나 볼런티어를 적재적소에 배치(coordinate)하고 그들의 활동을 지원(support)하는 것도 매우 중요하다. 일본에서는 이를 '수원력(受援力)'이라고 부르는데 내각부에서는 「방재 볼런티어 활동의 다양한 지원 활동을 받아들이는 지역의 '수원력'을 높이기 위해」라는 팸플릿[10]을 별도로 제작해 배포했다. 이처럼 자원봉사 활동이 원활하게 이루어지려면 자원봉사자나 자원봉사 단체뿐만 아니라 이를 받아들이는 측의 체제 정비가 매우 중요하다.

더욱이 동일본대지진에서는 '재해볼런티어센터'에 피해자의 요청이 쇄도하는데도 센터 홈페이지에는 '현재는 시내에 거주하는 볼런티어만 접수', '가솔린, 식료품 등을 지참한 자에 한함'이라고 되어 있는 사례가 많았다. 한편 현 바깥에서도 볼런티어를 받아들였던 지역의 경우, 볼런티어 희망자가 너무 많아 조정력이 한계에 달해 현내 거주자로 제한한 센터도 있었다.

피해가 큰 지역일수록 볼런티어의 손길을 간절하게 기다리지만, 현실은 정반대로 피해가 큰 지역일수록 볼런티어를 받아들일 태세가 되어 있

---

10 內閣府(防災担当), 「地域の'受援力'を高めるために」(2010) from http://www.bousai-vol.go.jp/juenryoku/juenryoku.pdf

지 않은 곳이 많다. 쓰나미의 피해가 컸던 게센누마 시의 사회복지협의회 사무국장은 "자원봉사를 지원하는 사람도, 지원이 필요한 사람도 많은 것은 알지만, 남아 있는 건물 중 상당수가 붕괴 위험이 있는 상태에서 볼런티어를 받아들일 수는 없다"라고 하면서 괴로운 심경을 털어놨다(≪朝日新聞≫, 2011.3.28).

이와테 현처럼 미야기 현에 비해 현 바깥의 볼런티어를 받아들일 기반이 정비되지 않아 지진이 발생하고 거의 한 달이 되어가도록 볼런티어를 받아들이지 못한 지역도 있었다(≪朝日新聞≫, 2011.4.4).

한편 골든 위크 첫째 날인 4월 29일에는 일본 정부가 볼런티어의 급증을 우려해 "자원봉사 활동을 자제해줄 것을 당부"했는데도 미야기 현에는 너무 많은 볼런티어가 몰려 '재해볼런티어센터'에서는 스태프 45명이 볼런티어에 대응하다 결국 4월 29일 골든 위크 기간 중의 자원봉사 신규 접수를 중지할 정도였다. 반면에 이와테 현과 후쿠시마 현의 볼런티어 센터에서는 일손이 부족해 볼런티어의 참가를 호소하기도 했다(≪朝日新聞≫, 2011.4.30).

4. 재해 지원을 위한 인프라: 재팬플랫폼

2011년 5월 30일 내각부 긴급재해대책본부의 발표[11]에 따르면 동일본대지진에 대한 외국의 지원 상황은 〈표 6-5〉와 같다. 지금까지 163개 국가·지역 및 43개 국제기관의 지원이 있었다.

---

11 内閣府 緊急災害対策本部, 「平成23年(2011年)東北地方太平洋沖地震(東日本大震災)について」 from http://www.kantei.go.jp/saigai/pdf/201109201700jisin.pdf

〈표 6-5〉 동일본대지진에 대한 외국의 지원 상황

(2011년 5월 30일 현재)

미군의 지원	외국의 지원
항공모함·함선 약 20척 항공기 약 160기 인원 약 2만 명 이상	해외 지원 159개 국가·지역 및 43개 기관이 지원 표명 구조대 28개 국가·지역·기관 구조 물자 55개 국가·지역·기관 기부금 80개 국가·지역·기관으로부터 수령

자료: 内閣府 緊急災害対策本部(2011).

 일본은 외국에 재해가 발생했을 때 가장 먼저 구호팀과 구호물자를 보내는 나라로 잘 알려져 있다. 2008년 중국 쓰촨성 지진, 2009년 아이티 지진과 칠레 지진 당시에도 일본은 신속하게 지원에 나섰다. 더욱이 UN 아이티 특별대사사무소(OSE: Office of the Special Envoy)에 따르면, 아이티에 재건 비용을 기부하기로 약속했던 국가 중 상당수가 약속을 제대로 이행하지 않은 가운데 1억 달러를 내겠다고 한 일본이 9,160만 달러를 전달해 91.6%로 이행률이 가장 높았다고 한다(브라질 70.9%, 스페인 62.6%, 캐나다 55.9% 순; 연합뉴스, 2011.6.2). 실제로 일본은 그동안의 '재해 외교'와 ODA 공여가 이번 동일본대지진에 대한 국제사회의 지원으로 이어졌다고 자평했다.

 동일본대지진이 발생하자 한국은 다음날인 3월 12일 구조대원 5명과 구조견 2마리를 보냈고, 이틀 뒤인 14일에는 119 구조대원 102명을 추가로 지원했다. 국제사회의 대응 중 가장 빠른 지원이었다. 그러나 첫 번째 지원이 구조견 두 마리였던 탓에 뒤이은 102명이나 되는 구조대원의 추가 지원이 무색해진 것은 부정하기 어렵다. 지진이 발생하고 3일 안에 구조대원을 파견한 국가는 한국을 포함해 미국, 싱가포르, 중국, 스위스, 독일의 7개국이다.

 지금 지구촌은 수많은 분쟁과 자연재해로 몸살을 앓고 있다. 앞으로는 분쟁 지역이나 재해 지역에서 각국 정부의 평화 구축 활동이나 인도적 지원 활동이 좀 더 적극적으로 추진될 것이다. 분쟁 지역과 재해 지역에서 평화 구축 활동과 인도적 지원 활동을 하는 것은 자국을 국제사회에 알리는 매우 유효한 외교수단이기 때문이다.

여기서는 지진 피해국 일본에서 피해 지원국 일본으로 논의의 관점을 바꾸어 '재해 외교'의 선두주자인 일본을 조명해보고자 한다. 일본이 '재해 외교'에서 두각을 드러낼 수 있는 것은 '재팬플랫폼(JPF: Japan Platform)'이라는 인프라가 구축되어 있기 때문이다.[12]

JPF는 자연재해나 국제분쟁으로 난민이 발생했을 때 긴급 원조를 좀 더 효율적이고 신속하게 시행하기 위한 토대(platform)로서 2000년에 설립된 국제 인도적 지원 조직이다. 정부·재계·NGO의 삼위일체로 이루어진 즉시 대응 체제로, 외무성·경제계·NGO가 각각의 특성과 자원을 살려 협력하고 연계해 파트너십을 형성한다. 즉, JPF는 일본 ODA의 대응 체제를 강화하고자 만들어진 조직이다. JPF에는 2008년 8월 현재 일본의 NGO 30개 단체가 참가하고 있고, 경제계도 '일본 게이단렌 1%클럽'[13]이 중심이 되어 JPF를 지원하고 있다.

JPF를 발족하는 배경이 된 것은 1999년 코소보 분쟁으로 일어난 난민 사태다. 코소보에서는 1999년 4월에 시작된 NATO의 공습을 계기로 알바니아계 주민에 대한 학살이 격화되어 약 50만 명의 난민이 주변 국가로 유

---

12 상세한 내용은 JPF 홈페이지(www.japanplatform.org)와 鄭美愛, 「日本のODAと国際協力NGOとの関係」, ≪日本研究≫, 第41号(2009), pp. 130~132를 참조하기 바란다.
13 게이단렌은 1986년과 1989년 2회에 걸쳐 구미에 사회공헌조사단을 파견해 미국에 '1%클럽'과 '3%클럽' 등 이른바 '퍼센트 클럽'이라는 것이 확인하고 1990년 11월에 176개사의 법인 회원으로 구성된 '1%클럽'을 정식으로 설립했다. 법인 회원은 경상이익의 1% 이상, 개인 회원은 가처분소득의 1% 이상을 사회 공헌 활동을 위해 거출한다. 2010년 5월 현재 법인 회원 234개사, 개인 회원 940명이 있다(http://www.keidanren.or.jp/japanese/profile/1p-club/index.html).

출되었다. 그 직후 일본의 몇몇 NGO 단체가 코소보 난민 지원을 검토하기 시작했다. 난민 캠프를 운영하려면 피난소 설치부터 식량 배포, 의료, 쓰레기 처리, 위생 관리, 사회 서비스 제공과 같은 다양한 부분에 걸친 지원 활동을 포괄적이면서 긴급하게 하지 않으면 안 된다. 그러나 일본의 NGO에는 그 정도의 지원을 단독으로 할 수 있을 만큼의 재정적 기반이 충분하지 않았고, 현장에서 경험을 쌓은 인재가 부족한 상황이라 NGO 단독으로는 지원 활동을 효과적으로 시행할 수 없다는 것을 깨닫게 되었다. 이에 따라 일본의 4개 NGO가 합동으로 알바니아에 '캠프 재팬'이라는 코소보 난민을 위한 캠프를 설치하고 긴급 인도적 원조를 시행하기로 계획했다. 이 계획은 공습 종료에 따라 난민들이 코소보로 귀환함으로써 실현되지 못했다. 그러나 '캠프 재팬' 계획의 경험에서 긴급 원조 시행에 관한 교훈 몇 가지를 얻을 수 있었다.

'캠프 재팬' 계획에서는 위기가 발생한 직후 NGO가 현지에 들어가 수요 조사 및 캠프 운영 준비를 할 수 있었으므로 구체적 계획을 신속하게 작성할 수 있었다. 이는 정부기관보다 외교적·정치적 제약이 적은 민간 단체인 NGO이므로 가능했던 것이다.

또한 여러 NGO와 정부가 협력함으로써 서로의 약점을 보완하는 방법을 모색했는데, 그 과정에서 국제적으로 통용되는 지원 활동을 하려면 NGO와 정부 간의 협력뿐만 아니라 경제계, 언론, 지식인 등 서로 다른 분야의 행위자들과 협력하는 것이 반드시 필요하다는 것을 인식했다.

이러한 '캠프 재팬' 계획의 교훈으로부터 JPF가 탄생했다. JPF에서는 난민의 대량 발생과 대규모의 자연재해에 대비해서 NGO·민간 기업 등 각 분야의 노하우와 자원을 활용해 긴급 지원 계획을 작성하고 긴급 원조물자를 비축하는 등의 대비 태세를 갖추고 있다. 또한 외무성의 ODA 자금을 활용한 기금 설치와 민간의 기부 모집을 통해 재정적인 기반이 취약한

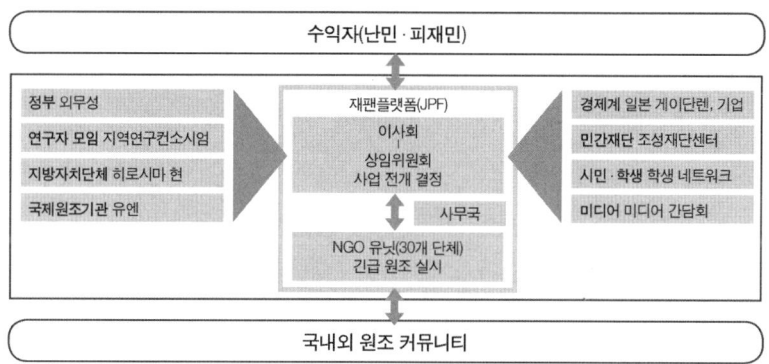

〈그림 6-2〉 재팬플랫폼의 구조

자료: 外務省(2009).

일본의 NGO에 자금을 지원하는 것도 중요한 목적 중 하나다. 〈그림 6-2〉는 JPF의 구조를 도식화한 것이다.

5. 맺음말

동일본대지진에서는 세계 각국의 언론들이 앞 다투어 칭찬했듯이 일본 시민사회의 성숙함이 돋보였다. 특히 기술한 바와 같이 일본의 시민단체들은 위기 상황을 맞아 정부보다 신속하게 움직였고, 피해 지역과 피해 주민의 수요에 맞는 적절한 활동을 펼침으로써 거버넌스의 한 축을 담당하는 시민사회의 역량을 유감없이 보여주었다. 특히 '전국네트워크'의 조직성과 체계성, JCCU의 신속함은 감히 정부를 능가한다고 평가할 만하다.

동일본대지진의 복구 지원 활동에서는 자원봉사 활동 희망자는 쇄도하는데 피해 지역에서 자원봉사자를 받아들일 수 없는 사례가 여럿 발생하면서 '수원력'이 중요한 문제로 부각되었다. 그리고 이러한 상황을 반영해 시민사회적 창의성과 자발성에 기반한 100% 자기책임형의 '볼런티어 버스'가 등장했다. 또한 이에 편승한 '볼런티어 버스 투어'가 상품화되기도 했다.

한편 동일본대지진 이후 복구와 부흥을 위해 '일치단결'이 강조되고 있다. 위기 상황 속에서 사람들은 보수화한다. 위기 극복을 위해 '일치단결'을 외치는 일본인들을 보며, '단결해서 최선을 다하라'는 것만이 용인되는 사회 분위기 속에서 일본 사회의 내셔널리즘이 부활하는 것을 걱정하는 목소리도 들린다(아카이시 치에코, 2011.5.3).

그러나 복구를 향한 일본 시민사회의 움직임이 내셔널리즘으로 부활할 것인지, 시민사회를 한 단계 더 발전시키는 계기가 될 것인지는 아직 분명하지 않다. 따라서 이는 일본 사회의 변화 추이를 주목해야만 하는 중요한 이유이기도 하다.

다만 내셔널리즘의 부활을 걱정하지 않아도 되는 징후들이 나타나면서 낙관적 기대를 품게 한다. 정치에 무관심한 일본 젊은이들이 동일본대지진과 후쿠시마 원전 사고 이후 '데모'에 눈뜨기 시작한 것이다. 중동의 민주화 운동에 영향을 미친 트위터 등 소셜 미디어가 영향력을 발휘하면서 10~30대 젊은이들이 '반원전' 시위에 나서고 있다. 처음 데모에 참가하는 것을 일컬어 이른바 '데모 데뷔'라는 용어가 생겨나기도 했다. 젊은층의 '데모 데뷔'가 후쿠시마 원전 사고 이후 일본 사회의 새로운 현상으로 자리 잡아가고 있는 것이다. 반원전 데모에 참가하는 사람 중 대부분은 노동조합이나 시민단체 등과 무관한 평범한 회사원들이다. 많은 사람이 봉사 활동을 하기 위해 도호쿠 지역으로 향하던, 골든 위크 기간인 4월 30일 도쿄 시내의 시부야 거리에서는 약 1,000명에 달하는 젊은이가 반원전 음악에 맞춰 "원전은 필요없다"라는 구호를 외치며 가두 행진을 벌였다. 이날 시위는 스기나미 구에 거주하는 26세의 회사원 히라노 다이치(平野太一)가

조직했다(≪東京新聞≫ 2011.5.4).

　일반 시민들의 반원전 시위는 점차 확대되어 후쿠시마 원전 사고 6개월째를 맞이한 9월 19일에는 노벨상 수상 작가인 오에 겐자부로(大江健三郎)를 비롯한 유명 인사들도 대거 참여한 가운데 약 5만 명이 참가한 대규모 시위가 벌어졌다.

　3·11 동일본대지진은 일본사에서 매우 불행한 사건으로 기록될 것이지만, 이를 계기로 일본 사회에 변화의 바람이 부는 것만은 분명하다. 그러나 아직은 그 변화의 방향을 가늠하기 어렵다. 다만 1995년 한신·아와지대지진이 발생했던 당시의 변화에 비추어 지금 일본 사회에 이는 변화의 바람이 오른쪽으로 휘몰아치지만은 않을 것이라고 전망해본다. 당시에도 내셔널리즘의 부활을 우려하는 목소리가 있었으나, 오히려 일본 시민사회는 1995년을 계기로 비약적으로 발전했다. 시민단체를 지원하기 위한 법과 제도가 새롭게 정비되었고, 재해 상황에서 언어 소통의 곤란함으로 대피하고 지원을 받는 데에 어려움이 있었던 외국적 주민에게 관심을 갖게 되면서 다문화주의가 보편적 인식으로 자리 잡기 시작했다.

　2011년 이후 일본 사회가 어떻게 변화할지에 관한 전망은 아직 불확실하지만, 한 가지 확실한 것은 1995년이 '볼런티어 원년'으로 기억되는 것처럼 2011년 또한 일본 시민사회의 역사에 분명한 한 획을 긋는 해로 기억될 것이라는 점이다.

참고문헌

≪東京新聞≫(http://www.tokyo-np.co.jp)
≪産経新聞≫(http://sankei.jp.msn.com)
≪여성주의 저널 일다≫(http://www.ildaro.com)
≪朝日新聞≫(http://www.asahi.com)
≪프레시안≫(http://www.pressian.com)
≪한겨레≫(http://www.hani.co.kr)
ジャパン・プラットフォーム(http://www.japanplatform.org)
経団連1%クラブ(http://www.keidanren.or.jp/japanese/profile/1p-club/index.html)
国土交通省 観光庁(http://www.mlit.go.jp/kankocho)
内閣府(災害予防担当)防災ボランティアのページ(http://www.bousai-vol.go.jp)
東日本大震災全国支援ネットワーク(http://www.jpn-civil.net)
首相官邸災害対策ページ(http://www.kantei.go.jp/saigai)
연합뉴스(http://www.yonhapnews.co.kr)
日本生活協同組合連合会(http://jccu.coop)
全社協 被災地支援・災害ボランティア情報(http://www.saigaivc.com)
助け合いジャパン(http://tasukeaijapan.jp)

NPO아시아 도시환경학회. 2011. 『동일본 대지진 이후의 일본재생』. 홍원화 옮김. 기문당.
아카이시 치에코. 2011.5.3. "대지진 이후 부활한 일본의 내셔널리즘: 日 여성신문 〈페민〉이 전하는 현지상황과 여성들 목소리". ≪여성주의 저널 일다≫.
内閣府 緊急災害対策本部. 2011. 「平成23年(2011年)東北地方太平洋沖地震(東日本大震災)について」. from http://www.kantei.go.jp/saigai/pdf/201109201700jisin.pdf
内閣府(防災担当). 2010. 「地域の'受援力'を高めるために」from http://www.bousai-vol.go.jp/juenryoku/juenryoku.pdf
内橋克人 編. 2011. 『大震災のなかで: 私たちは何をすべきか』. 岩波新書.
大澤真幸・岩井克人. 2011. 『3・11後の日本経済』. 左右社.
外務省. 2009. 『政府開発援助(ODA)白書 2008年版 日本の国際協』 from http://www.mofa.go.jp/mofaj/gaiko/oda/shiryo/hakusyo/08_hakusho_pdf/pdfs/08_all.pdf

遠藤薫 編. 2011.『大震災後の社会学』. 講談社.
日本生活協同組合連合会. 2011. 「東日本大震災における生協の支援及び復旧状況のまとめ」. Retrieved June 8, 2011, from http://jccu.coop/info/pressrelease/pdf/press_110406_01_01.pdf
鄭美愛. 2009. 「日本のODAと国際協力NGOとの関係」.『日本研究』第41号.
竹中平蔵・船橋洋一 編. 2011.『日本大災害の教訓:複合危機とリスク管理』. 東洋経済新報社.
中原一歩. 2011.『奇跡の災害ボランティア「石巻モデル」』. 朝日新書.

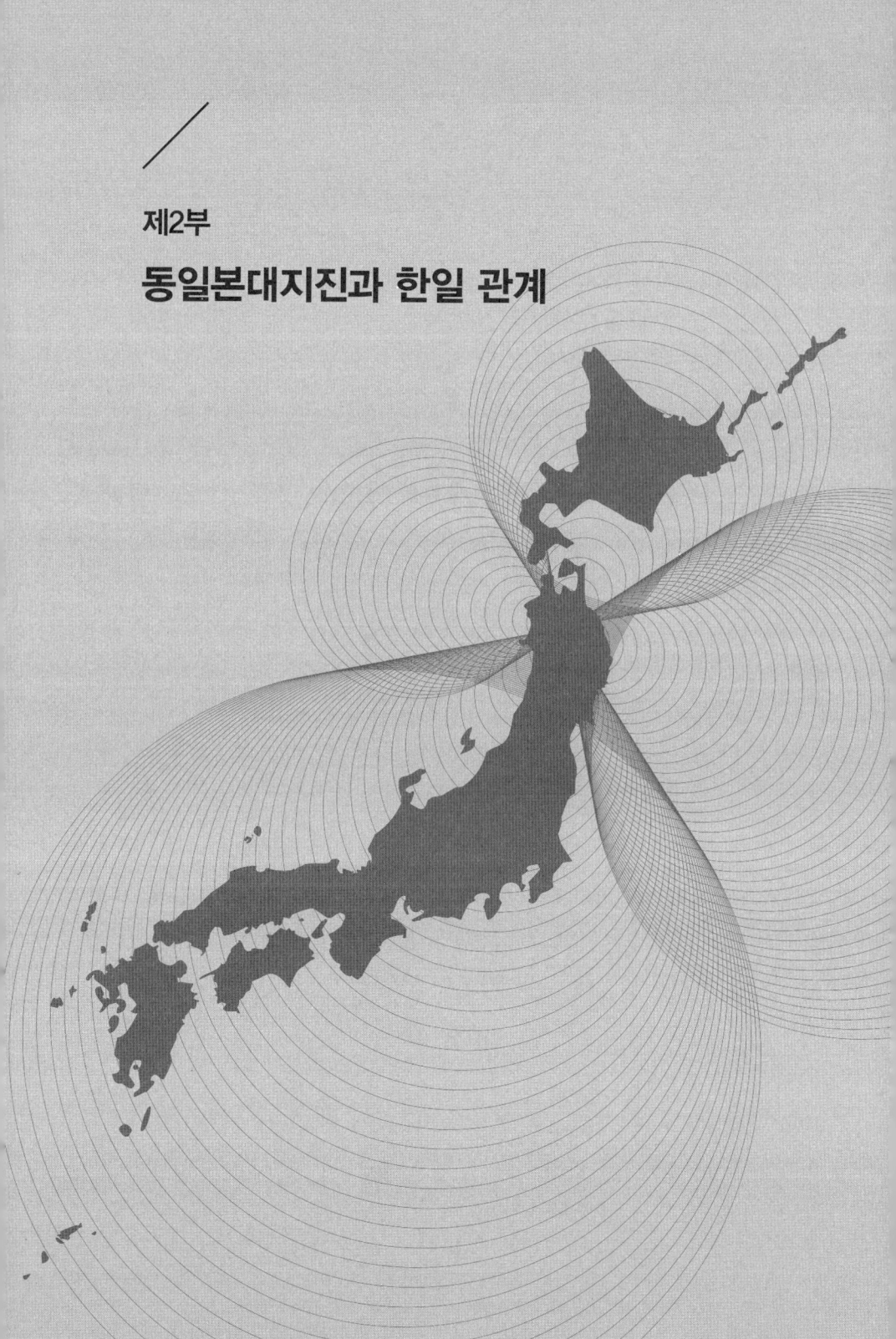

제2부

동일본대지진과 한일 관계

동일본대지진과 한일 관계

동일본대지진 보도와 대일 이미지의 구성*
조선일보와 한겨레신문의 대일 보도 비교분석

문연주

1. 서론

1) 동일본대지진과 재난 보도

작년 3월 11일에 발생한 동일본대지진은 1952년에 러시아 캄차카 반도에서 일어난 지진과 함께 1900년 이후 지구상에서 발생한 역대 네 번째로 강력한 지진으로 기록되었다. 규모 9.0의 대지진과 최고 10m 높이의 해일, 후쿠시마 원전 사고로 이어진 복합 재해는 일본 사회뿐만 아니라 전 세계에 충격을 안겨주었다. 당시 한국 사회가 받은 '충격의 양'은 매스미디어를 통해 보도된 막대한 양의 일본 관련 보도로도 확인할 수 있을 것이다. 지진과 해일의 압도적인 영상과 관련 기사, 보는 이를 긴장과 불안감

---

* 이 글은 ≪일본학보≫ 제92집(2012년 8월), 271~289쪽에 게재된 것임을 밝힌다.

에 빠져들게 했던 후쿠시마 원전 사고의 진행 추이는 미디어를 통해 연일 자세하게 보도되었다. 한편 동일본대지진이 피해 규모가 크고 복합적 재해였던 만큼 이번 재해는 일본 사회의 시스템 전반을 되돌아보는 계기가 되었으며, 한국 사회 내에서도 역지사지의 관점에서 자신을 되돌아보고 점검하는 계기가 되었다. 특히 국내 매스미디어에 동일본대지진은 재난 발생 시 미디어의 역할을 되짚어보고 점검하는 중요한 계기가 되었다.

3·11 이후 1년 동안 국내에서는 미디어의 재난 보도 시스템과 재난 보도의 내용적 문제점에 관한 여러 논의가 있었다. 그와 관련된 논의를 주요 테마별로 살펴보면 크게 3가지로 나눌 수 있다. 먼저 가장 집중적으로 조명되었던 것은 국내 재난방송의 제도와 시스템에 관한 문제 제기였다. 이번 동일본대지진에서 일본의 재난방송이 보여준 초기 대응의 신속함과 안정감 있는 보도는 세계적으로도 극찬을 받았다. 세계 최고 수준의 재난 대책 시스템을 갖춘 일본 사회는 이 거대한 재해를 상대로도 철저하게 준비된 시스템과 훈련된 전문 인력으로 그 저력을 발휘했다. 여러 국내 연구자는 일본의 재해 관련 법제도, 행정기관과 긴밀하게 연계된 시스템, 재난 주관 방송사인 NHK의 긴급 속보 시스템을 포함한 재난방송 시스템, 재해 대책 매뉴얼 등을 상세히 점검하고 국내 재난 보도의 법제도와 실효성 있는 재해 대책 시스템을 구축할 필요성을 제기했다(지성우, 2011; 문연주, 2011; 이연·송종현, 2011; 이연, 2011).

두 번째는 뉴미디어의 존재감에 대한 확인과 미디어의 역할 분담에 관한 논의라 할 수 있다. 동일본대지진 발생 초기에 일본에서는 신문과 방송 같은 올드미디어가 순발력을 발휘해 신속하고 상세하며 신뢰할 수 있는 재해 정보를 전달함으로써 일본 전체가 정보를 공유하는데 크게 기여했다. 그러나 복합 재해의 양상을 띠어가는 가운데 전통 미디어의 검증력과 비판력 부족, 방송 미디어의 비현실적일 정도인 안심·안전 보도에 비판이

제기되기도 했다. 반면 인터넷과 트위터 등 뉴미디어는 재해 지역의 정보 발신과 구조에 큰 활약을 보이면서 그 존재감이 부각되었다. 이처럼 동일본대지진은 특정 미디어의 독주보다는 다양한 여러 미디어가 서로의 조건과 특성을 살려 정보를 발신함으로써 재난 상황에서 미디어의 역할 분담에 대한 고려가 필요함을 인식하게 해주었다. 국내에서도 이와 같은 각 미디어의 역할이 논의되면서 지역을 기반으로 하는 미디어 인프라로서 케이블 TV의 활용(김동수, 2011), DMB·스마트폰·SNS와 같은 뉴미디어의 활용(이연·송종현, 2011)이 제안되었다. 미증유의 대재난을 보도하는 미디어의 입장에서는 그 충격적인 재해 현장을 신속하고 생생하게 보도하는 것도 물론 중요하지만, 각각의 미디어가 지닌 특성을 살려 미디어 간에 역할을 분담하고, 이를 통해 재난 보도 시스템을 구축하는 것이야말로 앞으로 고민해야 할 과제라 할 수 있다.

마지막으로, 재난 보도의 내용적 특성과 문제점이 논의되었다. 동일본대지진 발생 이후 국내 미디어는 마치 국내의 재난을 보도라도 하는 양 많은 양의 기사를 봇물처럼 쏟아냈다. 그러나 국내 보도의 경우, 보도의 기본이라 할 수 있는 육하(六何)에 충실한 정확하고 객관적인 보도라기보다는 오히려 현지보다 흥분된 표현과 과장된 묘사를 사용해 비판받기도 했다. 동일본대지진에 관한 한국·일본·미국의 보도 현황을 망라적으로 분석한 김춘식은 국내 언론의 선정주의적 보도 태도, 재난 발생의 구조적 원인 진단보다 피해자 개인에 중점을 두는 보도 태도, 독자나 시청자의 눈물샘을 자극하는 감정이입식 보도 경향, 정확성이 결여된 정보를 토대로 한 기사 작성 관행을 문제점으로 제기했다(김춘식, 2011).

2) 국제 보도로서 재난 보도와 타자 인식

그러나 본 연구에서는 동일본대지진이 발생한 후에 집중적으로 양산된 일본 관련 기사를 재해 보도의 관점이 아닌 국제 보도의 관점에서 바라보고자 한다. 다양한 커뮤니케이션 미디어의 출현, 국제적인 인적 교류의 확대 등으로 말미암아 타국을 이해하고 그 이미지를 형성하는 데에는 다양한 변수가 작용하겠지만, 타국의 이미지와 타국에 대한 이해의 깊이, 타자에 대한 태도와 의견의 형성 등 우리의 타자 인식은 여전히 매스미디어가 제공하는 정보로부터 적지 않은 영향을 받으며, 여전히 '의사환경(擬似環境, pseudo-environment)의 비대화'(藤竹曉, 1992: 45~46)[1]를 낳기 쉬운 영역이기도 하다.

국제 보도의 역할이 국제사회를 바라보는 폭과 시야를 넓히고, 타자를 좀 더 객관적이고 정확하게 이해하도록 돕는 것이라고 했을 때, 한국 언론의 국제 보도가 보여준 문제점은 이미 여러 연구자가 지적해왔다. 대표적으로 심재철은 한국 신문이 국제 보도에서 선정성과 인간적 흥미를 유발하는 이슈에 주목하고 보도 내용도 단편적이며 국제사회의 질서에 영향을 미치는 뉴스는 소홀하다고 지적한 바 있으며(심재철, 1997), 그 외에도 한국의 국제 보도가 언론사별로 차별성 없이 몰개성적 관행에 젖어 있고 제한된 형태로만 국제사회를 보여준다는 비판(김경모, 2000), 감성주의·민족주의·국가이익 중심의 '자문화 중심주의(ethonocentrism)'적 특성을 지닌

---

[1] 후지타케 아키라(藤竹曉)는, 현대사회에서 인간은 많은 부분을 매스미디어가 제공하는 정보를 바탕으로 의사환경을 구성해 그에 적응함으로써 생활하며, 현대사회의 의사환경은 매스미디어가 제공하는 정보로 구성된 세계가 부각되고 매스미디어가 정보로서 제공하는 않는 외적 세계는 배제되는데, 이처럼 매스미디어가 구성한 이미지로 구성된 의사환경이 현대사회에서 더욱 비대화되고 있다고 지적한다.

다는 지적(김수정·조은희, 2005) 등이 있었다.

한편 동아시아의 국가 관계와 언론의 역할에 주목한 연구에서는 한국의 언론 보도가 타국의 언론보다 지엽적·피상적 보도 성향을 가지며(김성해·김경모, 2001), 특히 일본 관련 보도는 한일 관계가 정치·경제·안보·외교·문화 영역에 이르기까지 다면적으로 이루어지는데도 일본에 관해 특정 선입견이 전달되는 사례가 많고, 특정 사안을 대안적 시각이나 다양한 관점으로 분석한 정보가 충분히 전달되지 못하며, 일본 사회를 다룬 기사는 대체로 충격적 기사가 대부분을 차지함으로써 일본 사회가 비정상적 사회라는 이미지를 경쟁적으로 제시한다고 지적했다(박태균, 2006).

본 연구에서는 이와 같은 국내 언론의 국제 보도 성향, 좀 더 구체적으로는 동일본대지진 발생 이후 국내 언론의 일본 관련 기사를 분석해 과연 언론이 일본 사회를 어떻게 표상하고 어떤 이미지를 구성했는지 살펴보고자 한다. 특히 3월 11일의 동일본대지진 이후 국내의 대일 보도는 일본의 재해를 중심으로 방대한 양을 쏟아내었으나, 3월 30일에 일본에서 독도 영유권을 주장하는 내용을 담은 일본 중학교 교과서의 검정 결과가 발표되면서 대일 보도의 논조가 변했다. 본 연구에서는 오랫동안 양국 사이의 갈등 요소로 작용해왔던 교과서 문제와 영토 문제가 등장함으로써 대일 보도 논조에 어떠한 변화가 일어나는지, 이로써 대일 이미지의 구성에 어떤 변화가 나타나는지를 살펴보고자 한다. 더불어 재난 보도, 그리고 교과서 문제로 불거진 한일 갈등 상황의 보도에서 각 신문이 그리는 대일 이미지가 보수지와 진보지 사이에 어떤 차이가 존재하는지 비교하고 분석해보고자 한다.

2. 연구 문제와 연구 방법

1) 연구 문제

　TV나 신문과 같은 언론 매체가 외부 세계를 구성하는 다양한 요소를 어떻게 선택하고 위치 지우고 의미를 부여하는가에 따라 우리의 환경 인식의 상(image)은 크게 좌우될 수 있다. 언론 매체가 주목해야 할 초점을 만들기도 하고 가리기도 하며 이로써 환경 인식의 왜곡이 발생한다. 즉, 언론 매체는 현실 세계를 그대로 반영하는 것이 아니라 사회적 현실, 즉 의사환경을 구성한다고 할 수 있는 것이다. 기틀린(Todd Gitlin)은 구체적으로 언론 보도가 자신의 프레이밍 장치(framing device)를 통해 현실에 관한 인식, 해석, 제시, 선택, 강조, 배제 등의 수단을 지속적으로 패턴화해 일상적으로 언어 또는 영상 담론을 조직하는 것을 '프레임(frame)'이라고 정의했다(Gitlin, 1980: 7). 여기에서 프레이밍 장치란, 뉴스 스토리와 이미지에 포함된 수사적 장치나 특정한 내용을 강조하는 주제, 또는 이들을 사용하는 진술 행위 등을 말한다. 중요한 것은 언론의 뉴스 프레임이 사건을 뉴스로 변환하는 가운데 하나의 이데올로기적 관점에서 현실을 어떻게 구성하는가 하는 점이다(이준웅, 2000: 94~96).

　이 글에서는 동일본대지진을 계기로 한 대일 보도를 분석하면서 각 신문의 시간적 경과, 즉 이슈의 변화에 따른 보도 경향과 그 안에서 드러난 대일 이미지 구성의 변화를 살펴보고자 한다.[2] 또한 성향이 다른 두 신문

2　각 신문의 사설과 칼럼을 중심으로 보도 내용을 분석했으며, ≪조선일보≫의 경우 '여론'면, ≪한겨레≫의 경우 '오피니언'면의 기사를 기본적인 분석 대상으로 했으나, 동일본대지진과 교과서 문제에 대한 해설적 기사도 그 내용에 따라 참고했다.

이 구성한 논조와 대일 이미지 구성에 차이가 존재하는지를 비교하고 분석했다. 따라서 연구 문제는 다음과 같이 설정했다.

연구 문제 1. 동일본대지진과 관련해 일본의 이미지는 어떻게 구성되었는가?
연구 문제 2. 교과서 문제와 관련해 일본의 이미지는 어떻게 구성되었는가?
연구 문제 3. 대일 이미지는 신문의 성향에 따라 차이가 나타나는가?

한편, 일괄해 '대일 이미지'라 칭하지만 대일 이미지를 구성하는 주체는 다양하다. 보도 내용을 살펴보면 대상에 따라 서로 다른 이미지가 형상화되어 있는데, 예를 들어 일본인에 대한 이미지와 일본 정부에 대한 이미지는 현격하게 대조된다. 즉, 일본이라는 대상은 각각 '일본 사회(시스템)' 이미지와 '일본 정부' 이미지, '일본 시민' 이미지와 '일본 국민' 이미지로 다시 그 범주를 분류할 수 있다. 이 글에서는 이러한 각각의 이미지를 크게 긍정적이고 우호적인 이미지와, 부정적이고 비판적인 이미지로 나누어봄으로써 언론의 보도 속에서 전체적인 일본의 상이 어떻게 구성되는지를 시간적 경과와 이슈의 변화 속에서 살펴보았다.

2) 분석 대상 및 분석 기간

이 연구에서는 한국 사회의 대표적인 일간지 중에서 보수적 성향을 대표하는 ≪조선일보≫와 상대적으로 진보적 논조를 지닌 신문 ≪한겨레≫를 대상으로, 각각 3월 11일 동일본대지진 발생 이후 한 달 동안(3월 12일~4월 11일)의 기사를 분석했다. 신문이 발행되지 않는 일요일을 제외한 총 26일간 일본에 관련된 기사를 분석 대상으로 삼았으며, 한 기사에 한 가지 이상의 테마를 다루었을 때에는 중점적인 테마를 기준으로 기사의

⟨표 7-1⟩ 한 달간 일본 관련 기사 게재 현황과 기사 내용 구분

구분	동일본대지진 관련	교과서 관련	기타	총 기사 건수
조선일보	478건(91.2%)	31건(5.9%)	15건(2.9%)	524건
한겨레신문	397건(93.8%)	22건(5.2%)	4건(0.9%)	423건

내용을 분류했다. 그 결과, 한 달 동안 ≪조선일보≫는 일본과 관련해 총 255면에 524건의 기사를, ≪한겨레≫는 총 214면에 423건의 기사를 게재했다. ≪조선일보≫는 하루 평균 9.8면에 20.1건의 기사를, ≪한겨레≫는 하루 평균 8.2면에 16.3건의 기사를 게재한 것으로, 양 신문 모두 이 기간에 일본 관련 보도의 양이 급증했다. 총 기사 건수 중 논설 기사와 칼럼 기사의 건수는 ≪조선일보≫가 59건, ≪한겨레≫가 52건이었다.

기사의 내용별 건수를 살펴보면, 동일본대지진 이후 한 달 동안 압도적으로 많았던 것은 역시 재해 관련 보도로, 양 신문의 동일본대지진 관련 기사의 비중은 90% 이상이었다.

⟨그림 7-1⟩과 ⟨그림 7-2⟩에서 보는 바처럼, 두 신문 모두 동일본대지진 발생 후 첫 주에 보도한 양이 가장 많았으며, 둘째 주로 접어들면서 보도의 양이 차츰 줄어들었다. 그러나 일본 교과서 문제가 부각된 3월 말, 즉 셋째 주에 들어서면서 일본 관련 보도가 다시 증가했는데, 이는 3월 30일 일본의 중학교 교과서 검정 결과 발표와 관련해 일본 교과서의 역사 왜곡 문제, 독도 영유권 문제 등 한일 간의 오래된 갈등 요소가 부각되었기 때문이다. 교과서 검정 결과가 발표된 다음 날인 31일에는 양 신문 모두 교과서 관련 보도 기사 건수가 동일본대지진 관련 보도 기사 건수를 앞섰다.

〈그림7-1〉 《조선일보》의 일본 관련 기사 건수의 추이

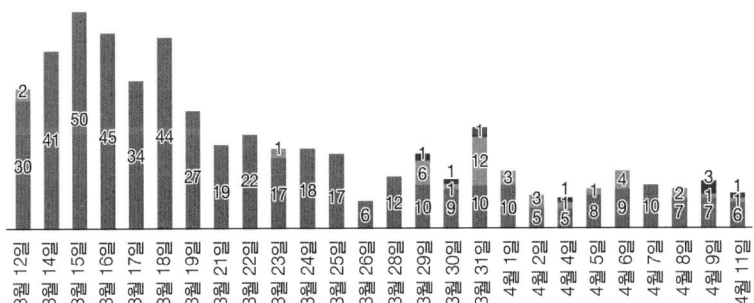

〈그림 7-2〉 《한겨레》의 일본 관련 기사 건수의 추이

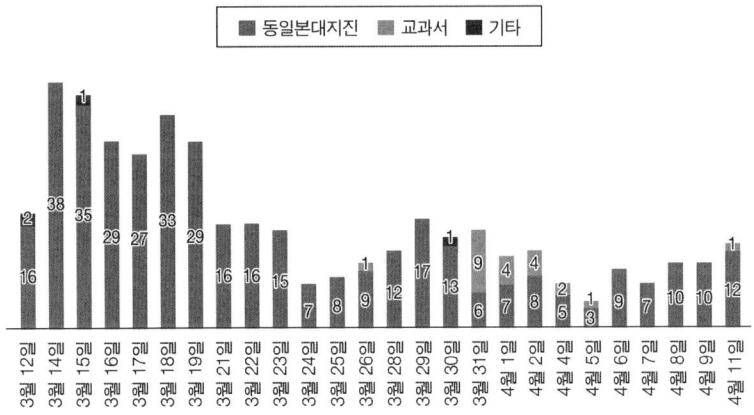

3. 분석 결과

1) 시간적 경과에 따른 보도 경향과 대일 이미지의 구성

(1) 조선일보

① 1주(3월 12일~19일)

≪조선일보≫는 동일본대지진 발생 후 일주일 동안 일본의 재해 현황을 매우 소상하게 전달했는데, 사설과 칼럼에서는 재해를 입은 일본 사회를 향한 위로와 응원의 메시지가 주를 이루었다. 3월 14일 자 사설의 제목 "동원할 수 있는 모든 수단 통해 일본 국민 돕자"에서 볼 수 있듯이 재난 구호를 위해 한국 정부가 전폭적으로 지원해야 하며, "무엇보다 이웃의 어려움을 이해하고 건네는 말 한마디에도 함께 아파하는 마음이 실려 있어야" 한다며 일본 사회가 겪은 아픔을 공감하고 위로하는 인도적 배려가 필요함을 강조해, 일본은 한국과 '가장 가까운 이웃'이자 어려움에 처해 아픔을 겪는 이웃으로 그려졌다.

또한 자연재해에 대응하는 일본인의 침착함과 차분함, 질서 의식, 타인에 대한 깊은 배려와 인내심 등 긍정적이고 우호적인 이미지가 주를 이루었으며, 일본 사회의 구조적인 측면에 대해서는 거대한 자연재해 앞에 비록 무력하게 무너지기는 했으나 여전히 '세계 최고의 재난 대비 국가'이며, '하부구조에 대한 투자와 국민에 대한 안전 교육'의 성과로 재난 규모보다 적은 피해로 그칠 수 있었다고 평가하는 등, 전반적으로 일본인과 일본 사회의 시스템을 긍정적인 이미지로 그렸다.

그러나 재난에 대처하는 일본인과 일본 사회 시스템을 전면적으로 긍정적이고 우호적인 이미지로만 생산한 것은 아니었다. 구호물자조차 제대로 공수되지 않은 시스템 아래에서 그저 인내하고 견디는 일본인에 대한 답답함이 표출되기도 했으며(3월 16일 자, 35면, "차라리 소리를 지르세요"), 후쿠시마 원전 사고 현황이 심각해지면서 "거짓말쟁이 도쿄전력"(3월 16일 자, 사설, 35면), "국가적 위기 사태에 전문성과 통솔력이 보이지 않아"(3월 18일 자, 시론, 39면)처럼 도쿄전력과 일본 정부를 부정적으로 표현하는 보도가 나타나기 시작했다.

② 2주(3월 20일~26일)

2주째로 접어들면서 전체적인 보도의 양은 차츰 줄어들었다. 2주째의 보도 내용은 도호쿠 지역의 지진·해일 피해와 복구에 관련된 보도보다 원전 사고 및 그에 대처하는 방안과 관련된 보도가 증가하는 추세를 보였다. 2주째의 대일 이미지는 여전히 일본이 '우리 이웃'이며 '세계 최고의 방재 선진국'이라는 우호적이고 긍정적인 이미지가 제시되는 한편, 일본인과 일본 정부를 바라보는 시선이 명확하게 상반되면서 "착한 시민"과 "무능한 정부"의 이미지가 증폭되어가는 경향을 보였다.

≪조선일보≫ 3월 21일 자 아침논단(34면)에서는 '전후 최대 국난이라는 동일본대지진 상황 속에서도 일본인들은 냉정과 침착을 유지, 항의와 원망을 표출하지 않았고 집단행동 또한 일으키지 않는' '성숙한 시민문화'를 보여준 반면, '간 나오토 정부의 아마추어 리더십, 감추는 정부, 속이는 정부, 무능한 정부, 무책임한 정부까지 수용하는 착한 국민은 세상 어디에도 없다'는 매우 신랄한 표현으로 일본 정부를 비판했다.

③ 3주(3월 27일~4월 2일)

3주째 일본 관련 보도의 가장 큰 변화는 일본의 중학교 교과서 검정 결과 발표와 관련된 보도가 일본 관련 보도의 새로운 한 축으로 등장한 점이다. ≪조선일보≫에서는 3월 29일부터 교과서 관련 보도가 시작되었으며, 교과서 검정 결과가 발표된 3월 31일에는 일본 관련 기사 23건 중 교과서 관련 기사가 12건으로 동일본대지진 관련 기사(10건) 이상의 비중으로 집중 보도되었다. 언론은 이번 교과서 검정 결과가 일본의 영유권 주장을 한층 강화하는 의미를 담았다는 점에 매우 비판적인 논조를 보였으며, 이는 '대지진을 통해 모처럼 조성된 동북아시아의 우호 분위기에 찬물을 끼얹는'(3월 29일 자, "日교과서 파문", 3면) 이해하기 어려운 행위로서 '한일 관계에 악영향을 미칠 전망'(3월 31일 자, "日 왜곡 교과서 검정통과", 10면)이라며 일본 정부를 비판하는 목소리를 높였다.

3월 29일 자 종합면에 실린 교과서 관련 기사의 헤드라인을 살펴보면, "하필 이때…日 또 '독도는 일본땅'", "日 총리는 손놓고 관리는 매뉴얼(교과서 검정 시스템)만…'독도 찬물' 끼얹다", "양국 분위기 훈훈해졌는데…日 정부에 실망" 등 교과서 검정 결과 발표 시기의 부적절성과 우경화된 일본 정부에 대한 실망, 우호적 한일 관계가 손상되었다는 감정이 노골적으로 표현되었다.

3월 31일 자 종합면의 기사 헤드라인은, "점유율 절반 넘는 메이저 출판사까지 '한국이 독도 불법점거'"로, 그 밑의 부제는 "침략 전초기지 '통감부'를 '조선 근대화 추진' 미화", "임나일본부說 되풀이하고 조선을 淸의 종속국 폄하… 위안부 문제 언급은 빠져"(종합, 10면)여서, 일본의 교과서가 독도 문제 외에도 한일 간의 역사를 왜곡한 부분이 상당수 존재함을 지적하며 일본 교과서의 역사 왜곡 문제를 상세하게 보도했다.

이처럼 일순간 일본은 '가장 가까운 이웃'에서 '한국에 발길질'하는 '해적'(3월 31일 자, 종합 "日 왜곡 교과서 검정 통과", 11면)으로 급변했으며, '침략사관에 젖은 日 정치인·지식인'의 세(勢)가 커지고 있기 때문(3월 31일 자, 종합 "日 왜곡 교과서 검정 통과", 10면)이라는 일본 정치인의 보수·우경화 이미지가 부각되었다.

대지진 보도에서 세계 최고의 방재 국가이자 수준 높은 시민 의식을 보여준 일본인은 '세계에서 가장 잘사는 나라에서 이재민이 굶주리고 차량용 기름이 없어 구호물자를 못 실어 나르는 상황이 벌어졌'는데도, '정부의 무능과 판단 착오가 최악의 방사능 사태를 만들었는데도', '조용하기만' 한 일본인으로 묘사되었으며, '한국의 지원과 교과서 문제는 별개'라고 말하는 '겉(다테마에)과 속(혼네)이 다른' 일본이라는 오래된 스테레오타입이 등장했다(3월 31일 자, "'미스터리 국가'와 이웃하며 살아가는 법", 31면). 한편 원전 사고와 관련해서는 한국 정부가 일본 원전 사고의 현황을 제대로 파악하지 못하고 있다는 국내 정부의 대응력 부족에 대한 비판과 함께 '일본이 유일한 인접국인 한국에 너무 무책임'하게 정보를 주지 않아 그 '도의적 책임'을 다하지 못한다고 비판하는 논조가 강해졌다(4월 1일 자, 4면).

이처럼 3주째의 대일 보도에서는 어려움에 처한 이웃인 일본, 선량하고 성숙한 시민인 일본인의 이미지가 침략국인 일본, 순종적이며 무비판적인 국민인 일본인 이미지로 변화해가는 양상이 두드러진 점이 특징적이다.

④ 4주(4월 4일~11일)

4주째에는 전반적으로 일본 관련 기사가 줄어들면서 하루 평균 9.6건 정도의 기사가 게재되었다. 동일본대지진과 관련해서는 자연재해의 피해와 복구보다는 원전 사고로 야기된 방사능 오염의 영향과 대책에 관련된 기사가 주를 이루었다. 사설이나 칼럼 등에서는 독도, 교과서 왜곡 문제, 원전 사고 대책, 방사능 오염, 한국 정부의 원전 대책 등을 골고루 다루었는데, 국내에서 각각의 사안에 대처하는 방안에 관한 논의가 주를 이루었다. 한편 이 기간에 일본의 국가 이미지와 관련해서는 방사능 오염수 방류 문제가 표출되면서 긍정적이고 우호적이기보다는 부정적인 이미지가 그

〈표 7-2〉 일본에 대한 국가 이미지의 형성: ≪조선일보≫

기간	주요 이슈	대일 이미지	수사적 표현	
			긍정·우호	부정·비판
1주째 3/12~ 3/19	동일본대지진: 재난·재해 피해, 원전 사고	일본인 (일본 시민)	질서, 배려, 침착, 차분한 대응, 인류 정신의 진보·진화, 모범생 일본 국민, 원전 결사대=이름 없는 영웅	인내하는 민족, 예의 바른 민족이라는 자기 최면에 빠져 스스로 고통을 키우고 있음
		일본 사회 (시스템)	가장 가까운 이웃, 세계 최고의 재난 대비 국가	불확실성이 지배하는 일본 경제
		일본 정부 (+도쿄전력)		국가 위기 사태에서 보인 일본 정부의 통솔력 부재와 비전문성, 거짓말쟁이 도쿄전력
2주째 3/20~ 3/26	동일본대지진: 재난·재해 피해, 원전 사고	일본인 (일본 시민)	우리 이웃, 순한 양떼, 착한 국민, 성숙한 시민문화, 인간 정신의 위대함	
		일본 사회 (시스템)	세계 최고의 방재 선진국	궁상의 현장, 세계적인 부국의 이면, 불쌍하다
		일본 정부 (+도쿄전력)		간 나오토 정부의 아마추어 리더십, 감추는 정부, 속이는 정부, 무능한 정부, 무책임한 정부
3주째 3/27~ 4/2	동일본대지진: 방사능 피해, 중학교 교과서 검정 결과	일본		영토 침탈 행위를 일삼는 해적 국가, 위해(危害) 국가, 뒤통수를 치는 일본의 이율배반적 행태, 혼네와 다테마에: 겉과 속이 다르다, 미스터리 국가, 도의적 책임 회피
		일본인		(정부의 무능에도) 조용하기만 한 일본인
		일본 정부 (+정치인)		매뉴얼 정부, 힘없는 민주당 정권, 보수·우경화된 일본 정부, 침략사관에 젖은 일본 정치인·지식인
4주째 4/4~ 4/11	동일본대지진: 방사능 피해, 교과서	일본 정부		무책임하고 무례한 일본(방사성 오염수 방류), 일본 정치권의 짧은 생각과 가벼운 처신, 무능한 정부, 판단 착오

려졌다.

〈표 7-2〉는 지금까지 설명한 시간적 경과에 따른 ≪조선일보≫의 대일 이미지 형성의 양상과 변화를 정리한 것이다.

(2) 한겨레

① 1주(3월 12일~19일)

≪한겨레≫ 역시 ≪조선일보≫와 마찬가지로 동일본대지진 발생 이후 일주일 동안 일본의 지진·해일 피해 현황, 파급 영향, 일본 국내 경제 및 한국을 포함한 세계 경제에 미친 파장, 한국의 모금과 지원 열기, 원전 사고 현황과 원전 대책, 방사능의 위험과 국내에 미치는 영향 등에 관한 많은 양의 기사를 쏟아냈다.[3] 그러나 ≪조선일보≫와 구별되는 점은, 일본의 재해 그 자체보다 일본 재해를 계기로 본 국내 문제에 중점을 두었다는 점이다. 즉, ≪한겨레≫는 사설과 칼럼을 통해 동일본대지진을 보도하는 동시에 국내 정부의 과도한 원전 개발 정책, 미비한 방사능 대책, 안전 불감증 비판, 재난을 겪는 일본에 대해 근거 없이 생산되는 루머, 선정적 보도, 저열한 실리주의적 보도 관점과 같은 국내 언론의 문제점을 지적하는 등 국내 문제에 초점을 맞추는 경향을 보였다.

한편 ≪한겨레≫도 재난을 겪는 가장 가까운 이웃 일본을 적극적으로 지원해 "국제사회의 일원으로서 인류애의 책임을 다"해야 하며, 대재앙 앞에서도 "침착하고 의연한" "일본 국민의 모습에 대해 '인상적'이며 '감탄스럽다"라고 전했다(3월 14일 자, "일본대지진, 참화 앞에서 더욱 절실한 인류애", 31면). 또한 "일본인들이 느끼는 고통과 슬픔"에 공감하고 "자연의 힘 앞에 무력할 수밖에 없는 인간으로서 연대"하는 "형제 일본인"이어야 하며(3월 15일 자, "온 마음, 온 힘으로 일본을 돕자", 31면) "이웃"이자 "형제"인 일본에 보편적 인류애를 발휘해야 한다고 표현했다.

---

[3] 지진 발생 후 1주째의 ≪한겨레≫ 평균 지면 수는 33면으로 그중 일본 관련 기사의 면 수는 하루 평균 13면, 즉 거의 40%의 비중을 차지했었다.

그러나 후쿠시마 제1원전의 외벽 폭발과 화재 등으로 원전 사고가 심각해지고 이에 일본 정부와 도쿄전력이 불안한 대응을 보이면서 그들에 대한 부정적이고 비판적인 이미지를 양산하기 시작했다. 특히 여러 차례 문제 제기와 경고가 있었는데도 "아무런 대책을 세우지 않았으며 나아가 자체 안전성 검사기록을 조작하고 은폐"한 도쿄전력(3월 16일 자, "제2의 체르노빌 참사만은 막아야 한다", 35면)과 "상황에 따라 계속 말을 바꾸고 턱없이 부족한 정보만 제공해 불신을 자초"하는 일본 정부를 향한 비판의 강도가 높아졌다(3월 17일 자, "악화하는 원전 사태, 일본 정부는 진실부터 밝혀라", 31면). 한편 후쿠시마 원전 사고 현장에 남아 최악을 사태를 막고자 사투하는 직원 50명에 대해서는 일본 사회가 "뿌리 깊은 집단의식"으로 "조직 존속을 위해 개인의 희생을 당연시"하고 있으며 이는 일본의 "옥쇄, 할복, 가미카제"와 같은 문화의 산물이라는 부정적 이미지를 구성했다.

② 2주째(3월 20일~26일)

2주째에 접어들면서 일본 관련 보도는 현저하게 줄어들었다. 기사의 내용은 재해 지역의 복구 현황, 원전 사고 현황과 대책, 일본산 식품과 수돗물의 방사능 오염, 한국 사회의 일본 돕기 현황 등이 주를 이루었다.

이 기간의 일본 관련 칼럼이나 사설 수도 7건에 그쳤는데, 주요 내용은 원전 사고로 드러난 일본 사회 시스템의 문제, 원전 재앙의 교훈, 식품의 방사능 오염, 한국의 에너지정책의 재점검 필요성, 일본의 재난을 보도하는 한국 언론의 문제점, 원전 사고 수습을 위해 동원된 원전 노동자의 실체, 일본의 독도 왜곡 교육에 관한 것이었다. 이 시기 역시 일본의 원전 사고를 계기로 본 국내의 에너지정책이나 언론의 보도 태도 문제 등 국내적 문제에 초점을 맞추었다.

3월 21일 자에 게재된 칼럼 "후쿠시마와 일본의 미래"는 이번 원전 사고의 원인이 지진·해일이라는 자연재해가 아닌 "도쿄전력이 원자로 점검 기록을 허위 기재하고, 균열 등의 문제점을 조직적으로 은폐한 사실 등 일본적 시스템의 문제"라 해서 일본 사회를 비판적으로 분석했다.

한편 양 신문의 논조가 대비되는 흥미로운 보도 주제는 후쿠시마 원전 사고 수습을 위해 투입된 원전결사대에 관한 해석으로, ≪조선일보≫ 3월 19일 자에서는 그들 "최후의 결사대"를 "이름 없는 영웅들"이라 가치 부여하며 그들의 자발적인 참여가 "인간의 위대함"을 일깨워준다고 평가한 것에 반해, ≪한겨레≫ 3월 24일 자는 "얼굴 없는 영웅"이라는 찬사를 듣는 그들의 상당수가 실은 일본 사회에서 '원전집시(원전을 떠돌며 위험한 업무를 도맡아 하는 이들)'라 불리는 "비정규직 하청업체 노동자"이며 "원전에 찬성하든 반대하든 가장 힘없는 이들이 방사능에 가장 많이 노출되"는 현실을 비판적으로 지적했다.

한편 3월 26일 자에는 교과서와 관련된 오피니언이 실렸는데 그 중심 내용은 일본의 중학교 교과서가 "왜곡된 독도 교육을 더욱 구체적으로 강화하려" 하고 있으며 교과서 검정을 강행하는 것은 "모처럼 한일 양국 국민이 한마음이 되어 온정을 나누고 있는 마당에" "일본 외교의 대실책이 될 것"이라는 우려를 드러냈다.

③ 3주째(3월 27일~4월 2일)

3주째에는 ≪조선일보≫와 마찬가지로 ≪한겨레≫도 일본의 교과서 관련 기사가 증가하면서 다시금 일본 관련 보도가 늘어났다. 교과서 검정 결과가 발표된 다음날인 3월 31일에는 일본의 교과서 문제와 관련해 총 9건의 관련 기사가 보도되었는데 이것은 이날의 동일본대지진 관련 기사 건수(6건)보다 많은 분량이었다. 1면에 실린 관련 기사에서는 "일 '독도는 일본땅' 중학생까지 교육"이라는 헤드라인과 함께 일본이 영토에 대한 인식이 강화되는 추세 속에서 영토 교육을 강화하고 있으며, 독도를 국제영유권 분쟁으로 "분쟁 지역화"하려는 의도가 "갈수록 노골화"하고 있다고 보도했다. "일본 '독도왜곡 교과서' 확대"라는 특집면으로 구성된 4면과 5면의 기사 헤드라인을 살펴보면, "지진피해 돕던 한국민 온정에 찬물…한일관계 급랭", "일, 내년부터는 고교 교과서도…향후 3년간 매년 검정 결과 발표…'독도 영유권' 체계적 교육 포석", "중국과 분쟁 '센카쿠 열도'도 일 영토로 기재", "'한국이 다케시마 불법점거' 1종에서 4종으로 늘어", "아시아의 전체평화 위협 왜곡기술 즉각 시정하라 시민단체 일제히 일본 비판", "한국도 독도 방파제 신설 등 맞대응" 등으로 일본의 교과서 검정 발표에 강하게 반발하고 비판하는 내용을 담았다.

동일본대지진과 관련해서는 주로 원전 사고로 일어난 방사능 오염 관련 기사가 비중을 차지했는데, 3월 28일 자 칼럼에는 원전 사고에서 가장 무서운 것이 "방사성 물질의 확산"이며 "최악의 중대사고로 이어질 수 있는 초기사고에 대한 경각심"을 촉구하는 주장이, 기고에는 "높은 수준의 안전기준을 가지고 있다"라고 주장했던 "일본의 원전업계", "후쿠시마의 신화"는 무너졌으며, "미래 지구의 에너지"는 "재생가능에너지와 에너지 효율성에 기반"을 둔 "지속 가능한 에너지"로 전환되어야 함을 촉구하는 내용이 실렸다. 이번 원전 사고의 원인에 대해서는 "안전대국, 매뉴얼대국에서 드러난 리더십 공백과 시스템 붕괴", "일상에 강하고 위기에 약한, 밑으로부터의 민주혁명을 거치지 않은 일본 사회의 구조적 한계"였다는 비판적 분석을 내놓았다(3월 29일 자, "자연의, 문명의, 인간의 재앙", 30면).

〈표 7-3〉에 정리한 바처럼 이 시기에 동일본대지진 관련 보도에는 일본인과 일본 사회에 관한 부정적 이미지가 강하게 표출되었다. 특히 4월 2일 자의 오피니언(25면)에는 대지진 발생 초기에 긍정적으로 그려졌던 일본인의 이미지가 정반대의 부정적 이미지로 구성되었다. 표현 자체가 매우

신랄해 약간 길지만 인용해보자면 다음과 같다.

극한 상황에서도 줄을 서는 그들을 보면 소름이 끼친다. 오랜 친구나 부부끼리도 희로애락을 드러내지 않고, 특히 화를 내지 않는 그들을 보면 외려 정이 달아난다. 이것이 예를 갖춘 문명인의 모습일지는 몰라도 천황과 국가와 '오야붕'이 요구하는 질서와 복종의 언명에 철저히 구속된 '꼬붕'의 삶이자, 남에게 폐를 끼치거나 화를 내서 입게 될 상처와 죽음을 두려워한 자기 방어적 처신이기 때문이다.

한편 교과서 검정 결과 관련 사설이 실린 3월 31일 자 사설 "묵과할 수 없는 일본 교과서의 '독도 영유권 주장'"에는 구체적으로 민주당 정권에 대한 실망이 표출되었으며, 4월 2일 자 사설 "소극적인 독도 대응, 근본적으로 재고해야"에는 "한일 우호 분위기를 손상하고 외교 갈등을 감수하면서까지 밀어붙이는 일본이 집요함이 불쾌하고도 섬뜩하다"라고 서술되는 등 그 이미지가 매우 부정적이었다.

④ 4주째(4월 4일~11일)

마지막으로 4주째에는 방사능 오염수의 바다 방출 문제, 일본의 방사능 오염과 그것이 한국에 미치는 영향, 원전 사고의 피해와 대처 현황, 독도와 교과서 문제에 관련된 보도가 있었으나 전반적으로 일본 관련 기사의 양이 감소해 하루 평균 8.6건의 일본 관련 기사가 게재되었다.

4주째에 부각된 일본 이미지를 보면 일본 시민은 긍정적이고 우호적으로 이미지를 구성했으나, 도쿄전력과 일본 정부는 불성실·불신·불안·불투명·은폐·독단·관료적 체질 등 부정적이고 비판적인 이미지가 주를 이루었다. 구체적으로는 일본 정부와 도쿄전력이 원전 사고에 대처하는 방식이 "방사성 물질의 확산 경로와 농도 등에 관한 상세한 정보를 투명하게 공개"하지 않고, 방사능 오염수를 바다에 방출하면서 "직접적 피해자가 될지도 모를 이웃나라들에조차 알리지 않는" 등(4월 6일 자, "일본은 원전사고 정보 투명하게 공개해야", 35면) 무성의한 태도를 보인다는 부정적인 이미지로 일관했다.

동일본대지진 한 달을 맞이하는 시점에서 미증유의 재해에 대응해온 일본에 대한 종합적인 평가는, 일본 시민 개개인이 "놀라울 정도로 절제되고 질서 있는 태도", "혼란 속에서도 자신의 안위보다 주변을 배려하는 자세"를 보여주고 기업과 학교, 시민단체와 같은 시민사회가 대지진 직후부

⟨표 7-3⟩ 일본에 대한 국가 이미지의 형성: ≪한겨레≫

기간	주요 이슈	대일 이미지	수사적 표현	
			긍정·우호	부정·비판
1주째 3/12~ 3/19	동일본대지진: 재난·재해 피해, 원전 사고	일본인 (일본 시민)	형제 일본인, 침착하고 의연한 일본 국민, 질서를 잃지 않고 혼란도 없었다, 묵묵히 견디는 일본 사람들	
		일본 사회 (시스템)	가장 가까운 이웃, 재난을 겪고 있는 이웃, 고통과 슬픔에 빠진 일본	후쿠시마에서 사투하는 50명의 직원=옥쇄를 앞둔 사무라이, 할복, 가미카제, 뿌리 깊은 집단의식, 집단 존속을 위해 개인의 희생을 당연시
		일본 정부 (+도쿄전력)	(완전하지 않지만) 성실하게 최선을 다하는 정부	불안한 일본 정부와 도쿄전력의 원전 사고 대응, 도쿄전력의 무대책과 조작·은폐, 말 바꾸는 일본 정부와 도쿄전력에 대한 불신
2주째 3/20~ 3/26	동일본대지진: 원전 사고, 방사능 오염, 교과서, 독도 왜곡	일본인 (일본 시민)		원전 결사대=원전 사무라이, 비정규직 하청업체 노동자, 원전 집시
		일본 사회 (시스템)		무기력하고 무방비한 일본 사회의 구조적 패배와 조직적 은폐, 국가주의적 성향이 강한 일본, 침침한 일본 경제
		일본 정부 (+도쿄전력)		영유권 주장하는 반성 없는 일본 정부

기간	주요 이슈	대일 이미지	수사적 표현	
			긍정·우호	부정·비판
3주째 3/27~ 4/2	동일본대지진: 방사능 피해, 중학교 교과서 검정 결과	일본인	침착·양보·배려·질서·절제를 보여준 일본 국민과 사회의 모습은 감동적, 인류 문명의 진화, 남에게 폐를 끼치지 않는 문화 칭찬받아 마땅	극한 상황에서도 줄을 서는 일본인(소름 끼친다), 오랜 친구나 부부끼리도 희로애락을 드러내지 않고 화내지 않는 일본인(정이 달아난다), 천황·국가·'오야붕'이 요구하는 질서와 복종의 언명에 철저히 구속된 '꼬붕'의 삶, 상처와 죽음을 두려워하는 자기방어적 처신, 부당하게 착취와 억압을 당하는 비정규직 노동자들
		일본 사회 (시스템)		안전 대국·매뉴얼 대국에서 드러난 리더십 공백과 시스템 붕괴·리더십과 시스템의 침몰, 일본의 집요함(불쾌하고 섬뜩하다)
		일본 정부 (+정치인)		퇴행적 양태를 보이는 민주당 정권
4주째 4/4~ 4/11	동일본대지진: 방사능 피해, 교과서	일본인	놀라울 정도로 절제되고 질서 있는 태도와 혼란 속에서도 주변을 배려하는 자세를 보이는 일본 시민, 시민사회의 신속한 대응	
		일본 정부 (+도쿄전력)		(원전 사고) 관련 정보를 공개하지 않는 무성의한 태도, 불성실한 도쿄전력, 정보를 은폐하고 독단적으로 결정하는 일본 정부, 소통이 부재하고 무책임한 일본 정부, 정부·행정의 관료적 체질, 불안을 조장하는 비밀주의와 불투명성

터 "오히려 정부나 지방자치단체보다 빠르게 대응"하면서 "저력을 발휘"했던 반면, 정부와 행정은 "관료적 체질"로 말미암아 신속한 대응을 하지 못하고 "비밀주의와 불투명성"으로 불안을 조장해 신뢰를 잃었다고 평가했다(4월 9일 자, "일본이 거듭나는 길", 26면).

〈표 7-3〉은 지금까지의 시간적 경과에 따른 ≪한겨레≫의 보도 경향과 대일 이미지 구성의 양상을 정리한 것이다.

2) 갈등적 요소에 대한 양 신문의 보도 논조 비교: 교과서 갈등을 중심으로

분석 기간 중 한국과 일본 사이에는 두 가지 갈등 사안이 부각되었다. 하나는 원전 사고로 비롯된 방사능 오염 문제를 둘러싼 갈등이고, 또 하나는 독도 영유권을 주장하는 일본의 교과서 검정 결과를 둘러싼 갈등이었다. 독도 영유권 갈등, 역사 교과서 문제, 야스쿠니 참배 문제는 한일 관계 과거사 분쟁의 주요 이슈라 할 수 있는데, 이 중 독도 영유권과 역사 교과서 갈등이 재점화하면서 재난 직후 양국 간에 조성되었던 화해와 우호의 분위기가 일변했다.

이원덕(2007: 349~362)은 독도 분쟁과 관련해 한일 관계가 악화되는 메커니즘은 일본의 경우 일본의 정치 지도자들이 독도 문제가 가져올 한일 관계의 파장에 무신경하거나 전략적 인식이 부재하기 때문이며, 한국의 경우 일본의 의도를 늘 확대해석하고 과잉 대응하는 탓이라고 분석한 바 있다. 실제로 독도를 둘러싼 갈등은 독도 영유권 분쟁이나 역사 교과서 갈등이 반복될 때마다 국민의 반일 정서가 증폭되는 현상을 배경으로 미디어가 자극적인 보도를 쏟아냄으로써 갈등이 더욱 증폭되는 경향을 보여왔다. 독도 갈등과 관련된 한국 언론의 보도 특징은 주관적·편향적·다양성 부재로 설명할 수 있으며(박선영, 2011: 224), 일본에 대한 '집단적인 정서'가 이미 구조화한 한국 사회에서 언론사는 그 이념적 차이와는 무관하게 '반일 담론'과 같은 공유된 가치관과 정서를 반복적으로 반영하는 경향을 보이고 있다고(김성해, 2006) 분석된다.

현실적으로 일본의 교과서 검정이 4년 단위로 운용되므로 2011년도 3월의 교과서 검정 발표는 이미 1년 전에 고시되었다는 점에서 3월 30일의 발표는 일본의 동일본대지진과 관계없이 예정된 순서였다.[4] 그러나 이에

≪조선일보≫와 ≪한겨레≫는 비록 예정된 수순일지라도 대재난을 계기로 한국과 일본 양국 국민이 한마음이 되어 온정을 나누는 마당에 교과서 검정을 강행하는 것은 "한국의 우호적 분위기에 찬물을 끼얹을" 우려가 있으므로(≪조선일보≫, 3월 22일 자; ≪한겨레≫, 3월 26일 자) "일본 외교의 대실책이 될 것"(≪한겨레≫, 3월 26일 자)이라 전망하며 일본 정부가 한일관계를 고려해 발표를 연기하는 등 전략적으로 대응해줄 것을 기대하는 태도를 보였다.

그러는 한편으로는 교과서 검정 발표로 "일부 한국 국민들이 기부를 거부하는 일이 생긴다면 그 잘못 또한 일본 정부에 있"으며 "대지진 피해의 온정을 방패막이로 독도의 영토주권을 침탈하려는 일본의 행위는 절대로 용인될 수 없다"(≪한겨레≫, 3월 26일 자)는 식으로 교과서 검정을 대지진과 연결해 과대 해석하고 미리부터 이 모든 갈등의 요인이 일본 탓임을 강조하는 경향을 보였다.

≪조선일보≫ 역시 교과서 검정 결과 발표 전에는 한국 국민이 "역사·영토 문제의 일본"과 "이웃나라 일본"을 구별해서 볼 정도로 시민 의식이 성장했고(3월 29일 자) 재난으로 고통받는 일본 사회에 지원을 지속하는 것이 나라의 품격을 지키는 것이라고 제언했으나, 막상 발표가 된 후에는 "100년 만에 처음 보는 장면에조차 찬물을 끼얹"은 일본에 대해 "인도적 지원과 독도 대응을 분리하자고 말하기 쉬워도 실천하기는 어렵다"(4월 1일 자)라며 일본을 비난하는 논조를 보였다.

일본의 독도 영유권 주장을 바라보는 ≪조선일보≫와 ≪한겨레≫의 시

---

4 역사 교과서 문제가 한일 간에 쟁점화되기 시작한 것은 2001년으로, 당시 발표된 일본의 중학교 교과서 검정 결과, 일본 역사 교과서의 일부 내용이 역사를 왜곡했다는 지적을 받게 되면서 교과서 논쟁은 지속적으로 반복되어왔다.

각은 동일하다. 독도는 대한민국이 확고하게 실효 지배하고 있으며, 역사적·국제법적으로도 일본의 독도 영유권 주장은 학문적 성과에 근거하지 않은 허위이자 억지이며 주관적 해석이라는 것이다. 그리고 이에 대한 반박 논리를 제시하는 방식에서 ≪조선일보≫는 한국의 독도 영유권을 뒷받침하는 증거로서 일본의 옛 지도책 『국군전도(國郡全圖)』를 들어 일본의 지도책에 독도가 표시되지 않았음을 고증했을 뿐, 국내 입장(독도는 우리 땅)을 지극히 당연한 전제로 두고 한국 또는 일본이 독도 영유권을 주장하는 입장의 차이, 논리의 차이 등을 설명하지 않는 주관적이고 일방적인 접근 방식을 보였다. 그에 비해 ≪한겨레≫는 독도 영유권 문제에 상대적으로 객관적이고 해설적으로 접근하는 방식을 보여주었다. ≪한겨레≫는 고서 고증(우리나라 최초의 독도 관련 기록은 1145년에 나온 김부식의 『삼국사기』로 1667년에 나온 일본 최초의 독도 관련 기록인 『은주시청합기』보다 앞섬)뿐 아니라 한일 양국의 독도 문제를 바라보는 시각과 전략을 비교하며 설명해 비교적 객관적으로 접근하는 방식을 보였다.

한편 교과서 문제에 대처하는 방식을 제안하는 방식을 살펴보면 ≪한겨레≫와 ≪조선일보≫는 모두 강경한 주장을 펼쳤는데, 우선 ≪한겨레≫는 독도 문제가 연례행사처럼 반복되는 것은 한국 정부가 일본 정부의 눈치를 보며 소극적이고 미온적으로 대처한 탓이며, 따라서 좀 더 적극적인 대응으로 맞설 필요가 있다고 주장하면서 한국 정부에 강경한 대응을 촉구했다. 또한 일본 정부, 특히 민주당 정권에 대해서는 동아시아 전체를 위해 역사 인식을 전면적으로 바꾸는 획기적 인식 전환을 해야 한다고 촉구했다(≪한겨레≫, 3월 31일 자). 한편 ≪조선일보≫ 역시 일본에 대응해 실효적 지배를 강화해야 한다는 주장과 함께 첫째, 일본의 독도 영유권 주장이 허구라는 사실을 일본 학계도 인정할 수 있도록 연구 성과를 가시화해 일본의 교과서 발행자와 공유해서 일본의 교과서 발행자 스스로 독도를 일본 영토로 기술하는 것을 그만두게 해야 하고, 둘째, 일본의 독도 도발에는 의연하고 당당하게 대처해 독도 문제를 국제분쟁화하려는 일본의 의도에 말려들지 않도록 해야 하며, 셋째, 교과서 왜곡을 극복하고 동아시아의 공생과 번영을 위해 제3기 한일역사공동연구위원회를 조속히 발족해 역사의 화해를 위한 좀 더 진전된 구체적 방안을 모색해야 한다고 주장했다(≪조선일보≫, 4월 2일 자). 그러나 일본 교과서 검정에 강력히 대응할 것과 민주당 정권에 역사 인식을 전환할 것을 촉구한 ≪한겨레≫의 주장이나, 일본 교과서 발행자 스스로가 독도 관련 기술을 그만두게 해야 한다는 ≪조선일보≫의 주장 등은 감정적 대응일 뿐, 독도 문제를 해결하는 실현 가능한 현실적 대처 방식이나 합리적이고 효과적인 전략적 대안의 제시로 보이지 않는다.

전체적으로 보았을 때 독도 영유권을 포함한 역사 교과서 문제에서는 진보 성향을 지녔으나 민족 지향성을 지닌 ≪한겨레≫나 보수적 성향을 지닌 ≪조선일보≫의 논조 사이에 눈에 띄는 차이를 발견할 수 없었다. 양 신문은 각각의 논조, 성향 차이와 무관하게 '반일'과 '일본 정부(정치인, 지식인 등 지도자층) 비판' 논조로 일본을 강력하게 비판하는 보도 경향을 보였으며, 결국 일본을 '신뢰할 수 없는 이웃', '동북아협력과 한일협력의 방해자'로 이미지화했다. 독도 영유권과 교과서 문제의 해결 방안에 대해서도 한국 정부의 전략, 즉 실효 지배를 강화하기 위한 독도 영토 관리사업의 실효성과 경제성 등을 차분히 검토하고 효과적인 전략을 단계적으로 구축해서 실현할 수 있도록 촉구하기보다는 선언적이고 비현실적인 대안을 나열하는 데에 그쳤다.

4. 결론

　동일본대지진으로부터 약 보름간에 걸쳐 국내 언론이 이미지화한 일본은, 불행한 천재지변을 겪는 가장 가까운 이웃이자 동아시아의 협력적 파트너였다. 따라서 대일 감정이나 타산적 고려, 과거사를 배제하고 인도주의적 견지에서 일본에 도움을 주어야하며,[5] 그러한 순수한 인도주의적 지원이야말로 "국가의 품격"(≪조선일보≫)을 보여주는 것이자 "국제사회의 일원으로서 인류애"(≪한겨레≫)를 발휘하는 것이라며 한국인의 시민 의식을 한껏 고취하는 논조를 보였다.

　한편 자연재해에 대응하는 일본인은 미증유의 대재난에도 침착하고 차분하게 대처하는 성숙한 시민으로 이미지화했다. 그런데 재난 발생 초기에는 세계 최고의 방재 선진국이자 재난 대비 국가로 평가받았던 일본의 사회 시스템은 대지진과 해일의 파장이 불투명하고 예측하기 어려운 원전 사고로 번져가자, 매뉴얼화하고 경직된 사회 시스템으로 이미지가 격하되는 양상을 보였다. 무엇보다 재난과 원전 사고에 대처하는 일본 정부는 무능하고 무책임한 정부라는 부정적 이미지가 강화되었다.

　언론이 구성한 대일 이미지에서 주목할 만한 사항은 일본이라는 대상을 우선 개인과 집단으로 분리해 바라본다는 점이다. 대체로 일본 시민은 긍정적이고 우호적인 이미지로 구성하는 반면, 일본 정부와 일본이라는

5　"보편적인 인류애로 보나 이웃나라의 도리로 보나 당연한 일… 피해자·가해자라는 과거의 도식을 벗어나 더 성숙한 협력적 파트너로… 몸과 마음이 지칠대로 지친 일본 국민들을 도울 파격적 발상의 지원책 짜내기 위해 정부와 민간이 머리를 맞댈 때다"(≪조선일보≫, 3월 17일 자, 35면), "일본으로부터 '침략과 병탄도 당하고 그로 말미암은 반목·갈등이 계속돼 왔지만 지금은 그런 것을 따질 때가 아니다… 온 마음, 온 힘으로 일본을 도와야 한다"(≪한겨레≫, 3월 15일 자, 31면).

사회 시스템은 부정적인 이미지로 구성했다. 질서, 양보, 배려, 절제와 같은 이미지로 표현된 일본 시민은 합리적인 공동체의 일원이자 계몽되고 근대화된 존재이며 '개인으로서의 일본인'은 '교류와 협력의 대상'이라는 이미지로 형상화되었다. 그러나 무대책, 불성실, 불신, 무능, 독단, 은폐와 같은 이미지로 표현된 일본 정부와 지배층, 그리고 그들이 만든 일본 사회 시스템은 집단주의적이고 권위적이며 비합리적인 '집단으로서의 일본(인)'을 이미지화하고 '대립과 불신의 대상'이라는 이미지로 구성되었다.

대일 이미지의 또 다른 특징은 갈등 문제를 내셔널리즘 이데올로기가 점유하는 현상이 나타났다는 점이다. 3월 말, 한일 간의 오랜 갈등인 독도 영유권 문제와 역사 교과서 문제가 재점화하면서 일본의 이미지는 가장 가까운 이웃나라에서 순식간에 파렴치한 침략국으로 반전되었다. 한일 간의 관계가 피해자와 가해자의 도식으로 대립하면서 동일본대지진 초기의 성숙한 협력적 파트너의 이미지는 급격하게 사라져갔다. 일본인 역시 절제되고 질서 있는 성숙한 시민 이미지에서 체제 순응적이고 무력하며 비합리적인 개체로 이미지화되었고, 조선을 식민지로 지배했던 '제국주의 국가' 일본과 일본 국민이라는 과거사가 다시 현재에 재현되면서 그에 저항하고 반발하는 원초적인 반일 담론과 일본인에 대한 해묵은 스테레오타입이 양산되는 경향을 보여주었다.

한편 ≪조선일보≫와 ≪한겨레≫라는 두 신문의 일반적 논조와 성향 차이에도 동일본대지진 발생 후 한 달 동안의 대일 보도를 통해 두 신문이 구성한 대일 이미지에서는 이렇다 할 차별성을 찾아볼 수 없었다. 갈등 보도의 국면에서는 여전히 감성적이고 자국 이익 중심의 시각에서 보도하는 자문화 중심적 특성과 민족주의·국가주의적 특성이 노골적으로 드러나기도 했다. 특히 독도 갈등과 역사 교과서 갈등과 관련해서는 주관적 해석과 비현실적인 대안을 제시하고, 감정적 대응과 자극적 표현을 반복하면서 침탈 국가 일본(인)에 대한 불신과 적대적 이미지를 증폭했다.

동일본대지진 이후 국내에서는 그야말로 '일본 돕기'의 열풍이 불었다. 일본의 지진 피해자를 돕기 위한 국내의 자발적이고 적극적인 성금 모금은 열기를 띠었고, 진심 어린 위로와 인류애를 보여준 것이 사실이다. 이처럼 대대적이고 적극적인 일본 돕기 열풍은 한일 관계에서 지금껏 유례를 찾아볼 수 없었던 사회 현상으로, 이러한 우호적 분위기가 비록 재해라는 불행한 천재지변을 계기로 시작된 것이지만 "양국 국민 사이의 오래된 '마음의 벽'을 허무는 반가운 흐름"이며(≪조선일보≫, 3월 19일 자, 26면) "한일 연대의 초석"(≪한겨레≫, 3월 15일 자, 31면)이 되어줄 것이라는 기대로 연결되기도 했다. 또한 우리 국민이 한일 관계의 콤플렉스와 피해의식을 극복하고 "역사·영토 문제의 일본"과 "이웃나라 일본"을 구별해서 볼 정도의 시민 의식과 자신감을 획득했음을 의미하는 것(≪조선일보≫, 3월 29일 자, 2면)이라 풀이되기도 했다. 그러나 한일 관계의 오랜 앙금으로 자리한 독도 영유권과 역사 교과서 갈등이 재점화하는 순간, "역사·영토 문제의 일본"과 글로벌 사회의 "성숙한 협력 파트너로서의 일본"이라는 구별은 사라지고 갈등적 상황마다 반복되는 일본에 대한 부정적 이미지가 양산되었다. 객관적이고 정확한 보도로 타국을 바라보는 폭과 시선을 넓히고 특히 국가 간의 갈등 국면에서 양국의 입장과 견해를 다면적으로 보도해 해결의 방향을 모색해야 하는 것이 국제 보도를 하는 언론의 역할이라는 관점에서 보았을 때, 또한 한일 관계의 개선이라는 관점에서 보았을 때에도 이번 동일본대지진을 통해 드러난 언론의 보도 경향과 대일 이미지 구성은 여전히 대일 보도에서 언론의 역할과 과제가 무엇인지 다시금 숙고하게 한다.

참고문헌

김경모. 2000. 「중앙일간지 국제면의 기사선정 유사성에 관한 연구」. ≪한국언론학보≫, 제44-3호.
김동수. 2011. 「지역 재난방송 강화를 위한 SO 역할」. 2011년 제17회 한·일 국제 심포지엄 "한·일 양국의 재난보도 시스템의 문제와 발전방향" 발제문.
김성해·김경모. 2010. 「동아시아공동체와 언론」. ≪언론과학연구≫, 10권 1호.
김성해. 2006. 「한국 언론의 중국과 일본 보도」. 『미디어에 나타난 이웃: 한·중·일 언론의 상호 국가 보도』. 한국언론재단.
김수정·조은희. 2005. 「생명과학에 대한 한국과 미국의 뉴스 프레임 비교연구」. ≪한국언론학보≫, 49권 6호.
김춘식. 2011. 「일본의 '동북부대지진'에 관한 신문(한국·일본·미국)과 텔레비전(한국·일본) 뉴스 내용분석」. 한국언론진흥재단 주최 "글로벌 시각에서 본 한국 언론의 재난보도" 토론회 발제문.
문연주. 2011. 「한일 재난방송 시스템 비교」. 현대일본학회·한일의원연맹·국회입법조사처 공동 학술회의 "동일본대재난과 일본의 진로" 발제문.
박선영. 2011. 「한일회담기 한국 언론과 독도 문제: 1961~65년 일본외교문서 자료를 중심으로」. ≪일본연구논총≫, 제33호.
박태균. 2006. 「일본 전문가가 본 한국 언론의 일본 보도」. 『미디어에 나타난 이웃:한·중·일 언론의 상호 국가 보도』. 한국언론재단.
백선기·이옥기. 2011. 「한국 언론의 재난보도 양태와 개선방안에 대한 논의: 신문의 내용분석과 보도양태를 중심으로」. 2011년 제17회 한·일 국제 심포지엄 "한·일 양국의 재난보도 시스템의 문제와 발전방향" 발제문.
심재철. 1997. 「일탈성 뉴스가치 중심으로 본 한국 신문의 국제뉴스 보도」. ≪언론과 사회≫, 통권 제15호(1997년 봄).
이연·송종현. 2011. 「한국에 있어서 재난방송시스템과 문제점에 대한 논의: 공영방송, 스마트폰, 인터넷, DMB 등을 중심으로」. 2011년 제17회 한·일 국제 심포지엄 "한·일 양국의 재난보도 시스템의 문제와 발전방향" 발제문.
이연. 2011. 「동일본대지진과 일본의 재난방송」. 방송통신위원회·한국전파진흥원 공동 주최 2011 재난방송 컨퍼런스 발제문.

이원덕. 2007. 「지속과 변화 속의 한일관계: 아베정권 출범과 한일관계 전망」. ≪일본학보≫, 제71집.
이준웅. 2000. 「프레임, 해석 그리고 커뮤니케이션 효과」. ≪언론과 사회≫, 통권 제29호(2000년 가을).
지성우. 2011. 「재난방송의 올바른 역할과 책무: 국가적 위기 상황시 바람직한 재난방송의 형성과 내용」. 방송통신위원회·방송통신심의위원회 주최 재난관련방송의 올바른 방향모색을 위한 토론회 발제문.
藤竹暁. 1992. 『マスメディアと現代』. 日本放送出版協会.

Gitlin, Todd. 1980. *The Whole World is Watching*. University of California Press.

제3부

동일본대지진과 역내 관계

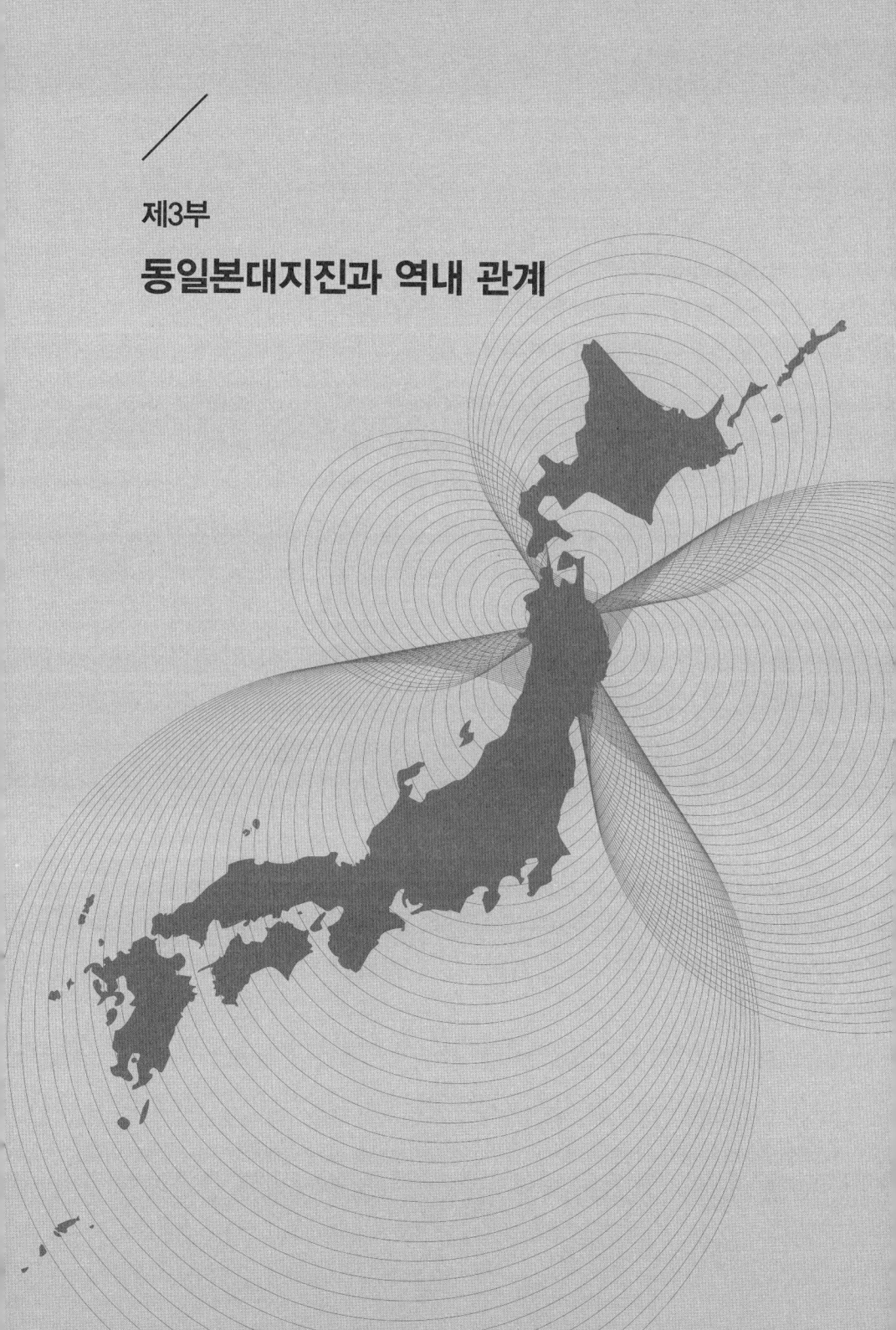

동일본대지진과 역내 관계

후쿠시마 원전 사고와 일본의 원자력정책 거버넌스

이유진

1. 들어가며

2011년 3월 11일에 발생한 동일본대지진과 쓰나미에 이은 후쿠시마 제1원자력발전소의 사고는 일본은 물론이고 전 세계에 충격을 주었다. 후쿠시마 제1원전 1·2·3호기는 쓰나미에 이은 침수로 모든 전원을 상실하고 원자로의 냉각이 중지되어 연료봉이 노출되고 용융이 일어났다. 이어서 수소 폭발로 원전 건물이 손상되면서 고농도의 방사성 물질이 대기 중으로 확산되고, 냉각을 위해 주입된 물이 원전 건물, 주변 토양과 지하수, 해양을 오염시켰다. 일본 정부는 초기에는 사고의 심각성을 보수적으로 평가했으나, 후쿠시마 사고는 결국 역사상 최악이라고 하는 체르노빌 원전 사고와 동일한 7등급 원전 사고로 기록되었다.

사고 자체도 충격적이었지만, 사고 발생 후 일본 정부와 도쿄전력이 초기 대응에서 보인 혼란, 관계 당국의 정보공개 지연과 은폐, 정부·도쿄전력·관계 기관 사이의 소통과 공조 부재, 정보 전달 체제와 의사 결정 체제의 혼선, 리더십 부재, 사고 대응 매뉴얼의 미비 등 대단히 많은 문제가 노출되었다(전진호, 2011: 183~191). 도쿄전력에 따르면 스리마일 사고 이후 도입된 원전 사고 관리 계획에는 원자로의 폭주를 억제하기 위해 필요한 조치로서 주수(注水) 기능, 전원 공급 기능의 강화 등이 포함되어 있다. 그러나 후쿠시마 사고의 경우 지진 후의 대형 쓰나미로 비상용 디젤 발전기를 포함한 모든 전원을 상실해 주수가 불가능하게 되었다. 그러한 비상사태를 전제로 한 구체적 대응책이 도쿄전력의 사고 대책에는 존재하지 않았으며(布施太郎, 2011), 도쿄전력은 이번 사고가 '상정 외'의 상황이었기 때문에 대처할 수 없었다는 책임 회피로 일관했다. 게다가 원자력안전보안원의 위기 대처 기능도 전혀 작동하지 않았다. 일본의 원자력 안전 관리의 총체적 실패를 보여주었다고도 할 수 있다. 또한 좀 더 기본적으로 2030년까지 전력 생산의 50%를 원자력에 의존하겠다는 일본의 원자력정책 수립 과정과 그 방향성, 원전시설 입지 선정과 건설 등 정책을 집행하는 과정의 문제점들이 부각되었다.

후쿠시마 사고 직후 일본에서는 반원전 여론이 급격하게 확산되고, 수만 명이 참여하는 대규모 시위가 각지에서 발생했으며, 사고를 방지하지 못하고 적절히 대응하지 못한 사업자와 정부에 신랄한 비판이 제기되었다. 원전 규제 체제 강화, 원전정책의 근본적인 재검토가 요구되었으며, 일본의 원자력정책 거버넌스 전반에 변화의 가능성이 대두되었다. 이에 당시 간 나오토 총리는 원전 제로 사회로 전환하겠다고 선언하기에 이르렀으며, 대다수 국민은 이를 지지했다. 한때 일본 내 모든 원자로의 가동이 중단되고, 정부의 신에너지정책 작성 과정에서 시민을 상대로 전국적으로 의견을 청취하면서 변화의 가능성에 더욱 현실감을 주었다. 그러나 사고 후 1년 9개월이 경과한 시점에서 시행된 총선거에서 원자력 문제는 선거의 향방을 결정짓는 주요 쟁점이 거의 되지 못했으며, 민주당 참패와 자민당 압승이라는 결과로 정권이 교체되자 원전 제로 사회라는 선언은 물론이고 원자력정책의 미래가 주요 정책 의제에서 거의 자취를 감췄다.

반핵 정서가 강한 인류 최초의 원폭 피해 국가 일본, 세계적인 지진 다발 지역이고 역사적으로 대형 지진과 쓰나미의 경험이 있는 일본에서 어떻게 현재와 같은 무모할 정도의 팽창적인 원자력 이용을 추진해왔는가. 안전 문제에 철저하다는 일반적 이미지와 달리 어떻게 일본이 위험 요소를 경시하고 안전 신화에 몰입되어 쓰나미 위험 지역에 원전을 건설하고 그 대책을 소홀히 했는가. 원전을 안정적으로 운영할 수 있는 최고의 기술과 안전성을 자신하던 일본에서 어떻게 후쿠시마 사고와 같은 통제 불능의 사태가 발생했는가. 우리는 주로 이러한 의문을 염두에 두고 후쿠시마 사고의 배경 요인으로서 일본 원자력정책의 저류에 있는 거버넌스 구조를 논의하고자 한다. 우선 이 글은 원자력정책의 기조, 정책 수립과 집행 과정을 살펴보고, 그 속성을 구속하는 구조적 요인으로서 원자력무라를 논의한다. 이어서 후쿠시마 원전 사고를 계기로 한 일본의 원자력정책 거버넌스 체제, 정책 결정 과정과 정책 내용의 변화 여부와 가능성을 탐색해보고, 끝으로 후쿠시마 사고가 한국에 주는 시사점을 고려해본다.

2. 일본의 원전 거버넌스와 후쿠시마 사고의 구조적 배경

1) 일본의 원자력정책 기조

1980년대부터 대부분 선진국의 원자력발전산업은 심각한 난관에 봉착했다. 환경 단체나 원전시설 입지 지역 주민과의 빈번한 갈등, 법적 절차나 장기간의 소송으로 원전 건설 소요 기간이 장기화했고, 비용은 급상승했다. 게다가 스리마일 사고와 체르노빌 사고 이후 원전의 사회적 수용도는 급락했다. 그 결과 다수 국가에서 원전은 경제적·정치적 매력을 상실했고(Burton, 1990: 227~228; Jasper, 1990; Campbell, 1988), 원자력의 규모가 축소되거나 건설 계획이 취소되고, 독일은 원전을 포기하는 등 정책을 근본적으로 수정하게 되었다. 그러나 일본은 예외로 남았다.

인류 역사상 유일한 핵무기 피폭 국가로서 강한 '핵 알레르기' 정서를 가진 사실과는 대조적으로 일본은 세계에서 가장 적극적이고 대규모로 원자력을 이용하는 국가가 되었다. 경제적 차원에서 일본의 정책 논리는 단순 명료하다. 일본의 정책 결정자들에게는 자국이 자원 빈국으로서 석유의 99%, 에너지원의 80%를 수입에 의존하는 등 에너지 대외 의존도가 지극히 높아서, 국제 에너지 시장이나 정치 상황에 크게 영향을 받는 치명적 약점이 있다는 인식이 강하게 자리 잡고 있다. 따라서 지속적이고 안정적으로 경제성장을 하려면 대외 의존도를 줄이고 에너지를 안정적으로 공급할 수 있는 에너지원이 필요한데, 그 에너지원으로 원자력이 가장 실질적·효율적·안정적이라는 결론을 내렸다. 이러한 인식은 1970년대 석유 위기 이후 더욱 강화되면서 원전 건설에 박차를 가하기 시작했다. 1974년부터 1987년 사이에 일본에는 원자로 30기가 건설되었다. 화석연료를 대치하는 에너지원으로서 원자력이 일본 에너지정책의 핵심이 되었고, 원자력은 일본 경제와 안보 전략의 방향을 설정하는 중심에 서게 되었다(Johnston, 2011; Donnelly, 1993: 179; Lee, 1999: 18).

일본은 원전 비중 확대, 고속증식로 상용화, 플루서멀(pluthermal) 확대, 핵연료 주기 완결 등 현재까지 세계에서 가장 야심적인 원자력정책을 추진해왔다. 그 궁극적 정책 목표는 에너지 안보를 위해 국내에서 자급적인 에너지 생산(indigenous self-contained energy production)을 실현하는 것이다(Aldrich, 2012: 2). 여기에 최근에는 원자력이 온실가스 감축에 기여한다는 차원이 추가되어, 원전 개발은 더욱 탄력을 받았다. 이러한 정책 의지는 원자력정책대강, 에너지기본계획 등에서 적극 천명되었다.

2010년에 발간된 원자력백서는 원전의 안전성 확보, 온실가스 배출 감축에 기여하는 바를 강조하면서, 사용 후 핵연료 재처리, 플루서멀 등 핵연료 주기 전략 추진을 원자력정책의 기본 방향으로 설정했다. 2010년 에너지기본계획은 에너지 안보, 온난화 대책, 효율적 공급, 에너지산업 구조 개혁을 정책 기조로 설정했는데, 기한을 2030년까지로 정한 목표 중 에너지 안보의 근본적 강화를 위해 에너지 자급률을 배중하고, 자주 에너지 비율을 현 38%에서 70% 정도로 상향한다고 언급했다. 특히 에너지 안보 강화를 위해 원자력과 재생에너지를 '정책 총동원'을 통해 최대한 도입한다고 선언하고, 원자력은 공급 안정성·환경 적합성·경제 효율성을 동시에 만족할 수 있는 기간 에너지라고 규정했다. 기본 계획에 따라 일본은 현재 보유한 54기에 더해 2030년까지 최소 14기 이상의 원전을 신규 건설하고 전력 공급에서 원자력 비중을 50%로 확대하는 계획을 추진해왔다(資源エネルギー庁, 2010: 10, 27~32).

한편 사용 후 핵연료 재처리와 플루토늄 - 우라늄 혼합 연료(MOX: mixed oxide fuel)를 이용하는 플루서멀 계획, 고속증식로 상용화를 포함하는 핵연료 주기 확립은 일본이 취한 원자력 에너지 전략의 중요한 요소로 원자력정책을 향한 일본의 집념을 보여주는 사례다. 일본에서 고속증식로는 재래식 경수로보다 효율을 120배 정도 높일 수 있다는 기대에서 개발이 추진되었으나, 국내외에서 매우 논란이 많았던 계획이다. 경제성과 안전성에 끝없이 의문이 제기되었고, 그로 말미암아 1980년대 중반까지 미국, 독일, 영국 등 대부분 선진국은 고속증식로 개발을 포기했다. 그러나 일본은 다양한 기술적·경제적·환경적 요소를 근거로 내세워서 플루토늄 이

용이 가장 효율적인 원자력의 이용 방법이라는 입장을 고수해왔다. 에너지기본계획은 핵연료 사이클 조기 확립과 고준위 방사성폐기물 처분 등 대책을 강화하고, 사용 후 핵연료 재처리와 저장, 플루서멀 추진, 롯카쇼 재처리 공장 준공과 조업 개시를 향해 매진한다고 언급했다. 고속증식로 사이클 기술은 장기적으로 안정적인 에너지 공급에 크게 공헌할 것으로, 조기 실용화가 중요하며, 2025년까지 실증로, 2050년까지 상용로를 도입한다고 했다(資源エネルギー庁, 2010: 10, 27~32). 2010년까지 50톤의 플루토늄을 이용하겠다는 과거의 계획(Suzuki, 1996)은 허황된 것이었음이 이미 밝혀졌으나, 일본은 수많은 난관에도 아직도 핵연료 주기 전략의 완성을 포함해 최근까지 기존의 정책 노선을 고수하는 일관된 의지를 보여왔다.

2) 일본 원자력정책의 구조

(1) 정책 수립

앞서 기술한 바처럼 일본이 일관되게 대규모 원자력 이용 정책을 추진하는 배경에는 그러한 정책을 가능하게 하는 정책 결정의 구조적 배경이 있다. 이하에서는 이를 정책 수립과 집행 과정으로 구분해 살펴본다. 일본의 원자력정책은 초기부터 주요 정치인들의 후견을 배경으로 견고한 정치적 기반 위에 형성되었다. 그 대표적 인물인 나카소네 야스히로(中曽根康弘)는 1954년 일본 최초의 원자력 관련 예산 편성, 1955년 원자력기본법 제정을 주도했다. 기본법은 원자력정책의 목적 및 기본 원칙, 원자력 이용 추진을 위한 법과 제도의 기반을 마련했다. 이를 근거로 정부는 원자력위원회, 과학기술청, 일본원자력연구소, 원자력연료공사등을 설치했다. 나카소네는 전후 총리 대부분이 지지한 핵연료 주기 전략 수립의 핵심 역할도 했다. 이후 일본은 에너지정책의 장래를 원자력에 걸게 되었다. 1960

년대 말에는 환경오염에 대한 우려가 확산되는 가운데 원자력이 환경오염의 상징으로 인식되어 대중의 반대가 증가하는 시기였는데도 일본에서는 대규모 원전이 건설되기 시작했으며, 1970년대 석유 위기는 원자력정책을 정당화하고, 원자력이 더욱 급속히 확대하는 계기가 되었다(Johnston, 2011; Kim, 1996: 101~102; Aldrich, 2011: 67).

나카소네는 1950년대에 원자력 이용 추진에 찬동하는 각계의 지지 세력을 규합했다. 이후 일본에서는 정치인, 관료와 일본에서 가장 강력한 기업집단들인 전력사업자와 설비·건설 관련 기업들이 일상적인 사회적·정치적 압력으로부터 격리된 원자력정책 공동체를 형성했으며, 이들은 독과점적이자 폐쇄적인 정책 수립 과정을 주도했다. 이들은 원자력정책을 소수 전문가의 식견 있는 판단에 맡겨야 하는 기술적 문제로 규정하고자 많은 노력을 기울였으며(Donnelly, 1993: 186~191; Dauvergne, 1993; Samuels, 1987), 정책 체제는 이러한 의도를 반영했다. 또한 자민당의 장기 집권으로 친원자력 세력을 거부하는 관문은 줄어든 반면, 고립된 반원자력 세력이나 분산된 여론은 정책 과정에 접근하는 것이 제한되었고 별다른 영향력을 행사하지 못했다(Cohen et al., 1995).

원자력정책 공동체는 원자력 이용 프로그램을 촉진하기 위한 법률과 규제, 기타 제도적 장치를 구축했으며, 저비용 구조, 재정 지원, 위험 요소 축소, 우호적인 수요 구조 등 전력사업자들의 이익을 보장하기 위한 환경을 조성했다. 또한 규제 체제는 행정 당국의 통제력을 최대한 허용하고, 사법부의 역할이나 원전사업에 반대할 수 있는 지방정부의 법적 권리는 최소화했다(Donnelly, 1993: 186). 그 결과 일본의 원자력정책 과정에 여론, 환경 단체 등 외부 요인이 침투할 가능성은 상대적으로 적으며, 원자력은 국내정치과정에서 광범위하게 국민들이 참여하는 공개적 논의나 분열적인 논란의 영역을 벗어난 국책 사업으로 간주되었다.

원자력정책의 추진에서 중앙정부는 핵심 역할을 수행했다. 높은 자율성과 집중된 권한을 가진 정부는 명확하고 일관된 장기 정책을 하향식으로 수립하고 결정했다. 정부는 다양한 정책 수단과 사회적 통제 기술을 활용하고, 우호적 여론을 조성하고 반대 여론을 억제하면서 원자력산업의 진흥과 확대에 적극 개입했다(Aldrich, 2012). 원자력 행정체제를 좀 더 구체적으로 보면 그 정점에는 내각부에 설치된 원자력위원회와 원자력안전위원회가 있다. 원자력위원회는 원자력의 연구 개발과 이용에 관한 기본 정책을 기획, 심의, 결정한다. 위원회는 '원자력개발이용장기계획', '원자력정책대강' 등을 통해 원자력정책의 장기적인 기본 방향을 설정하고 발표한다. 원자력안전위원회는 안전을 확보하기 위한 규제 등의 기획, 심의, 결정을 한다. 이들 위원회는 필요에 따라 총리를 통해 행정기관의 장에게 권고할 수 있다. 행정기관은 명목상으로는 양 위원회의 결정 등에 따라 원자력 행정을 시행한다. 그러나 일본의 정책 결정 과정의 속성상 관료제는 정책에 대단히 큰 영향력을 행사한다.

일본이 원자력을 개발하던 초기에 정책 권한은 주로 1956년에 설치된 과학기술청과 원자력위원회에 집중되었다. 1967년부터 과학기술청은 동력로·핵연료개발사업단(1998년 핵연료사이클개발기구로 개편, 2005년 일본원자력연구소와 통합되어 독립행정법인 일본원자력연구개발기구로 재편)을 설치해 핵연료 주기 프로그램을 실행했다. 그러나 산업적 측면에서 관할권을 가진 통상산업성도 정책 과정에 관여했다. 통상산업성은 원자력의 상업적 측면에서 진흥, 규제, 관리 업무를 관할한다. 과학기술청과 통상산업성은 경쟁관계인데도 해외 에너지 수입의존도 축소와 원자력 이용 확대라는 목표는 일치했으며, 업계와도 매우 높은 수준의 합의와 협력관계를 지속했다(Dauvergne, 1993: 590).

2001년의 행정조직 개편 이후 문부과학성의 관할에는 기초·기반적 연구 개발, 고속증식로 기술, 국가적 대규모 연구 개발, 시험용 원자로 규제, 방사성 동위원소 규제, 환경방사선 모니터링 등이 포함되었다. 경제산업성 산하의 자원에너지청은 플루서멀 시행, 고준위방사성 폐기물 처리, 원자력발전 정책과 핵연료 주기산업 정책을 담당하고, 산하 원자력안전보안원은 발전용 원자로, 핵연료 사이클 시설, 전기사업자 방사성폐기물 처리 등 안전 규제를 담당해왔으며, 관계 기관으로는 독립 행정법인 원자력안전기반기구와 인가 법인 원자력발전환경정비기구가 있다. 그 외에 경제산업성과 문부과학성이 공동으로 관할하는 독립 행정법인 일본원자력연구개발기구가 있다.

일본 정부는 에너지정책기본법에 근거, 에너지 수급에 관한 시책을 장기적·종합적으로 추진하고자 '에너지의 수급에 관한 기본 계획'을 책정했는데, 경제산업성 대신은 관계 행정기관 장의 의견을 청취하고 대신 자문기관인 총합에너지조사회의 의견을 청취한 다음 에너지기본계획안을 작성해, 각료회의 결정을 요청하는 절차를 거친다. 원자력을 포함하는 정부 에너지정책의 포괄적인 방향성을 설정하는 작업도 경제산업성이 주도한다. 한편 외무성은 핵 비확산과 IAEA 등 대외 문제를, 기타 국토교통성과 환경성 등이 관할 분야에 부분적으로 관여한다. 사실상 일본의 원자력정책 입안은 경제산업성과 문부과학성이 주도하고 원자력위원회와 원자력안전위원회가 정치적 정당성을 부여하는 구조라고 볼 수 있다.

(2) 정책집행

1950~1960년대 일본에서는 원자로를 다수 건설하면서 원자력산업이 빠르게 팽창했다. 그러나 중앙정부의 하향식 정책 수립 과정과 달리 원자력정책의 집행에서는 1970년대 초 이후부터 원전 시설 건설에 대한 반대로 말미암아 일본은 복잡하고 어려운 문제에 직면해왔다. 고도성장을 이

룩한 이후에는 공해에 대한 국민들의 관심이 높아지고, 방사성 물질이 건강에 미치는 영향, 핵폐기물의 장기 저장, 핵무기 확산 등에 대한 우려가 고조되면서 원자력 이용에 대한 부정적 인식이 확산되었다. 점차 반원전 단체나 지역 주민의 시위, 소송으로 원전시설 건설이 지연되고 중단되는 사례가 생기고, 지방 정치에서도 원전 건설이 정치 쟁점화했다. 또한 반원전 단체가 설립되어 활동을 전개했는데, 1975년에 핵화학자 다카기 진자부로(高木仁三郞)가 설립한 원자력자료정보실은 그 대표적 사례다.

어려움에 직면한 일본 정부는 야심적인 원자력정책을 실행하고 에너지 안보를 실현하기 위한 다양한 수단을 동원했다. 우선 정부는 전력사업자에게 여러 혜택을 제공했다. 일례로 사업자가 전국의 원전 입지 가능 지역을 확보할 때 행정적·재정적·기술적·정치적 지원을 제공했는데, 입지 후보 지역의 지역사회가 지닌 성격까지도 파악해 원전 사업자에 제공했다. 특히 잠재적 반대 세력을 파악해 반대 세력이 분산되었거나 동원력이 약한 지역에 건설을 추진하도록 했다. 또한 지역 주민의 생계를 위한 다양한 지원도 정부 차원에서 제공했다. 정부는 체계적으로 원자력에 대한 긍정적 여론 조작도 시도했다(Aldrich, 2012: 3).

1970년대의 석유 위기는 정부가 가용 자원을 총동원해서 원자력을 추진하는 중요한 계기가 되었다. 제1차 석유 위기가 발생한 1973년 통상산업성은 원전 확대를 위해 입지 지역을 지원하고 혜택을 제공하는 거대한 국책 프로젝트의 실행기관으로 자원에너지청을 설치했다(Aldrich, 2012: 4). 한편 1973년 일본 최초로 원전 건설을 중지시키려는 집단소송이 제기되자 원전 추진 세력은 소송의 전국적 확산을 우려했고, 1974년 당시 나카소네 통상산업성 대신은 재원을 확보해 원전시설 건설을 승인하는 지자체에 공공사업 예산을 지원할 수 있도록 전원3법을 제정했다. 이로써 원자력을 본격적으로 석유 대체에너지로 개발하기 위한 정책 수단이 정비되었다.

자원에너지청은 이 법을 통해 일종의 눈에 보이지 않는 세금을 전기 사용에 부과해, 입지 지역에 일자리·보조금·대출·인프라 투자·지역사회의 생존을 보장하는 막대한 경제적 보상이나 혜택을 제공하는 재원을 마련했다. 이에 일본에는 1974년부터 1987년 사이에 원자로 30기가 건설되었다. 후쿠이, 후쿠시마, 니가타는 원전을 적극 유치해, 현재 원자로 30기가 이들 3개 현에 입지하고 있으며, 혹자는 그 과정에서 이들 지자체가 정부 재정에 대한 "의존의 문화"와 "중독의 사이클"에 빠져들도록 조장되었다고 비판했다(Johnston, 2011; Aldrich, 2011: 66).

원자력정책 집행 과정에서 원전 추진 세력에 유리하게 구성된 또 다른 제도적 장치 중의 하나는 시설 건설에 동의하거나 반대하는 권한을 원전 입지 지자체와 그 소속 현에만 인정한 것이다. 따라서 시설의 건설 절차에 일반 국민의 의사가 직접적으로 반영되는 길이 없었으며, 해당 지자체 외에는 지리적으로 아무리 인접해도 원전시설에 의사를 표시할 권리가 없다. 경제적 지원으로 회유한 지자체에 원전시설 용인 여부를 전적으로 판단하게 하는 것은 부적절하다는 비판도 있다(Hunter, 2011).

그런데 언급한 바와 같은 모든 원전정책을 집행하는 체제를 구축했는데도 1979년 스리마일 사고, 1986년 체르노빌 사고로 일본에서 원전 건설은 더욱 난관에 봉착했다. 이전까지 분산되고 고립되었던 시민단체, 지역 주민 등 반원전 세력이 강화되고, 원자력 안전의 근본 문제에 대한 일반 국민의 인식이 높아졌으며, 언론의 비판적 보도도 증가했다. 또한 일본에서도 원전시설에서 발생한 다수의 소규모 사고와, 이를 은폐한 당국이나 사업자의 행동으로 원자력에 대한 대중의 신뢰가 잠식되었으며, 법적 행동으로 원전시설 건설을 지연시키고 중단시키는 사례가 증가했다. 1980년대 초반부터 원자력자료정보실과 같은 반원전 단체나 운동의 활동이 조직화하고 활발히 전개되면서 그들의 전국적 영향력은 다소 강화되었다.

〈표 8-1〉 일본의 원자로 건설 개시 및 상용 운전 개시

	건설 개시	운전 개시		건설 개시	운전 개시
1960	2		1985	12	10
1965	5	2	1990	5	11
1970	16	7	1995	1	4
1975	5	14	2000	4	1
1980	7	6	2005		4

자료: Aldrich(2012: 4).

이에 대응해 정부는 일본의 우수한 원자력 기술과 인력, 철저한 안전 관리 때문에 일본에서는 체르노빌과 같은 대형 사고는 없을 것이라고 끊임없이 안전 신화 만들기에 열중했다. 또한 정부는 입지 지역에 대한 경제적 혜택을 더욱 확대하면서, 정책 수단을 동원해 반대 세력을 통제하고자 노력했다(Aldrich, 2008). 정부와 전력회사는 원자력의 긍정적 인식을 높이는 각종 홍보 사업을 적극 시행하고, 원전 입지 지역 농산물 판매 촉진사업을 벌였으며, 원전 지지 지자체장에게 정치적 지원과 보상을 제공하는 등 지역사회에 친원자력 세력을 조성했다. 원자력 추진 세력은 '제도화된 재분배 시스템'과 다양한 수단을 동원해 입지 지역 주민들에게 원자력은 안전하고 필요한 것이라는 인식을 지속적으로 심어주었다(Aldrich, 2012: 4~5).

그러나 1970년대 중반 이후의 전반적 추세를 보면 원전시설 건설에 소요되는 정치적·경제적 비용과 시간이 급격히 증가했다. 신규 원전 건설 계획부터 운전 개시까지 소요 기간이 1970년대 초에는 10년 이상이었으나, 1990년대 후반에는 30년 이상 소요되었다. 1980년대까지 완공된 원전의 건설 기간은 평균 약 17년 4개월이었던 것에 반해, 1990년대에 완공된 원전은 25년 7개월의 기간이 소요되었다(Aldrich, 2012: 5; Dauvergne, 1993: 579~584). 1990년대에 들어 신규 건설과 신규 가동 건수가 급감하면서, 원전정책을 집행하는 데에 큰 어려움을 겪게 되었다. 그럼에도 원자력은 가

장 경제적이고 효율적인 에너지이며, 특히 온실가스 배출을 감축하는 데에 기여할 수 있는 친환경적 에너지라는 논리로 일본 정부는 일관되게 적극적인 원자력 이용 정책을 추진해왔다.

(3) 안전 관리

후쿠시마 사고 후 분석가들이 사고의 직접적인 원인을 제공한 것으로 지목한 것은 원전의 안전 관리 체제다. 원전의 운영에서 사업자에 대한 규제기관의 검사와 감시 등 안전 관리는 대단히 중요하다. 원자력 안전 정책에 관한 최고 심의·의결기관은 내각부 원자력안전위원회로, 안전위원회는 안전 확보를 위한 규제 등의 기획, 심의, 정책 방향의 설정, 원자력 안전 확보의 기반 정비 역할을 한다고 규정되어 있다. 원전의 안전 규제에 대한 실질적인 업무는 원전의 안전 심사와 정기 검사, 방재 대책 등을 담당하는 원자력안전보안원이 수행했다. 2001년 성청 재편으로 옛 과학기술청과 옛 통상산업성의 안전 규제 부문이 통합되어 신설된 안전보안원은 원전의 안전을 담보하고 입지와 구조에 대한 검사 후에 원전 건설 허가를 발급했다. 또한 안전보안원은 전국의 원전 근처에 원자력보안검사관 사무소를 설치하고, 검사관이 발전소에 매일 출근해 운전 상황을 확인하도록 했다. 그런데 후쿠시마 원전 사고 전후의 상황을 보면 원자력 안전 규제기관이 적절히 기능하지 못했다는 평가가 지배적인데, 원전 사고 원인의 핵심 중 하나로 지적되는 것은 안전 관리 거버넌스의 문제다. 즉, 안전 규제기관인 원자력안전보안원이 원자력산업 진흥을 담당하는 경제산업성 산하에 있어서 하나의 정부 부처가 규제와 진흥 업무를 동시에 수행한다는 점이다. 규제기관인 안전보안원이 국책으로서 원자력을 추진하는 상부 기관인 경제산업성의 정책 목표에 영향을 받으므로 실효적·독립적인 감독이 불가능하고, 엄격한 감시 기능도 기대하기 어렵다. '보안원은 원전 추진에 보증서를 발급하는 기관'이라고 비판 받은 이유가 거기에 있다(布施太郎, 2011).

원자력안전보안원의 독립성에 대해서는 일본 국내와 IAEA에서 과거부터 지속적으로 문제 제기가 있었다. 안전보안원은 특수한 기구라고 자처하면서 경제산업성에 대한 독립성을 강조하지만, 비판자들은 두 기관의 밀착관계를 지적해왔다. 일례로 후쿠시마 사고 당시 안전보안원 원장은 경제산업성 관료 출신이었으며, 2011년 6월 현재 경제산업성 차관은 안전보안원 원장을 거친 인물이다(≪The Japan Times≫, 2011.6.24a). 2011년 5월에 후쿠시마 원전 사고 조사를 위해 일본을 방문한 IAEA 조사단의 요약 보고서는 일본의 원전 당국이 쓰나미 위험을 과소평가했음을 언급하면서, 일본 정부가 원전 규제의 구조를 재검토해야 한다고 지적했다. 보고서는 "IAEA 안전표준에 따라 어떤 상황에서도 규제 당국의 독립성과 역할의 명확성이 담보되어야 한다"라고 했다. 또한 조사단은 규제 당국의 구조적 독립성뿐 아니라 자원과 전문 지식을 확보하는 데에서도 독립성을 보장해야 한다면서, 안전보안원과 경제산업성을 분리할 필요성을 강조했다(Nagata, 2011.6.1).

분석가들은 후쿠시마 원전 사고의 원인을 제공한 안전 관리 체제 부실에는 아마쿠다리(天下り)에 따른 당국과 업계의 유착관계도 기여했다고 본다. 경제산업성, 원자력안전보안원, 전력사업자는 원자력 추진에 이해관계를 공유하면서 밀접한 관계를 형성했다. 이들은 원전의 위험 시나리오는 회피하고, 안전 신화에 안주하면서 공존관계를 지속했다. 감독관청과 업계의 밀접한 관계로 상호 견제 기능은 상실되고, 긴장감 없는 의존관계로 이어졌다(布施太郎, 2011). 최근 한 언론은 일본의 원전 규제 환경에 '무사안일의 문화'가 만연했으며, 규제 당국의 '의도적 무지'가 도쿄전력의 부적절한 행위를 초래했다고 지적하면서, 원자력안전보안원의 보안검사관

95명 중 26명이 원자력산업이나 원자력을 추진하는 조직에 종사했었던 인물이라고 보도했다. 반대로 과거 50년간 70명의 경제산업성(통상산업성) 고위 관료가 전력회사로 아마쿠다리했다. 관료들은 장래에 자신들을 고용할 사업자의 위반 사항을 못 본 체하고, 비판하려 하지 않는다. 재취업 기회와 징벌적 규제 행위 사이에는 이익의 상충이 있을 수밖에 없다는 것이다(≪The Japan Times≫, 2011.6.24a; Aldrich, 2011: 62~64).

최근에는 원자력 안전 규제 행정의 해이함을 보여주는 또 다른 사례가 드러났다. 원전 관련 시설의 유일한 법정 검사기관인 독립 행정법인 원자력안전기반기구가 검사 대상 사업자가 작성한 원안을 그대로 복사한 검사절차서(檢査手順書)에 근거해 검사를 시행한 문제가 2011년 11월에 언론에 보도된 것이다. 이를 조사한 제3자위원회는 기반기구가 2003년 발족 당시 처음부터 핵연료 제조·가공 회사에 검사절차서를 작성시켜 표지 등을 바꿨을 뿐, 그대로 복사해 핵 연료봉 검사에 이용하는 것이 관행적인 행태였다는 조사 결과를 제출했다. 검사절차서조차도 참조하지 않고 검사해 합격시키거나, 일부 검사를 시행하지 않거나 검사를 형식적으로 추인한 경우도 있었다. 이에 제3자위원회는 기반기구의 관계자들이 검사의 중요성에 대한 인식이 희박했고 사업자에게 의존하는 체질이 만연했음을 보여주는 사례라고 엄중히 비판하면서, 검사는 안전을 담당하는 시스템의 일부이므로 사업자에 의존해서는 안 되며, 주체적 검사로 개선할 필요가 있다고 제안했다. 여기서도 업계와 규제 주체의 유착관계가 드러났다. 원자력안전기반기구에는 2011년 말 현재 검사원 75명이 재직 중이었는데, 그중 기반기구의 원래 직원은 4명에 지나지 않고, 39명은 원전 관련 제조사나 전력회사 퇴직자였다. 이러한 상황에서는 애초부터 검사에 긴장관계가 있을 수 없다. 게다가 직원의 대우가 좋지 않아 인재 확보도 어렵다고 한다. 원자력안전기반기구는 2002년 8월에 도쿄전력의 검사 결과 조작을 안전보안원이 적발하지 못한 일이 밝혀진 것을 계기로 2003년에 발족한 기구다. 그러나 원자력안전기반기구의 관할기관인 원자력안전보안원은 검사절차서, 검사 누락 문제 등의 경위를 파악하고 있었는데도 기반기구에 개선을 지도하지 않았다고 한다(川辺康広, 2012).

따라서 원자력 안전 관리 체제의 개혁과 강화는 누구나 공감하는 사안이었다. 정부와 정치권 사이에서 수개월간의 논의를 거친 끝에 2012년 9월 19일에 일본의 원자력 안전을 담당하는 원자력규제위원회가 발족되었으며, 그 사무국으로 원자력규제청이 설치되었다. 위원회는 기존 원자력안전위원회와 원자력안전보안원을 대체하는 조직으로, 이른바 '3조위원회'의 지위가 부여되어 이론상 좀 더 높은 독립성과 권한이 보장되며, 정치적 간섭이 어렵고 총리도 위원을 쉽게 교체하지 못한다. 또한 위원회는 과거에 지속적으로 문제라고 지적되었던 경제산업성과의 관계를 단절하고자 환경성의 외청으로 이동했다. 위원회는 원자로 안전기준 작성, 안전검사와 재가동, 원자로 폐로 등 원자력 안전과 관련한 모든 관할권을 보유하며, 당면한 현안은 안전 검사 이후의 원자로 재가동에 대한 새로운 안전기준 작성과 원전 입지 지역 활성 단층에 대한 조사, 정부가 발표한 원전가동 연한 최장 40년과 관련해 그 이상의 연장 허용에 대한 결정 등이다. 위원회의 초대 위원장은 핵물리학자로서 원자력위원회 부위원장을 역임한 다나카 슌이치(田中俊一)가 임명되었다. 다나카는 후쿠시마 원전 사고와 같은 참사를 절대 되풀이하지 않겠다는 결의를 내세웠다. 이와 같은 조직 개편은 일본 원전 거버넌스에서 중요한 물리적 제도의 변화다. 그러나 이것은 원전정책의 근본적 변화는 아니다. 예를 들어 위원회 위원은 여전히 친원자력 인사가 다수다. 위원장을 포함한 위원 5명 중 최소한 3명은 원전을 추진해온 기득권 집단의 구성원이다. 원자력규제청의 직원은 480명으로 다수는 안전보안원 출신이고, 그 외에 문부과학성, 국토교통성, 내각부 등에서 파견된 인원이다(Nagata, 2012.9.19; ≪The Japan Times≫, 2012. 9.8). 조직의 형식적인 개편이 구성원의 유착관계에 기반을 둔 기존의 문화와 관행까지 바꾸지 못한다는 것은 이미 과거의 사례로 입증되었다. 앞으로 원자력규제위원회가 원전의 재가동이나 최대 운전 연한, 입지 지역의 안전에 어떤 결정을 내릴지 지켜볼 필요가 있다. 그러나 규제위원회는 어디까지나 원전이 안전하게 운영되도록 하는 것이 조직의 목표이지 원전 정책 자체를 결정하는 기관은 아니다.

3) 원자력무라

앞에서 언급한 바와 같은 원자력정책의 수립과 집행, 원전산업의 진흥과 규제의 체제를 구성하는 행위자들의 총체적 구조를 일본에서는 '원자력무라(村)'로 표현한다. ≪朝日新聞≫의 논평에서 가미사토 다쓰히로(神里達博) 도쿄대 교수는 원자력무라의 자기 과신이 후쿠시마 원전 사고를 불러온 것이라고 지적했다. 세계적 지진 빈발국이고 쓰나미가 우려되는 일본에 원전 68기를 건설하고 운영하는 계획은 무모한 것이며, 일본은 원전에 과잉 의존하는 상황을 방치하고 용인했다고 비판했다. 또한 경제산업성과 도쿄전력은 원전 확대에 유리한 정보만 국민들에 전달하고 불리한 데이터는 은폐와 조작을 통해 여론을 호도했다면서 '폐쇄적 전문가 시스템'을 신랄히 비판했다(Hunter, 2011; ≪朝日新聞≫, 2011.7.27). 원자력무라는 이 폐쇄적 전문가 시스템을 의미한다.

원자력무라는 일본의 원자력정책과 산업에 연관되는 정책 결정자, 규제·감독기관, 업계 단체, 기업 관계자, 원자력 이용에 적극적이거나 간접적으로 이를 지원 또는 인정하는 정치인, 학자나 연구자, 언론매체 관계자 등으로 구성된 일종의 정책 공동체라고 할 수 있다. 이 용어는 자기 이익의 확보를 목적으로 하는 폐쇄적 공동체라는 부정적 함의를 지니며, 정·관·재로 구성된 철의 삼각과 유사하나, 좀 더 광범위하게 이해관계자들을 포괄한다. 원자력무라에 관해서는 다수의 비판적 저술이 있다(일례로 小出裕章 外, 2011).

원자력무라의 구성원들은 원자력산업의 적극적 확대와 안전 신화 지속이라는 목표를 공유하고, 반대 세력을 상대로 단결하는 배타적 성격을 가지며, 원자력이 전문 분야라는 구실로 정책 논의에서 전문 지식을 동원해 반대자를 제압하고 무시하는 태도를 보인다. 전력회사 내에서도 원자력 부문은 수직적·수평적 간섭을 받지 않는 성역이 되었으며, 감시와 규제 역할을 하는 정부 관계자와도 아마쿠다리와 상호 파견을 통해 서로 유착하면서 왜곡된 동류의식을 품는다. 전력회사는 자민당에 헌금을 제공하며, 전력회사 노조가 중요한 위치를 점하는 전국 노조는 민주당을 지원하는데, 민주당 정치인 중에는 노조 경력자가 다수 있다. 또한 전력회사는 광고를 통해 언론사를, 연구비 지원을 통해 학계를 우호 세력으로 포섭한다(Brasor, 2011). 원자력무라의 구성은 다음과 같이 정리해볼 수 있다.

(1) 정부

내각부의 원자력위원회와 원자력안전위원회는 형식적으로 원자력무라의 기본 방향을 설정하고 이를 정당화하는 구조의 정점에 있다. 원자력위원회는 국가 원자력정책대강을 책정하는 최고의 심의·결정기관으로 교수, 언론인, 업계 관계자 등 유력 인사 5인으로 구성된다. 원자력안전위원회는 원자력안전보안원의 안전 규제를 이중 확인하는 역할을 수행한다. 경제산업성은 일본 원자력산업의 진흥과 관리라는 중추적 역할을 한다. 경제산업성 산하 자원에너지청은 국가 기간 인프라 차원의 에너지 문제를 담당하며, 도쿄전력 등 전력사업자와는 아마쿠다리 등으로 긴밀한 관계에 있다. 경제산업성 산하 원자력안전보안원은 원전의 안전 규제를 담당하는 기관으로 구성원의 다수는 경제산업성 관료다. 원전을 검사하는 업무를 수행하는 원자력안전기반기구도 간부는 교수 등 전문가 외에 경제산업성 관료 출신이 다수 포함된다. 경제산업성 대신의 자문기관으로 에너지기본계획을 수립하는 총합자원에너지조사회의 원자력부회와 원자력안전보안부회 위원에는 도쿄전력과 간사이전력의 임원 등 업계 관계자가 다수 참여한다. 핵연료 주기 전략 관련 연구 개발을 담당하는 문부과학성도 원자력무라의 주요 구성원이며, 산하에는 일본 최대 원자력 연구 개발기관으로 플루토늄 이용 계획 등을 추진하는 독립 행정법인 일본원자력연구개발기구(2005년 일본원자력연구소와 핵연료사이클개발기구 통합으로 출범)가 있다. 개발기구에도 전력회사의 고위 인사가 이사회 임원 등 요직에 취임해 왔다(東洋經濟社, 2011).

(2) 민간 기업

지역 독점인 9개 전력사업자는 일본에서 가장 유력한 기업군을 형성하고 있으며, 원자로·터빈·발전기 등 발전설비 제조와 플랜트 건설 등에도 도시바·히타치·미쓰비시와 같은 유수의 중공업·건설 대기업들이 참여하고 있다. 또한 기타 부품, 소재, 연료, 화학물질, 수송기기, 보수 관리 등에 다양한 기업이 연관되어 있다(東洋經濟社, 2011). 이들은 원전을 추진하는 정부 부처나 규제·감독기관과 유착관계에 있으며, 정치권과 학계와도 직간접적으로 긴밀한 관계를 유지한다.

(3) 업계 단체

원자력산업 관련 기업들은 자신들의 이익을 대변하고 정치인에 대한 정치자금 제공, 학계 연구비 지원, 대정부 로비 등을 통한 영향력을 행사하고자 협회, 연구소 등 다양한 업계 단체를 형성하고 있다. 전력 9사와 제조업체가 회원인 일본원자력기술협회와 일본원자력산업협회, 원자력 설비 인프라 수출 촉진을 목적으로 설립된 국제원자력개발, 전력사업자를 주회원으로 하는 전기사업연합회 등이 대표적이다. 우라늄 농축, 사용 후 핵연료 재처리, MOX 생산 등 핵연료 사이클 상용화 사업을 하는 일본원연주식회사(일본원연)는 9개 전력사업자와 일본원자력발전이 출자해 설립한 특수회사로, 전력회사 사장이 역대 사장을 역임했다. 전력중앙연구소는 업계의 연구기관이다(東洋經濟社, 2011).

업계와 정부 사이의 관민 유착 관계는 아마쿠다리뿐 아니라 민간 기업의 직원이 정부 부처에 파견하거나 채용되는 사례에서도 잘 드러난다. 원자로 제작사, 플랜트 기업, 건설사 등 원전 관련 기업의 다수 임직원이 정부의 원전 추진 또는 규제 부서에 근무해왔다. 예를 들어 도쿄전력 직원이 내각 원자력위원회 사무국, 총괄관실 등에 파견한다든가, 법률의 특례를 통해 원자력 행정의 중추인 원자력위원회, 문부과학성 연구개발국 등 관련 부서에 채용되어왔다. 원자력안전보안원, 원자력안전위원회에도 다수의 원전 관계 기업과 건설사의 직원이 근무한다. 원자력위원회 사무국 직원 50여 명 중 다수가 민간 기업 파견자인데, 이들은 위원들이 요구하는 자료를 준비하거나 위원이 보고서를 정리할 때에 관여한다. 위원 경험자들은 위원회에서 논의하는 의제나 내용에 사무국 직원이 직접적으로 영향력을 행사하는 경우도 많다고 증언한다. 따라서 민간이든 관료이든 사무국을 가리켜 말하기를 원전 추진파들이 모여 있는 '원자력무라의 소굴'이라고도 한다. 심지어는 원자력안전위원회도 사무국 주도의 원전추진회의 성격이 짙으며, 국책으로서 원전을 추진하고자 하는 관료와 민간 출신이 결탁해 위원회의 논의를 정부와 사업자에 유리한 방향으로 유도한다는 것이다. 원자력안전보안원의 민간 출신 직원들은 원자력보안검사관, 원자력

방재전문관 등의 업무를 수행하는데, 자기의 전 직장을 대상으로 엄격하게 검사하기는 어렵다(講談社, 2011).

(4) 학계

정책 과정에서 원자력은 고도로 기술적인 문제라는 명분으로 일반 국민의 접근을 배제하고, 거기에 정책의 정당성을 부여하는 데에는 학계의 전문성이 동원된다. 원자력 이용에 찬성하는 학계 인사들이 원자력무라에 참여하며, 그 반대급부로 업계로부터 연구비 등을 받는 것은 관행이 되어 있다. 대표적인 학회로는 일본원자력학회가 있다. 최근에 밝혀진 사례는 정 - 관 - 재 - 학의 밀착관계를 잘 보여준다. 2010년 4월 원자력안전위원회 위원장에 취임한 전 도쿄대 교수 마다라메 하루키(班目春樹)는 2009년부터 4년간 미쓰비시 중공업에서 400만 엔의 연구비를 받았다. 위원회 위원인 전 교토대 교수 시로야 세이지(代谷誠治)는 일본원자력산업협회에서 2009년부터 3년간 310만 엔을 받았다. 이들은 기부금을 받은 사실은 인정했으나 그것이 위원회의 의사 결정에 영향을 미치지는 않았으며, 연구를 지원하는 의미였다고 주장했다(≪The Japan Times≫, 2012.1.3). 원전의 안전을 담보하기 위해 경제산업성의 규제 조치를 재검증하는 기능을 수행하는 위원회의 위원 5명 중 2명이 규제 대상 업계로부터 기부금을 받았다는 사실은 시사하는 바가 크다.

(5) 정치권

전력회사나 원자력 업계 단체들은 조직적으로 정치권에 로비를 한다. 한 언론 보도에 따르면, 예를 들어 오키나와전력을 제외한 9개 전력회사로 이뤄진 전기사업연합회는 2~3개월에 한 차례 자민당 의원들과 모임을 하며, 일부 회사는 부정기 모임도 개최하는데, 주로 경제산업성과 관계가 있는 중견 의원과 비서들이 참석한다. 선거철이 되면 전력회사 측에서 이들 정치인들에게 200~300만 엔의 현금을 주었다고 하며, 그 외에 의원들에게 접대와 향응을 제공하거나, 의원들의 지역구 행사에 직원들을 파견하는 등 다양한 지원을 한다. 민주당 의원들은 전력회사와 관계사의 노동조합과 정기 모임을 가진다고 한다(≪朝日新聞≫, 2011.10.9).

(6) 언론

원자력무라에는 주요 언론사도 중요한 위치를 점해왔다. 일본이 원전산업을 추진하던 초기에 나카소네에 동조한 ≪読売新聞≫은 대중들에게 노골적으로 원자력이 안전하고 신뢰할 수 있는 평화적인 에너지원이라고 적극 선전하고, 원자력을 홍보하는 전람회 개최, 신문 특집 게재 등을 통해 1950년대에 일본에 우라늄 붐을 일으켰다(Johnston, 2011). 지금도 원전의 중요성 및 안전성을 선전하는 간행물에 직접 관여하는 '전기신문'의 예를 보면 그 운영 모체는 전력 관계 기업 등이 조직한 '사단법인 일본전기협회'인데, 협회의 법인 회원에는 ≪朝日新聞≫·≪読売新聞≫ 등 다수 유력 일간지와 TV 방송국이 포함되어 있다. 전기사업자는 원전의 계발(즉, 안전 신화의 확산)에 막대한 광고비와 홍보비를 투입하는데, 언론사는 그 수혜자가 되고 있다. 따라서 주요 언론사가 정부와 전력회사의 원전 안전 신화 만들기에 가담해왔다고 해도 과언이 아니다(Hunter, 2011). 그리고 이것이 후쿠시마 사고로 이어진 일본 원전산업의 문제에서 언론의 책임이 제기되는 이유다.

이와 같은 견고하고 배타적이고 자기 이익 추구적인 원자력무라를 구성한 일본의 원자력 추진 세력은 과거 50년간 일관되게 대단히 확장적이고 야심적인 원자력정책을 수립했고, 이를 집행하고자 원자력에 대한 사회적 수용성을 높였으며, 입지 지역을 확보하는 데에 막대한 정치적·경제적·사회적 자원을 동원했다. 이러한 기존 원자력정책의 거버넌스 구조는 후쿠시마 사고를 계기로 최대의 위기에 직면해 있다. 다음에서는 사고 이후 일본의 원자력정책 거버넌스에 어떤 변화의 조짐이 있는지 살펴본다. 그리고 이를 통해 앞으로 일본의 원자력에 대한 논의가 어떻게 전개될 것인가, 어떠한 결정이 내려질 것인가 구체적으로 예단하는 것은 어렵지만, 다음의 요소들을 고려하면 변화의 방향성을 대략적으로 가늠해볼 수는 있을 것이다.

3. 원자력정책 거버넌스의 변화 가능성

1) 정책 과정의 개방화와 정치화

후쿠시마 사고는 일본 원자력정책의 결정과 집행을 둘러싼 환경을 크게 변화시켰으며, 원자력정책의 내용과 의사 결정 과정 전반에 영향을 미치고 있다. 그리고 사고를 계기로 에너지 안보의 이념에 근본적 의문이 제기되고 있으며, 원전에 대한 일본 정부의 의지가 흔들리고 있다. 원전 안전 신화는 붕괴되었고, 정부와 전력사업자에 대한 불신이 증폭되었으며, 환경문제, 건강 위협에 대한 우려가 더욱 부각되었다. 게다가 이전에 무력했던 반원전 세력이 활성화하고, 시민들의 의사표시가 강화되고 있다. 또한 정부의 발표를 불신하고 시민 개인이나 시민단체가 자체적으로 방사능 측정을 하면서 정부 권위에 도전하고 있으며, 원자력 이용에 반대하는 대규모 시위가 일어나고 있다. 향후 원자력정책의 근본적인 재검토가 요구되고 있다.

후쿠시마 사고 이후 일본에서는 앞으로 원전을 포기하자는 주장, 원전의 일정한 역할은 불가피하다는 견해, 원전 의존도를 축소하면서 점진적으로 탈원전을 추구하자는 주장 등이 제기되면서 논란이 진행되어왔다. 2011년 5월 10일, 간 나오토 총리는 기자회견에서 '탈원전'을 선언했다. 간 총리는 현재 54기인 원전을 2030년까지 14기 이상 증설하고 총전력 공급에서 원자력의 비율을 현재의 30%에서 50%로 높인다는 2010년 '에너지기본계획'을 백지로 돌려 논의하자고 제안하고, 정지 중인 원자로의 재가동과 신규 건설 포기를 시사했다. 또한 원자력과 화석연료는 일본의 전력 생산의 2대 지주(柱)였지만, 재생가능에너지를 기간 에너지에 추가하며, 에너지 절약 사회를 만들겠다고 언급했다(≪朝日新聞≫, 2011.5.10). 그리고 간 총리는 화석연료 의존이 잠시 높아지겠지만, 2020년까지 재생에너지 비율을 현재의 1.1%에서 20%로 높이자고 제안했다. 한편 자민당 정권하에서 대체에너지 개발이 적극적으로 추진되지 않았다고 비판했다(Fukue, 2011).

그보다 앞서 간 총리는 시즈오카 현 오마에자키 시 소재 하마오카 원전의 가동 중단을 주부전력에 요청한 바 있었다. 하마오카 원전은 앞으로 발생할 가능성이 매우 높은 도카이대지진의 예상 진앙에 위치해 재난에 가장 취약한 원전인데, 만약의 사태에 대해 무방비 상태라는 판단에 근거한 것이었다. 특히 하마오카 원전 반경 50km 이내에 약 200만 명이 거주하고, 200km 이내에는 도쿄와 나고야 등 대도시가 있다는 사실이 거론되었다. 간 총리는 특별한 이상이 없는 원전의 가동을 중단할 법적 근거가 없으므로 주부전력에 가동 중단을 요청하는 방식을 택했다. 주부전력은 경제적 손실 때문에 결정을 주저했으나, 결국 5월 9일에 하마오카 원전 4, 5호기의 가동 중단(4·5호기 가동 중단, 3호기 정기 검사, 1·2호기 폐로 예정)을 결정했다(Hongo, 2011; 차학봉, 2011). 하마오카 원전의 가동 중단은 간 총리가 에너지정책을 근본부터 재검토하겠다는 의지를 보인 것이었다.

그러나 내각이나 여당 내의 사전 협의 없이 발표된 간 총리의 탈원전 선언과 하마오카 원전의 가동 중단으로 정부 내에서는 원자력정책에 상당한 혼선이 나타나기도 했다. 간 내각 당시 국가전략 담당 대신이던 겐바 고이치로(玄葉光一郞)는 일본이 원전 의존성을 점차 줄일 것이고, 에너지 효율과 재생에너지 분야에서 세계 첨단에 서는 것이 목표라고 했다. 그러나 겐바는 전력 부족으로 산업 활동에 지장을 초래하지 않기 위해 단기적으로는 현재 정기 검사 중인 원전을 검사가 완료된 후 새가동해야 한다고 언급했다(≪The Japan Times≫, 2011.6.24a). 에다노 유키오(枝野幸男) 관방장관은 정부는 원자력의 완전 폐지를 선언한 것은 아니며, 간 총리의 선언을 공식 정책이라기보다는 '먼 장래에 대한 희망'으로 이해해야 한다면서, 그것을 신에너지정책에 대한 국가적 논의를 시작하는 계기로 삼아야 한다고 발언했다(≪The Japan Times≫, 2011.7.15).

또한 원전의 미래에 대한 정치권, 업계, 학계, 언론의 논쟁이 벌어졌다. ≪朝日新聞≫ 사설 특집은 자사 여론조사 응답자의 70% 이상이 원전의 단계적 폐지에 찬성했음을 제시하면서 이제야말로 일본이 정책을 대전환해 '원전 제로 사회'를 추구해야 한다고 제안했다. 원전 수명을 40년으로 보고, 점진적으로 원전 의존도를 줄이면 2050년까지는 원전에서 탈피할 수 있으며, 그 기간 중에 대체에너지를 더 적극 개발하고 절전에 노력하자고 역설했다(大軒由敬, 2011). 이에 ≪読売新聞≫의 사설은 전력 부족 상황에서 탈원전은 비현실적이며 무책임하다고 주장했다. 또한 사회당과 공산당은 간 총리의 탈원전 선언을 지지한 반면, 자민당과 공명당은 비판했다.

일본 정부는 전력산업의 근본적인 개혁을 논의하려고 2011년 6월 신성장전략실현회의 산하에 에너지·환경회의를 설치했다. 이 회의는 7월 29일 정부의 새로운 에너지·환경전략을 총체적으로 검토해 중장기적 방향을 제시한 '중간적 정리'를 완료했다. 이 보고서는 새로운 에너지 믹스 실

현(원전 의존도 축소 및 원전정책 철저 검증 등), 새로운 에너지 시스템의 실현(분산형 에너지 시스템 등), 국민 합의 형성을 정책 논의의 기본 이념으로 설정했다. 그리고 2030년까지 원자력 의존도를 50%로 확대한다는 현 에너지기본계획의 백지 재검토, 원전의 안정성과 비용의 철저 검증, 대규모 지역 독점 전력 시스템의 재검토, 에너지 절약과 재생에너지 도입의 촉진 등 추진 과제를 제시했다(≪The Japan Times≫, 2011.6.1: 6~7, 10~12; エネルギー・環境会議, 2011). 그러나 이 중간보고의 성격에 대해서 ≪東京新聞≫은 간 총리가 선언한 '탈원전 의존'은 좌절되고 '감(減)원전'으로 방향이 잡혔으며, 내용을 보면 사실상 '원전 유지'의 자세가 농후하다고 해석했다(篠ヶ瀬祐司・小国智宏, 2011).

한편 후쿠시마 원전 사고 이후 일본의 원전정책의 미래를 가늠할 수 있는 중요한 쟁점이 된 것은 정기 점검 등으로 정지중인 원자로를 재가동하는 문제였다. 후쿠시마 사고의 충격이 생생하고, 총리가 탈원전을 선언한 상황에서 원자로 재가동은 매우 민감한 사안이 되었다. 2011년 6월 18일 경제산업성 대신 가이에다 반리(海江田万里)는 11개 전력회사가 원전 사고 대비에 적절한 조치를 취했다고 선언했고, 하절기 전력 공급 불안정이 경제활동을 위축시키거나 제조업의 해외 이전을 촉진할 것이 우려된다면서 원전의 재가동을 요청했다. 그러나 원전의 안전성에 여전히 의문이 제기되고, 원전이 입지한 13개 현의 지사들도 대부분 가이에다의 선언에 회의적 태도를 보였다. 이들은 최근 원자력안전보안원의 지시에 따라 전력회사가 노후 원자로 다수에 취한 안전 조치가 어떻게 안전을 담보하는지 의문을 제기했다(≪The Japan Times≫, 2011.6.24b).

간 총리가 사임하고 2011년 9월에 취임한 노다 요시히코 총리는 기자회견에서 아직 건설이 시작되지 않은 신규 원전의 건설은 비현실적이라고 했고, 현재 건설 중인 원전의 미래는 경제산업성 자원에너지심의회의 논의 결과에 따라 결정할 것이라고 언급했다. 당시 경제산업성 대신 하치로 요시오(鉢呂吉雄)도 원전의 신규 건설이 어렵다는 데에 동의하고, 향후 원전 건설을 중단하고 노후 원자로를 해체하면 일본이 언젠가는 원전에서 탈피할 것이라고 했다. 하치로의 후임자 에다노 유키오 경제산업성 대신은 경제산업성이 재생에너지를 진흥하고 원전 의존성을 낮추는 방향으로 나아갈 것이며, 사회가 원자력 없이도 기능할 수 있는 환경을 가능하면 빨리 만들어야 한다면서, 국가 에너지정책에 경제산업성의 책임이 막중하다고 언급했다(≪The Japan Times≫, 2011.9.7; Nagata, 2011.9.13).

원전의 재가동을 놓고 노다 총리와 하치로 경제산업성 대신은 안정적으로 전기를 공급하기 위해서는 정기 검사나 내구성 검사(스트레스 테스트)를 마쳤다면 재가동할 필요가 있다는 견해를 피력했다. 하치로 경제산업성 대신은 전임 간 총리의 탈원전 목표에 대해서는 명확한 태도 표명을 회피했다(≪The Japan Times≫, 2011.9.4; Nagata, 2011.9.7). 호소노 고시(細野豪志) 환경성 대신도 일본의 원전 의존도를 낮추고 재생에너지를 더 적극 추진할 것이지만, 단기적으로는 안정적 전력 공급과 이산화탄소 배출 감축 공약을 고려할 때 엄격한 안전성 검증을 통과한 원자로를 재가동해야 한다고 했다(Kamiya, 2011). 그러나 원전을 재가동하기 위한 안전 확보와 입지 지역 주민이나 지자체의 동의가 어려운 상황에서 2012년 5월에는 일본이 보유한 54기의 모든 원자로가 가동이 중단된 유례없는 상황이 발생했다. 이것은 일본의 원자력산업과 정책에서, 실질적인으로나 상징적으로나 대단히 중요한 의미가 있는 사건이다. 모든 원자로의 운전이 정지된 상태에서도 일본이 전력 수요를 충당할 수 있다면 이는 기존의 원자력 수급 정책과 원자력의 필요성에 근본적인 의문을 제기하는 것이기 때문이다. 일본 정부나 원자력정책 추진 세력으로서는 이러한 상황이 오래 지속되도록 방치할 수는 없었다. 결국 우여곡절 끝에 같은 해 7월, 후쿠이 현에 있는 간사이전력의 오이 원전 3·4호기가 전국적인 반대의 목소리에도 재가동하면서 후쿠시마 사고 이후 점검을 위해 운전이 정지된 원자로가 재가동한 최초의 사례가 되었다.

당시 민주당 정부나 노다 총리 등도 전임 간 총리가 선언한 원전 제로 정책에 모호한 태도를 유지했다. 노다 총리는 장래의 원전 제로 정책이나 에너지 믹스를 포괄적으로 논의할 필요가 있다고 언급하면서도, 원전 제로를 궁극적인 정책 목표로서 확언하지는 않았다(Ito, 2012). 한편 지난 50여 년간 국가 기간산업으로 원자력 이용을 적극 추진해온 자민당은 2011년 7월 5일에 포괄적 에너지정책을 작성하기 위한 '총합에너지정책특명위원회'를 설치했다. 위원회의 좌장인 야마모토 이치타(山本一太)는 모든 에너지정책이 원점에서 검토될 것이라면서, 가동 정지 상태에 있는 원전의 재가동 문제와 함께 장기적으로 원자력의 포기가 가능한지를 논의할 것이라고 했다(Nagata, 2011.7.6). 위원회는 2012년 2월 15일의 에너지정책 수정 중간보고에서 원전의 신규 입지는 사실상 불가능하다고 인정했고, 정지 중인 원자로의 재가동은 철저한 안전 확보를 전제로 용인하는 태도를 보였다. 당내 의견이 정리가 안 된 원전의 미래에 관해서는 "국민적 논의를 환기해서 결론을 내린다"라고 하면서 판단을 미루었다(念佛明奈, 2012).

2012년 말 일본은 총선 정국에 돌입했으며, 언론이나 분석가들은 원자력이 선거에서 상당히 중요한 쟁점으로 다루어질 것이라고 예상했다. 총선을 앞두고 2012년 11월 27일에 창당된 일본미래당은 그러한 예상을 뒷받침하는 근거가 되었다. 시가 현 지사 출신의 가다 유키코(嘉田由紀子)를 대표로 하는 미래당은 오이 원전의 가동 중단, 신규 원전의 건설 승인 취소, 고속증식로 몬주의 폐쇄, 롯카쇼 재처리시설 폐쇄, 10년 이내 원전 철폐 등을 공약으로 발표했다. 미래당은 원전에 반대하는 풀뿌리 세력의 지지를 규합해서 자민당과 민주당에 도전하고자 만들어진 대안 정당으로,

일본의 선거정치와 정당정치에서 원자력 문제를 당의 핵심 정책으로 제시한 최초의 사례다. 그리고 또 다른 군소 정당인 모두의 당도 강한 반원전 성향을 가진 정당이다. 한편 일본유신회를 결성한 전 오사카 지사 하시모토 도루(橋下徹)는 당초 원전의 폐지를 공언했으나, 강력한 원전 지지자인 이시하라 신타로(石原慎太郎)와 연합한 후 원전 제로 정책을 사실상 폐기했다. 유신회는 선거를 앞두고 2030년까지 원자력을 축소하는지 포기하는지 알기 어렵게 애매한 태도를 취한 정책을 당의 선거공약과는 별개의 문서로 발표했다. 그러나 발표 직후 같은 당의 이시하라 신타로는 그러한 정책 자체를 부정했다. 공명당은 좀 더 장기적 관점에서 원전의 포기를 지지한다는 입장이었지만, 선거에서 원전 문제를 강하게 부각하지는 않았다. 민주당은 간 내각 당시 선언한, 2030년까지 원전을 포기한다는 공약이 있었으나, 선거 기간 중 이에 대한 명확한 입장은 내세우지 않았으며, 노다 총리는 미래당의 주장이 무책임하고 비현실적이라고 비판했다. 자민당은 과거 원전 정책의 문제점을 인정하고, 기존 정책의 방향을 재검토할 것임을 시사했으며, 원전에 의존을 심화하지 않는 사회적·경제적 구조를 만들고, 재생에너지 개발에 투자하겠다는 일반론을 내세웠다. 자민당은 운전 정지 중인 원전의 재가동 여부를 3년 내에 결정하겠다는 모호한 정책을 내세웠으나, 승리가 확실시되는 상황에서 원자력 문제에 관해서는 그 어떤 무리한 공약도 불필요했다(≪The Japan Times≫, 2012.11.29; Obe, 2012; Fukue, 2012).

총선 기간에 시행된 ≪朝日新聞≫ 여론조사에 따르면, 응답자의 50%가 원자력에 반대, 34%가 찬성으로 나타났다. 그러나 선거전이 본격화하고 투표일이 다가오면서 총선거의 최대 관심사는 압도적으로 경제문제와 민주당의 실정에 대한 심판이었다. 원자력 문제는 경제, 외교, 복지, 개혁 등의 의제에 우선순위에서 밀려 정당, 유권자, 후보자들에게 크게 주목 받지 못했다. 미래당은 원전에 반대하는 풀뿌리 세력의 정치적 채널이 될 것을 기대했으나, 원전 관련 외에는 어떤 정책으로도 유권자에게 호소할 수 없었다. 유권자들은 원전에 반대한다는 이유만으로 군소 정당을 선택하지는 않았다. 총선거 결과는 예상대로 294석을 획득한 자민당의 압승, 57석만을 확보한 민주당의 참패였다. 미래당은 선거 전 61석에서 선거 후 9석으로 축소되었으며, 모두의 당도 선거 전 8석에서 선거 후 18석으로 의석을 다소 늘리는 데에 그쳤다. 유신회는 11석에서 54석으로 세력을 확대했으나, 이는 원자력에 대한 찬반 논란과는 무관했다. 선거 승리 후 자민당의 입장은 원전 유지 쪽으로 상당히 명확하게 선회했다. 아베 신타로 총리는 신규 원전의 건설도 용인할 것이라면서, 새 원전은 후쿠시마 원전과는 전혀 다를 것이고 국민의 동의를 받아서 건설할 것이라고 발언했다(≪The Japan Times≫, 2013.1.1; 読売新聞, 2012). 따라서 아베 내각이 논란의 소지가 큰 원전정책을 급격히 추진하지는 않겠지만 민주당의 정책을 뒤집고 친원전 정책을 추진할 것은 확실하다.

2) 상향적 정책 투입 강화

후쿠시마 원전 사고를 계기로 일본 국민 사이에는 원자력 안전 신화가 붕괴되고 반원전 여론이 급증했다. 원전의 이용을 지지했거나 암묵적으로 용인했던 지자체에는 원전에 대한 불신과 불안감이 확산되었다. 과거에 원전정책 결정에 크게 영향을 미치지 못했던 시민 영역도 최근 반원전 운동에 동원되는 양상이 확대되었다(Nagata, 2012.12.3). 이는 일본에서 원자력정책을 결정하는 과정이 변화할 가능성을 시사한다.

후쿠시마 사고 이후 일반 국민 사이에서는 원전에 반대하는 여론이 높아졌다. 2011년 6월에 ≪朝日新聞≫의 여론조사에 따르면 응답자 74%가 원전의 단계적 축소와 폐지에 찬성했으며, 반대는 14%였다. 원자력발전 이용에 찬성하는 응답자(전체의 37%) 중에도 60% 이상이 단계적 축소에 찬성했다. 정기 검사로 정지 중인 원전의 재가동은 국가가 안전 대책을 충족한다는 조건하에 재개 찬성이 51%, 반대가 35%였으며, 원전이 입지한 13개 현에서는 반대가 다소 높았다(≪朝日新聞≫, 2011.6.13). 같은 달 ≪東京新聞≫ 여론조사를 보면 현존 원자로 54기에 대해 즉시 폐로 희망이 9%, 정기 검사 중인 원전부터 폐로 희망이 19%, 전력 수급에 대응해 폐로를 추진하자는 희망이 54%, 현상 유지가 14%였다(AFP, 2011). 7월 말의 교도통신 여론조사에서는 응답자의 70.3%(31.6% 지지, 38.7% 소극적 지지)가 간 총리의 탈원전 선언을 지지했다(≪The Japan Times≫, 2011.7.25). 국민 대다수가 원전의 축소와 폐지를 희망한 것이다.

2011년 5월 간 총리가 하마오카 원전의 가동 중단을 요청한 이후 지자체의 원전 폐쇄 요구가 이어졌다. 하마오카 원전에서 10km 내에 있는 마키노하라 시의회에서는 하마오카 원전의 영구 폐쇄 요구 결의안을 가결했으며 시장도 이에 동의했다. 유사한 결의안이 시즈오카 현의 다른 지자체에서도 채택되었다. 주부전력은 방파제 건설, 냉각 기능 보완 등 안전조치 후 원전 재가동을 추진하고 있지만 마키노하라 시의 여론조사에 따르면 주민 60%가 하마오카 원전의 재가동에 반대했다(≪The Japan Times≫, 2011.9.26). 시민단체들은 2007년의 지진으로 방사성 물질 유출 사고가 발생했던 니가타 현 가시와자키가리와 원전 등 다른 원전에도 완벽한 보완 대책이 마련될 때까지 가동을 중지하라고 요구했다(차학봉, 2011).

또한 사고 이후 입지 지역 주민이나 일반 국민, 또는 이들을 조직화한 시민사회단체들의 반대가 더욱 활성화하는 추세를 보였다. 과거 원자력발전소를 고용과 수입 창출의 수단으로 보던 빈곤한 인구 과소 농어촌 지역의 주민 사이에는 우려와 분노가 표출되고 있고, 원전에 저항하는 움직임이 증가하고 있으며, 원전 반대 세력은 더욱 활발히 법적 수단을 동원해 원전의 가동 중단이나 폐지를 추진하고 있다. 2011년 7월에 시즈오카 주민과 고사이 시 시장 등 34명은 규슈전력을 상대로 하마오카 원전의 정지 중인 원자로 3·4·5호기의 영구 폐로를 요구하는 소송을 시즈오카 지방법원에 제기했다(≪The Japan Times≫, 2011.7.2). 8월에는 시가, 교토, 오사카, 후쿠이 주민 170여 명이 정기 검사로 정지 중인 후쿠이 현의 원전 7기의 재가동을 중지하도록 가처분 신청을 오즈 지방법원에 제출했다. 이 소송은 전국 원전 중지 소송에 관계하는 변호사 약 100명이 2011년 7월에 결성한 '탈원발변호사단전국연락회' 참여 변호사가 최초로 제기한 소송이다. 연락회는 미야기 현 오나가와 원전과 후쿠시마 제1원전 5·6호기의 가동 중지도 소송할 예정이다(≪朝日新聞≫, 2011.8.2). 11월에는 홋카이도 도마리 촌 주변 주민 612명이 홋카이도전력을 상대로 정기 검사 중인 1·2호기 재가동 금지, 3호기 폐로를 요구하는 소송을 제기했다. 이들은 원전 근처에 건설 허가 당시에는 판명되지 않았던 활단층의 존재가 밝혀졌으므로 안전성이 보장되지 않게 되어 헌법에 보장된 인격권 침해의 구체적 위험이 있다고 주장했다(≪朝日新聞≫, 2011.11.11).

2012년 1월에는 탈원전을 주장하는 규슈 각 현의 변호사회 회장 경험자가 주축이 되어 국가와 규슈전력을 상대로 사가 현 겐카이 정 소재 겐카이 원전 전 4기의 운전 중지를 요구하는 소송을 제기했는데, 이는 전국 29개 도부현에서 1,704명의 원고를 모집한, 원전에 관련해 사상 최대 규모의 소송이다. 원고는 원전 안전의 명백한 허위성, 국가와 전력회사의 무책임을 지적하고, 시민의 안전과 평화로운 생존을 보장하는 헌법의 인격권과 생존권 침해를 주장했으며, 운전을 정지할 때까지 1개월당 1만 엔의 위자료도 청구했다(田中韻, 2012). 한편 2011년 4월 23일에 니가타 현 변호사 그룹 40여 명이 132명의 원고인단을 모집해 도쿄전력 가시와자키가리와 원전 전 7기의 운전 중지를 요구하는 소송을 제기했다. 이들은 후쿠시마 사고에 대응하는 모습을 보면 도쿄전력에는 원전 운전 능력이 없는 것으로 판명되었다고 주장했다(≪朝日新聞≫, 2012.1.8). 앞으로도 원전 폐쇄를 요구하는 소송이 더욱 확산될 것으로 예상되며, 사법부가 과거처럼 원전을 추진하는 세력에 유리한 판결을 유지하기는 어려울 것이다.

법정투쟁은 과거에 원전 반대 운동이 주로 사용한 방법이었으나, 후쿠시마 사고 이후 그에 더해 대규모 시위도 벌어졌다. 2011년 4월에 도쿄 시내에서는 1만 7,500명이, 5월에는 도쿄 고엔지와 시부야에 원전 반대 그룹이 트위터를 통해 동원한 약 1만 5,000명이 원전 폐지를 주장하는 시위를 벌였다. 주최 측은 간 총리가 하루 전 발표한 하마오카 원전 정지 방침을 환영하면서, 원전을 폐지하라는 요구를 계속할 것이라고 선언했다. 6월 11일에는 도쿄, 오사카, 후쿠오카, 나고야, 히로시마, 후쿠시마 등 전국에서 6만 명 이상이 시위에 참여했다. 후쿠시마 사고가 발생한 지 6개월이 되는 9월에는 전국 70여 개 장소에서 추모 행사와 반핵 시위가 개최되었는데, 메이지 공원 시위에는 약 4만 명이 참가했다. 경제산업성 청사를 둘러싸는 인간 사슬 시위도 벌어져, 원전을 완전히 폐쇄하고 대체에너지로 정책을 전환할 것을 요구했다. 2011년 9월 19일에 도쿄 요요기 공원에서 개최된 반핵 시위에는 후쿠시마 주민과 노벨상 수상자 오에 겐자부로를 포함해 주최 측 추산 6만 명이 참가함으로써, 사상 최대의 반핵 시위로 기록되었다. 시위자들은 정부가 사고 관련 사실을 은폐하고, 국민을 보호하지 않고 있으며 아직도 원전을 추진하는 세력이 있다고 비난했다. 총리 관저 앞 주례 집회에는 한때 20만 명까지 참여했으며, 일부 시위 참여자는 2012년 8월에 노다 총리와 면담하기도 했다(≪朝日新聞≫, 2011.5.8; Nagata, 2011.9.19).

한편 반원전 시민단체가 도쿄와 오사카에서 원자력에 대한 주민 투표를 청원하려고 서명 운동을 벌였다. 이를 통해 오사카 캠페인 마지막 날인 2012년 1월 10일까지 오사카 투표권 등록자 5만 5,000명의 서명을 수집했다. 오사카 시의회에 주민 투표를 요구하려면 4만 2,600명의 서명이 필요하므로, 서명이 유효한 것으로 확인되면 시장은 주민 투표 요구를 접수하고 공식적으로 시의회에 주민 투표를 시행하도록 요청해야 하고, 시의회는 단순 다수로 결정을 내리게 된다. 도쿄에서도 주민 투표 요구를 위한 유사한 서명 운동이 벌어졌다(≪The Japan Times≫, 2012.1.11; Nagata, 2012.8.12).

또한 원전의 미래를 포함한 신에너지정책의 책정을 앞두고 정부는 2012년 7월 초부터 8월 중순까지 전국 11개 도시에서 시민 참여 청문회를 개최했다. 이는 '토론형 세론조사'의 형식을 띤 청문회가 사상 최초로 국가의 주요 정책 논의에 활용된 것으로, 정책 결정을 개방하고 민의를 반영하겠다는 명분이었다. 청문회에서는 2030년까지의 전체 전력 생산 대비 원자력 비율을 0%, 15%, 20~25%라는 3개 시나리오를 놓고 토론하며 의견을 조사했다. 당시 정책 결정자 다수는 원자력 비율을 15%로 감축하는 시나리오가 현실적이라고 인식했으며, 국민 대부분이 그 시나리오를 지지할 것이라고 예상했다. 반면 산업계는 20~25%의 시나리오를 선호했다. 그러나 조사 결과를 보면 토론에 참여하기를 원했던 시민의 70%가 원전의 완전한 포기를 지지했다. 토론회 외에도 인터넷 등을 통해 수집된 8만 건 이상의 의견이 대부분 원전 제로를 희망했다. 통상 정부가 그러한 형식으로 시민의 의견을 청취할 경우 1,000건 정도면 반응이 높은 것임을 감안하면 시민들의 관심도가 매우 높았음을 알 수 있다(≪The Japan Times≫, 2012.8.5a, 2012.8.5b, 2012.8.12; Nagata, 2012.8.5b). 이처럼 후쿠시마 사고 이후 일본의 원자력정책 과정에는 시위나 집회, 법정 소송, 서명 운동의 확산, 여론조사, 청문회 등 다양한 형태나 통로가 개방되어 시민들의 아래로부터의 참여와 의사표시가 과거보다 상대적으로 활성화되었다.

3) 평가

　일본 원자력정책의 내용이나 정책 결정 과정을 둘러싼 환경은 후쿠시마 원전 사고로 심대한 영향을 받았다. 정책 결정 과정의 측면에서 보면 사고 이후 일본의 원자력정책 논의가 과거와 같은 소수의 기술 관료, 전문가, 기업집단이 독과점한 폐쇄적 구조에서 벗어나, 상대적으로 개방되고 공개된 장에서 활발히 제기되면서 정치적 쟁점화가 되었다. 사고 이후 도쿄 도심에서 수만 명이 모여 벌인 일련의·시위, 주민 투표를 요구하는 서명 운동 등은 그 규모와 빈도로 볼 때 새로운 현상이다. 정책 결정 과정의 기술 관료적 속성에 대항하고자 반원전 세력이 풀뿌리 동원을 통해 원전 문제의 정치화를 시도했으며, 이는 총선거에서 원자력 폐기를 주장하는 단일 이슈 정당이 등장하면서 절정에 달했다.

　그러나 과거에는 상대적으로 세력이 약하고 분산되었던 시민 세력의 적극적인 행동이 얼마나 지속될 것인지, 과거보다 대규모로 빈발했다는 사실이 그 활동의 전국적 조직화나 결집력 강화와 같은 질적 변화까지 수반할 것인지, 원전정책의 전국적인 정치적 의제화가 가능할 것인지, 이들의 행동이 정책 과정에 어떻게 반영될 수 있을지는 아직 미지수다. 원자력정책의 과정에 일반 국민의 의사가 구체적으로 반영될 수 있는 제도적 장치나 정치적 통로가 미비하기 때문이다. 지금까지 전개된 상황을 보면 시민들의 상향적인 정책 투입 압력은 기존의 제도적 장벽(veto point)에 막혀 그 영향이 제한적이었다. 예를 들어 오사카 유신회가 다수를 장악한 오사카 시의회는 2012년 3월 27일에 시민단체 주도로 5만 5,000명이 서명해 요구한 간사이전력의 원자로 재가동 여부에 관한 주민 투표 시행안을 부결했다. 그 명분은 간사이전력의 대주주인 오사카 시가 주주총회에서 원전을 폐기하는 방향으로 제안하려고 이미 준비 중이므로, 5억 엔의 비용이 드는 주민 투표를 시행할 필요는 없다는 것이었다(≪Asahi Shimbun≫, 2012).

신에너지정책을 작성하는 과정에서 대국민 청문회를 통해 의견을 수집한 일은 또 다른 사례다. 정부는 원자력의 미래에 관한 시나리오를 놓고 전국적인 청문회를 거쳐 2012년 9월에 신에너지정책을 작성했다. 그리고 그 과정에서 표출된 시민 대다수의 의견은 원전 철폐 지지였다. 신에너지정책의 초안은 2030년에 원전 제로를 달성하는 것과 원전 가동 연한을 최장 40년으로 엄격히 적용하는 것 등을 포함했었다. 그러나 현실성의 문제에다 지자체와 경제계의 반대 의견에 직면해, 신정책에는 원자력규제위원회가 안전을 확인한 원전은 '중요한 전원으로서 활용'한다는 문구도 포함되었고, 모순되거나 모호한 내용으로 수정되었다(鈴木崇久·森川潤, 2012). 게다가 완성된 신에너지정책은 2012년 9월 19일에 각료회의에 상정되었으나 승인되지 않았다. 각의는 2030년까지 원전 제로를 목표로 한다는 정책을 수정하고, 정부는 지자체, 국제사회와 지속적으로 논의하고 검토할 것이라고 결정했다. 신에너지정책 문서는 참고 자료로 첨부만 했을 뿐이다(≪The Japan Times≫, 2012.9.19). 당초에 정부는 청문회 결과를 에너지정책과 환경정책의 수립에 반영하겠다고 했으나 어떻게 반영되었는지는 명확하지 않으며, 국가의 최종 결정은 청문회에서 표출된 의견 대다수와는 상당한 거리가 있다. 결국 국민 의견의 수집은 정책을 정당화하는 과정에서 거치는 요식행위의 하나가 되었다.

실무 부처는 여전히 과거와 같은 패턴의 과정을 거쳐 에너지정책을 추진하고 있다. 일례로 경제산업성은 2011년 10월 새로운 에너지정책을 논의하기 위한 심의회를 출범시켰다. 그런데 심의회 위원 25명 중 과반수 이상은 경제산업성이 위촉한 원전 전문가나 친원자력 학자들로, 이들은 아직도 일본에는 원자력이 중요하다고 강조하며 에너지정책의 의사를 결정하는 과정의 핵심에 있다(Nagata, 2012.8.5a). 즉, 간헐적으로 벌어지는 집회와 시위나 언론의 기사와 논평 등을 통해서 드러나는 현상과는 달리, 결과적으로 보면 일본의 원자력정책을 결정하는 과정이 후쿠시마 원전 사고를 계기로 획기적으로 개방화하거나 정치화해 과거와는 질적으로 다른 패턴을 보이게 된 것은 아니다.

한편 원자력정책의 내용면에서도 양면성이 관찰된다. 후쿠시마 사고 이전에는 일본에서 에너지 전략의 근본 방향이 심각하게 도전을 받은 적은 없었다. 국책 사업으로서 원자력은 일본의 에너지 전략과 경제 전략에서 확고하게 핵심적 위치에 있었다. 그러나 사고를 계기로 일본에서는 원전의 존폐를 포함해서, 원자력정책에 대해 과거에는 있을 수 없었던 다양한 논란이 일었다. 그리고 장기적 또는 점진적이라는 조건이 붙기는 하지만 총리가 탈원전을 선언하고 그것이 정책 결정자나 주요 언론을 통해 국가적 정책 의제로서 제기된 것은 획기적인 일이다. 또한 고위 정책 결정자 상당수가 최소한 원전의 신규 건설은 비현실적이라고 발언했으며, 여론도 신규 건설을 용인하지 않을 분위기였다. 신규 건설 없이 기존의 원전이 수명을 다하게 되면 궁극적으로는 탈원전으로 갈 수밖에 없다. 정기 검사를 위해 운전 정지 중인 원전의 재가동 여부를 놓고 반대에 부딪혀 일시적으로 일본 내 모든 원자로가 운전 정지되는 사태도 벌어졌다. 한편 당시 정부는 재생에너지의 적극 개발과 확대를 원자력 축소와 폐지의 대안으로 내세웠으며, 2011년 8월에는 개인이나 사업자가 재생에너지를 이용해 생산한 전력을 전력회사가 고정 가격에 전량 매입하도록 의무화하는 재생에너지고정가격매입법(再生可能エネルギー固定価格買い取り法)이 국회에서 통과되었다. 이는 에너지정책에서 어느 정도 의미 있는 변화다.

그러나 후쿠시마 사고 직후의 충격이 다소 가라앉고 정책 논의가 진전되자 다른 한편으로는 에너지정책 전환에 대한 신중론이나 기존의 원자력 정책을 옹호하는 다양한 이견이 분출했다. 간 총리의 뒤를 이은 노다 총리, 일부 각료나 정치인, 기타 고위 정책 결정자들은 상당히 모호하고 때로는 서로 모순되는 발언을 했으며, 산업계는 경쟁력 상실을 우려해 원전 폐기에 반대했다. 2012년 7월에 오이 원전이 재가동하면서 원전의 전면 운전 정지 상태가 지속되는 사태를 모면한 것은 전술한 바와 같다. 중·단기적으로 전기의 안정적 공급이나 비용을 이유로 기존 원전의 재가동은 계속 추진될 것이다. 안전 관리 레짐의 개편으로 새롭게 출범한 원자력규제위원회의 역할도 결국은 원전 경제의 전제 아래 원자로 재가동이나 건설의 안전성 확보라는 경계선 내에 있다. 그리고 원전 추진 세력은 원전 대다수의 운전이 정지된 상태에서도 전력 수급에 큰 차질이 없는 것으로 판명됨으로써 원전 전략의 정당성 자체에 의문이 제기되는 상황을 피하려 할 것이다.

2012년 총선거는 정책 경쟁이 이루어지는 장으로서 원자력의 미래를 광범위하게 논의할 수 있는 절호의 기회였고, 원자력정책 과정의 정치화·개방화와 상향적 투입 강화의 효과를 가늠해볼 수 있는 시험대로 기대되었다. 그러나 결과는 기대 이하였다. 1년여 동안 다수의 대규모 시위와 집회 등 민의의 동원이 있었고, 일부 정당이 반원전 공약을 내세워서 유권자의 지지를 호소했으나, 전반적으로 원전은 선거에서 쟁점이 되지 못했다. 원전 문제는 대부분 정당이나 정치인들에게 우선순위가 아니었으며, 총선거 과정과 결과에 큰 영향을 미치지 못했다. 유권자는 경제문제나 민주당의 실정과 선거공약 불이행을 심판하는 데에 더 관심이 있었다. 따라서 자민당의 총선 승리 이후 정부와 여당에서 원전 제로라는 목표는 사실상 논외가 되었으며, 아베 총리는 신규 원전의 건설 허용도 추진한다는 의사를 표명했다.

　원자력무라가 외부의 충격이나 압력 없이 자발적으로, 근본적으로 변화할 이유는 없다. 후쿠시마 사고가 일본의 원전 거버넌스를 근본적으로 변화시킬 정도의 충격인지는 더 지켜볼 일이지만, 일본의 원자력정책을 결정하는 과정이나 내용은 법이나 제도적 차원에서 아직까지 획기적 변화가 없다. 오히려 중대한 위기 상황을 일단 모면하면서 기득권 세력의 재결집 내지는 정상화가 일어나고 있다. 원자력무라를 중심으로 한 원전 거버넌스 체제가 여전히 강력한 가운데, 기존 정책을 근본적으로 전환하려면 전후 일본이 원전 이용을 처음 추진할 때의 나카소네와 마찬가지로 비상한 정치적 리더십이 요구된다. 원자력정책은 대단히 중대하고 복잡한 사안이며, 그간의 투자와 현재 에너지 전략의 구조를 고려할 때 일본이 단시일 내에 새롭게 확고한 정책 방향을 수립한다는 것은 무리다. 후쿠시마 사고에도 불구하고 일본이 현실적인 대안을 찾기 전에는 원자력을 포기하기 어렵다. 앨드리치(Daniel P. Aldrich)는 일본이 이미 원자력의 진흥과 개발에 막대한 자원을 투자했으며, 경제적·행정적 비용보다 중요한 요인은 원자력의 현상 유지에 도전할 만한 관료나 정치인이 없다는 점이라고 지적하면서, 어떠한 비용을 치르더라도 일본의 에너지정책은 원자력을 중심으로 추진될 것이라고 예상했다. 또한 원자로 신규 건설이나 기존 원자로의 MOX 이용을 잠시 유보할 수 있겠지만, 일본 정부가 광범위한 원자력의 이용을 통한 에너지 독립이라는 장기 정책 기조에서 벗어날 가능성은 낮다고 보았다(Aldrich, 2011: 67). 이러한 평가가 원자력정책의 내용 면에서는 상당 부분 타당하다.

　그러나 일본에서 과거와 같은 기술 관료적이고 폐쇄적인 원자력정책 결정 과정이 불변 지속된다고 단언하기는 어렵다. 향후 원전의 미래라는 단일 이슈가 얼마나 지속적으로 정치적인 의제화가 가능할지, 선거정치에서 얼마나 승패에 영향을 미치는 요인이 될지, 장기적으로 원전 폐기를 교집합으로 하는 정당이나 정치 세력이 결집할 수 있을지 등을 지켜봐야 할 것이다. 앞서 살펴보았듯이 기존의 원전 거버넌스 체제에 도전하는 정치인, 정당, 언론, 시민사회 세력이 과거보다 상대적으로 활성화·강화된 것도, 정책 과정에 개방화·정치화의 압력이 가해지는 것도 사실이다. 가정일 뿐이지만 2012년 총선거에서 민주당 재집권하고 일본미래당이 선전했다면 상황은 달라졌을 것이다. 다시 말해, 정치적 변수의 움직임에 따라 기존의 원전 정책이 근본적으로 도전을 받을 가능성이 상존하게 되었다고 볼 수 있다.

또한 일본이 원전 정책에서 현재와 같은 큰 틀을 유지하고자 한다면 정책 과정을 개혁하고 국민의 신뢰를 회복해야 하는데, 정책 과정을 업계·정계·정부·전문가들의 배타적 커뮤니티가 독점하면 그것이 어렵다. 멀지 않은 미래에 도카이대지진과 같은 대형 지진이 발생하리라는 예측이 널리 알려진 상황에서 일본이 원자력 프로그램을 유지하려면 또 다른 후쿠시마와 같은 중대 원전 사고의 방지는 반드시 필요하다. 따라서 '있을 수 없는 사고'이므로 대책도 논의하지 않았던 왜곡된 안전 신화의 몰입에서 탈피해서, 중대 원전 사고의 가능성과 그 대책을 공개적으로 논의해야 한다. 그리고 그러한 논의를 하는 과정에서 기존 정책에 대한 비판이나 반대, 다른 정책 아이디어가 투입될 가능성은 열려 있다. 후쿠시마 사고 이전까지 확고하고 일관된 양상을 띠었던 일본의 원자력정책은 이제 불확실한 미래를 맞고 있는 것이다.

4. 한국에 주는 시사점

한국과 일본 모두 에너지 빈국으로 석유 수입의존도가 지극히 높고 원자력의 이용을 적극 추진해왔던 점에서 공통점이 많다. 따라서 후쿠시마 원전 사고는 우리가 향후 원자력을 에너지정책의 핵심에 둘 때 진지하게 고려하고 논의해야 할 대단히 중요한 문제들을 제시해준다. 한국의 원자력정책의 방향은 바람직한가, 정책은 적절한 절차와 과정을 거쳐서 수립되는가, 원자력 시설의 안전성은 확보되고 있는가, 전력 공급의 안정성을 유지하면서 원자력 의존도를 낮출 방법은 없는가, 탈원전의 가능성은 없는가, 원전 입지 지역 주민과 사회 전반의 원자력에 대한 수용성을 유지할 수 있을 것인가, 원자력 시설 부지 확보와 건설, 핵폐기물 저장, 사용 후 핵연료 처리 등의 지속 가능한 해결이 가능한가, 원자력 이용을 지속하거나 또는 축소하고 포기할 때 지불해야 할 비용에 대해 사회적 합의를 어떻게 도출할 것인가.

일본의 원자력정책 거버넌스의 문제는 배타적 원자력정책 커뮤니티가 독점하는 정책 과정, 주요 정책 행위자들의 유착관계에 따른 무책임에 기인한다. 일본은 다양한 가능성과 대안을 종합적으로 고려하는 대신 원자력 확대 일변도의 정책과 안전 신화에 몰입되어 안전상 최악의 시나리오에 대한 철저한 논의와 대책 강구를 도외시했다. 한국도 기존의 원자력정책 결정 과정은 폐쇄적이라고 할 수 있으며, 후쿠시마 사고 이후에도 정부를 비롯한 정책 관계자들은 한국의 원전은 일본과는 여러 조건이 다르므로 안전하다고 되풀이하면서 원자력의 안전성과 지속 가능성이나 미래의 에너지 전략에 대한 근본적이고 진지한 논의 없이 기존 정책을 계속 유지하려는 자세를 보이고 있다. 게다가 정책 결정 과정을 원전의 적극적 이용을 추진하는 입장이 압도적으로 주도하는 반면, 반대 세력의 참여는 제도적으로 배제되어서 원전 거버넌스의 재검토에 대한 관심은 부족하다. 그러나 후쿠시마 사고를 계기로 한국도 원전 입지 선정과 건설, 핵폐기물 처리 등 원자력정책을 집행하는 과정에서는 점점 더 많은 난관에 봉착할 가능성이 있다.

한국에서 건전한 원자력 경제가 지속되려면 정책 과정에 정부 부처·민간단체·일반 국민·전문가·기타 유식자 등 여러 부문의 이해관계자가 참여하고, 다양한 입장을 반영하는 정보와 의견이 투입되어 균형 잡힌 논의가 이루어질 필요가 있다. 이것은 원자력 이용에 대한 사회적 합의를 도출하는 데에 필요한 과정이다. 한국은 후쿠시마 원전처럼 사고의 위험성을 과소평가하거나 무시하는 실수를 범하지 말아야 하며, 관계자들 사이의 지속적인 정보 공유와 의사소통으로 안전 대책을 강구해야 한다. 또한 원자력 안전 규제 기능과 감시 기능을 강화하고, 다양한 사회 부문의 인사가 참여하는 엄격하고 독립적인 감시기구를 두어 안전 규제 체제를 확립해야 한다. 이는 단순히 형식적인 조직의 독립뿐 아니라 규제 업무에 종사하는 인력의 전문성과 중립성을 확보할 수 있어야 가능하다. 그리고 방재 교육, 사고 발생 시 대응, 대피 계획 수립과 훈련, 정보 전달 체제 확립, 누적 선량 기준 설정 등 전반적인 원자력 사고에 대응하는 태세를 강화해야 한다. 후쿠시마 원전 사고는 우리가 한국의 원자력정책 전반을 점검할 수 있는 기회와 교훈을 제공하며, 이를 살릴 수 있다면 한국의 에너지정책의 미래에 크게 기여할 것이다.

참고문헌

≪조선일보≫. 2011.5.9. "'총리 원전중단 요구'에 日전력사버티기."
전진호. 2011. 「후쿠시마 원전사고의 국제정치」. ≪국제정치논총≫, 51(2), 183~211쪽.
≪AFPBB News≫. 2011.6.19. "82%が原発廃炉を希望, 世論調査."
≪Hunter Investigative Journalism≫. 2011.8.2. "朝日新聞の「独善」: 原発・国民共犯説への反論."
≪読売新聞≫. 2012.12.30. "首相「原発新たに作る, 福島と全く違うものを」."
≪東洋経済≫. 第6321巻4月. 2011. "ニッポン原子力村相関図", pp. 38~39.
≪朝日新聞≫. 2011.5.8. "「原発廃止」渋谷で音楽デモ 首相の浜岡停止に評価の声".
_____. 2011.5.10. "菅首相「エネルギー計画白紙に戻し議論」省エネ推進".
_____. 2011.6.13. "将来的に「脱原発」賛成74% 朝日新聞世論調査".
_____. 2011.7.27. "「日本前へ委員会」提言 神里達博委員が解説".
_____. 2011.8.2. "福井の原発再稼働差し止め求め仮処分申請 滋賀の住民ら".
_____. 2011.10.9. "電力9社, 政界工作で連携 担当議員決め資金協力や接待".
_____. 2011.11.11. "泊原発の廃炉求め600人提訴「安全性覆された」".
_____. 2012.1.8. "柏崎刈羽原発の運転差し止め求め提訴へ 新潟の弁護士ら".
≪週刊現代≫. 2011. "原子力村の「不都合な真実」: 原発大手企業と霞が関 ズブズブの証拠を入手". from http://gendai.ismedia.jp/articles/-/9843
エネルギー・環境会議. 2011. 「革新的エネルギー・環境戦略」策定に向けた中間的な整理」. from http://www8.cao.go.jp/cstp/gaiyo/yusikisha/20110811/siryosen2-1-1.pdf
念佛明奈. 2012.2.15. "自民党: 特命委中間報告でも原発政策先送り". ≪毎日新聞≫.
大軒由敬. 2011.7.13. "原発ゼロ社会: いまこそ 政策の大転換を".
鈴木崇久・森川潤. 2012.9.19. "2030年代「原発ゼロ」で最終判断 政府の新エネルギー政策の真贋". ≪週刊ダイヤモンド≫.
篠ケ瀬祐司・小国智宏. 2011.7.30. "「脱」から「減」で原発存続 菅首相の方針 事実上転換". ≪東京新聞≫.
小出裕章 外. 2011. 『原子力村の大罪』. 東京: ベストセラーズ.
資源エネルギー庁. 2010. 「エネルギー基本計画」 from http://www.enecho.meti.go.jp/topics/kihonkeikaku/100618honbun.pdf

田中韻. 2012.1.31. "玄海原発: 運転差し止め求め提訴 原告は1704人". ≪毎日新聞≫.

川辺康広. 2012.1.11. "独法・原発検査:「丸写し」03年設立以来". ≪毎日新聞≫.

布施太郎. 2011.3.30. "特別リポート: 地に落ちた安全神話―福島原発危機はなぜ起きたか". ロイター.

Aldrich, Daniel P. 2008. *Site Fights: Divisive Facilitie and Civil Society in Japan and the West*. Ithaca: Cornell University Press.

_____. 2011. "Future Fission: Why Japan Won't Drop Nuclear Power." *Global Asia*, 6(2), pp. 62~67.

_____. 2012. "Post-Crisis Japanese Nuclear Policy: From Top-Down Directives to Bottom-Up Activism." *Asia Pacific Issues*, 103, pp. 1~12.

Brasor, Philip. 2011.7.3. "Antinuke stance within establishment slowly gathers steam." ≪The Japan Times≫.

Burton, Bob. 1990. *Nuclear Power, Pollution, and Politics*. London: Routledge.

Campbell, John L. 1988. *Collapse of An Industry: Nuclear Power and the Contradictions of U.S. Policy*. Ithaca, N.Y.: Cornell University Press.

Cohen, Linda, M. McCubbins, and F. Rosenbluth. 1995. "The Politics of Nuclear Power in Japan and the United States." in P. Cowhey and M. McCubbins(ed.). *Structure and Policy in Japan and the United States*. Cambridge; New York: Cambridge University Press.

Dauvergne, Peter. 1993. "Nuclear Power Development in Japan." *Asian Survey*, 33(6), pp. 576~591.

Donnelly, Michael. 1993. "Japan's Nuclear Energy Quest." in G. Curtis(ed.). *Japan's Foreign Policy*. New York: M.E. Sharpe.

Fukue, Natsuko. 2011.7.13. "Kan Plan Set to End Nuke Goals." ≪The Japan Times≫.

_____. 2012.11.30. "Nippon Ishin Qualifies Nuclear Phaseout Goal." ≪The Japan Times≫.

Hongo, Jun. 2011.5.12. "Nuclear Energy at a Crossroads: Now Is the Time to Decide Future Policy Course" ≪The Japan Times≫.

Ito, Masami. 2011.7.30. "Interim Report Sets New Course in Light of Disaster: Energy Policy Revised to Cut Nuclear Role." ≪The Japan Times≫.

_____. 2012.8.7. "Noda Hints Abolition a Theoretical Energy Option." ≪The Japan Times≫.

Jasper, James. 1990. *Nuclear Politics*. Princeton: Princeton University Press.

Johnston, Eric. 2011.7.16. "Key Players Got Nuclear Ball Rolling." ≪The Japan Times≫.

Kamiya, Setsuko. 2011.9.13. "Hosono to Reshape Nuclear Policy." ≪The Japan Times≫.

Kim, Taewoo. 1996. "Japanese Ambitions, US Constratins, and South Korea's Nulcear Future." in S. Harrison(ed.). *Japan's Nuclear Future: the Plutonium Debate and East Asian Security*. Washington, D.C.: Carnegie Endowment for International Peace.

Lee, Eugene. 1999. "Japan's Atomic Energy Policy." *International Studies Review*, 2(2), pp. 15~42.

Nagata, Kazuaki. 2011.6.1. "Risk of Tsunami Underestimated: IAEA." ≪The Japan Times≫.

_____. 2011.7.6. "LDP Planning Major Energy Policy Rethink." ≪The Japan Times≫.

_____. 2011.9.7. "Hachiro Hints at Reactor Restarts." ≪The Japan Times≫.

_____. 2011.9.13. "METI Aims to Wean Nation Off Nuclear Power: Edano." ≪The Japan Times≫.

_____. 2011.9.19. "Masses Turn Out to Protest Nuclear Power." ≪The Japan Times≫.

_____. 2012.8.5a. "15% Nuclear Option Backed." ≪The Japan Times≫.

_____. 2012.8.5b. "Nearly 70% of Japanese Who Wanted to Attend Hearings on Nuclear Power Hoped to Discuss Its Complete Abolition." ≪The Japan Times≫.

_____. 2012.8.12. "Japanese Government Receives over 50,000 Comments from Public on Future of Nuclear Power." ≪The Japan Times≫.

_____. 2012.9.19. "Vowing No More Disasters, New Atomic Regulator Launched." ≪The Japan Times≫.

_____. 2012.12.3. "Fukushima Meltdowns Set Nuclear Energy Debate on Its Ear." ≪The Japan Times≫.

Obe, Mitsuru. 2012. "Anti-nuclear Coalition Steps into Japan." *Wall Street Journal*, 27(November, 2012).

Samuels, Richard J. 1987. *The Business of the Japanese State*. Ithaca: Cornell University Press.

Suzuki, Atsuyuki. 1996. "Why Plutonium is a 'Must' for Japan." in S. S. Harrison(ed.). *Japan's Nuclear Future: the Plutonium Debate and East Asian Security*. Washington, D.C.: Carnegie Endowment for International Peace.

≪Asahi Shimbun≫. 2012.3.28. "Osaka Rejects Petition for Referendum on Nuclear Power."
≪The Japan Times≫. 2011.6.1. "Major Power Industry Reform Eyed."
____. 2011.6.24a. "Nuke Regulatory Reform Easier Said than Done."
____. 2011.6.24b. "Restart of Reactors Is Premature."
____. 2011.7.2. "Suit Seeks to Shut Hamaoka Reactors for Good."
____. 2011.7.15. "Phasing Out Nuke Power an Aspiration, Not Policy: Edano."
____. 2011.7.25. "70% Back Kan's Nuclear Tack, Ditto Seek His Exit."
____. 2011.9.4 "METI Chief Vows to Restart Reactors."
____. 2011.9.7. "Nuke Plants Will One Day be 'Zero'."
____. 2011.9.26. "City Calls for Keeping Hamaoka Plant Closed."
____. 2012.1.3. "NSC Pair Took Nuke Industry Donations."
____. 2012.1.11. "Osaka Nuke Plebiscite Moves Forward."
____. 2012.8.5a. "15% Nuclear Option Backed."
____. 2012.8.5b. "Nearly 70% of Japanese Who Wanted to Attend Hearings on Nuclear Power Hoped to Discuss its Complete Abolition."
____. 2012.8.12. "Japanese Government Receives Over 50,000 Comments from Public on Future of Nuclear Power."
____. 2012.9.8. "Questionable Start for NRC."
____. 2012.9.19. "Cabinet Fails to OK New Nuclear Strategy: Deadline for Abolishing Atomic Energy by 2030s Not Endorsed."
____. 2012.11.29. "Kada's Party Sets 2022 End for Atomic Power."
____. 2013.1.1. "Goal of No New Reactors in Jeopardy."

동일본대지진과 역내 관계

포스트 후쿠시마
원자력 안전 거버넌스와 국제 협력

전진호

1. 서론

2011년 3월에 발생한 대지진과 쓰나미로 일본의 동북부 지역이 큰 피해를 입었으며, 2만 8,000여 명이 사망하거나 실종되었다. 그리고 대재난 이후 지진과 쓰나미의 피해는 수습 국면에 들어갔으며, 일본 정부는 피해 복구를 위해 4조 엔 이상의 수정예산을 통과시켰다. 앞으로도 소비세 인상 등을 통해 확보하는 재원으로 피해 지역을 재건할 방침이나, 복구와 부흥에는 상당한 기간이 소요될 전망이다.

한편 지진과 쓰나미로 후쿠시마 제1원자력발전소(이하 원전)가 정전되면서 1986년에 발생한 구소련의 체르노빌 원전 사고(1986년 구소련의 우크라이나 키예프 북방 약 104km 거리에 있는 체르노빌 원전에서 발생한 방사능 유출 사고) 등급인 7단계에 해당하는 초대형 원전 사고가 발생했다. 일본 정부와 해당 발전소 운영 주체인 도쿄전력의 노력에도 불구하고 후쿠시마 제1원전 1·2·3호기의 노심용융으로 핵연료가 녹아내려 원자로 손상이 심각해 사고 수습은 계획처럼 진행되고 있지 않다.

사고 수습 과정에서 일본의 원전 사고 대응 전반에 대해 다양한 문제가 제기되고 있다. 도쿄전력의 무성의한 대응과 정보 은폐, 정부의 초기 대응 실패, 매뉴얼 사회의 문제, 원전 안전 관리의 부실, 원전 확대 정책의 재검토, 정부와 관계 기관의 공조 실패, 관계국들과 협의 부족 등이 대표적이다. 이러한 문제 제기에 따라 일본에서는 다양한 방면에서 재검토를 하고 있으며, 국내에서도 일본의 원전 사고와 관련해 우리 원전의 안전성 문제, 원자력 안전 규제의 적절성 문제 등이 제기되고 있다.

일본의 원전 사고는 우리나라와 중국 등 원전을 보유한 주변 국가들에는 공통된 과제를 던져주고 있으며, 한중일의 원자력 안전에 관한 협력 문제도 제기되고 있다. 후쿠시마 원전에서 방출된 방사성 물질이 태평양을 건너 전 세계로 확산되었으며, 해양으로 방출된 오염수는 주변 국가들의 어업과 식생활에 영향을 미치고 있는 것이 사실이다. 원자력 사고는 해당 원전이 있는 국가의 국내문제가 아니라 국제문제인 것이다. 이러한 관점에서 원자력 안전 협력 등에 대한 한중일의, 그리고 더 나아가 동북아시아의 협력이 요구된다 할 수 있다. 2011년 5월에 개최된 한중일 정상회담에서는 원전의 안전 관리에 대한 공동의 노력 등이 천명되었다.

이러한 관점에서 이 글은 먼저 후쿠시마 원전 사고를 점검하고, 후쿠시마 사고가 남긴 시사점을 정리할 것이다. 특히 후쿠시마 사고가 우리에게 남긴 과제를 원전의 안전 관리 거버넌스 측면에서 검토할 것이다. 또한 원전의 안전 관리 등을 위한 한중일 협력이 어떠한 형태로 진행되어왔으며, 향후 어떠한 분야에서의 협력이 필요할 것인가를 한중일 원자력 협력이란 관점에서 분석할 것이다.

2. 후쿠시마 원전 사고

1) 개요

2011년 3월 11일에 발생한 대지진으로 후쿠시마 제1원전의 1·2·3호기가 정지했고(4호기는 지진 이전에 정지 중), 이어 밀려온 초대형 쓰나미로 원전의 전원을 상실했다. 긴급 냉각장치가 작동되지 않았고, 비상용 디젤발전기도 쓰나미로 침수되어 원자로에 전기가 공급되지 않게 되었으며, 냉각용 해수 펌프의 모터도 파괴되었다. 원전 사고 등급 7단계의 대형 사고의 출발이었다. 원전에 사고가 발생하는 경우, 정지·냉각·봉쇄의 순으로 대응하는 것이 일반적이다. 후쿠시마 원전은 지진으로 원자로가 정지되었지만, 전원을 상실하면서 다음 단계인 냉각에 실패했고, 수소 폭발과 원자로기기의 손상 등으로 봉쇄에도 실패했다.

사고 직후 일본은 원자력재해특별조치법에 근거해 총리를 본부장으로 하는 '원자력재해대책본부'를 설치하고 사고 대응에 주력했으나, 사고 발생 2년이 지나고도 후쿠시마 원전 사고는 아직도 진행 중이다. 사고 직후인 2011년 4월에 도쿄전력은 원전 사고 수습을 위한 로드맵을 발표했지만, 새로운 문제가 발생할 가능성도 있는 만큼 아직은 원전 사고가 완전한 수습 국면에 접어들었다고는 할 수 없다.

지진과 쓰나미의 영향으로 일본은 2013년 8월 현재 보유 중인 원자로 54기 중 2기가 가동 중이며, 9월이 되면 모든 원자로가 가동 중단될 예정이다. 3월 11일 대지진 발생 이후 5월까지 후쿠시마 원전 사고의 주요 일지를 정리하면 〈표 9-1〉과 같다.

〈표 9-1〉 후쿠시마 원전 사고 일지

날짜	사고
3월 11일	동일본대지진 발생, 1·2·3호기 자동 정지, 쓰나미로 전원 상실 원전 인근 방사선 수치 상승으로 원전 반경 10km 지역 주민들에게 대피령
12일	1호기 원자로 건물에서 수소 폭발. 원전 인근 대피 반경 20km로 확대
14일	3호기 원자로 건물에서 수소 폭발
15일	2호기에서 폭발음, 원자로 격납 용기 일부 손상 추정
18일	원자력안전보안원, 사고 등급을 5단계로 잠정 평가
19일	도쿄 소방청 3호기에 살수 작업 개시
24일	3호기 터빈 건물에서 작업하던 노동자 3명 고농도 오염수에 피폭
28일	원전 부지 내 토양에서 플루토늄 검출
4월 2일	2호기 취수구 인근 바다로 오염수 유출 확인
4일	도쿄전력 다량의 방사능 오염수 방출, 방사능 요오드 기준치의 750만 배 검출
9일	원자력안전보안원, 원자로 수소 폭발은 생각지 않았던 사태라고 발표
11일	원자력안전보안원, 매시 최대 1만 테라베크렐의 방사성 물질 방출을 공표
12일	원자력안전보안원, 사고 등급을 7등급으로 격상
13일	원전에서 30km 떨어진 땅에서 스트론튬 발견, 바다에서는 요오드, 세슘 검출
14일	한일 원전안전회의* 개최
17일	도쿄전력, 사고 수습을 위한 로드맵 발표, 원전 안정화에 최소 6개월 소요
23일	원전 주변 대피령을 원전 반경 20km 밖 지역까지 확대
28일	간 총리, 사고 검증을 위한 원전 사고조사위원회 5월 중 발족 방침 6월 하순 예정의 IAEA 각료회의에서 중간 보고 시행 예정
5월 6일	간 총리, 수도권 하마오카(浜岡) 원전의 운전 중단 요청
11일	간 총리, 원전 증설 백지화 등 원전정책 전면 재검토 선언
13일	도쿄전력, 1호기 원자로 노심융용 인정, 고농도 냉각수 대량 유출 확인
14일	도쿄전력, 2·3호기도 노심융용 가능성 크다 발표. 하마오카 원전 운전 중지.
18일	간 총리, 원자력안전보안원을 경제산업성에서 분리하는 방안의 검토 표명
24일	도쿄전력, 1·2·3호기 노심융용 분석 결과 발표 일본 정부, 사고조사검증위원회 설치를 각의에서 결정

주: * 한일 원전안전회의: 한일 원전안전회의에는 우리 측에서 한국원자력안전기술원과 한국원자력연구원 전문가 6명과 교육과학기술부 실무자, 주일대사관 관계자가 참석했고 일본 측에서는 원자력 안전 전문가와 정부 관계자가 참석해, 원전 안전 관리와 대책, 방사능 측정과 모니터링 문제 등을 논의함.

2) 시사점

후쿠시마 원전 사고 이후 일본 정부(経済産業省)는 원자력발전소에 대한 긴급 안전 대책을 발표했다. 경제산업성은 사고의 핵심문제를 ① 긴급 시 전원 확보 실패, ② 원자로 냉각을 위한 해수 냉각시설(기능)의 상실, ③ 사용 후 핵연료 저장시설의 냉각 기능 실패로 정의하고, 이에 대한 구체적인 대책을 발표한 것이다. 그러나 이번 사고는 경제산업성이 대책으로 내놓은 원자력발전소의 운영·관리 등 원전의 안전 관리에 관한 사항 외에도, 일본의 국내외 원자력정책, 사고 대응 매뉴얼의 문제, 정보의 공유와 전달 문제 등 다양한 방면에서 시사점을 남겼다. 후쿠시마 원전 사고가 남긴 시사점을 분석하면 다음과 같다.

(1) 원자력정책의 전환

이번 사고는 일본 원자력정책 전반을 재검토하는 계기가 되었다. 2011년 5월 간 나오토 총리는 신규 원전 건설을 백지화하고 '탈원전' 정책으로 정책을 변경하겠다고 천명한 바 있다. 이에 따라 일본 국내의 원전은 정기 검사 등으로 정지 중인 원전의 운전 재개는 물론 건설 중인 원전도 상당한 기간 작업 진척에 곤란을 겪을 것이며, 신규 원전의 건설은 더욱 곤란할 것이다. 또한 그동안 일본이 추진해왔던 핵연료 사이클 정책, 제2재처리 공장의 건설, 고속증식로 건설에 상당한 지장을 줄 것이다.

세계 3위의 원전 대국(원전 54기를 가동 중인 일본은 2030년까지 원전 14기를 증설해 원자력의 전력 의존도를 현재의 30%에서 50%로 끌어 올릴 계획)으로 원자력발전 진흥을 이끌어 왔던 일본의 원자력정책 변화는 전 세계적인 파급효과를 가질 것으로 보인다. 사고 직후 이탈리아는 신규 원전 건설 계획의 무기한 유보를 결정하고 새로운 에너지정책을 제시 했으며, 독일은 노후 원전 7기의 운영을 중단하고 전체 원전 17기의 가동 중단 시기도 앞당기며 앞으로는 재생에너지로 전환할 계획이라고 밝혔다. 또한, 2010년에 독일 연정은 2022년까지 원전을 모두 폐쇄한다는 기존 정부의 정책을 폐기하고, 가동 시한을 평균 12년 연장한 바 있으나, 메르켈 총리와 독일 연정은 2022년까지 자국 내 원전을 모두 폐쇄하는 데에 합의했다. 스위스 역시 신규 원전 3기의 승인을 보류하고, 현재 운용 중인 5기의 원자로를 2034년까지 폐기하기로 결정했다. 이렇게 후쿠시마 원전 사고는 기존의 원전 운영국들에 변화를 불러온 것은 물론, 원전 도입을 예정한 국가에도 영향을 미쳐, 멕시코·타이·필리핀 등은 원전의 대안을 검토하기로 했다.

(2) 원전의 안전 관리

이번 사고의 영향으로 가장 많이 보완될 분야가 원전의 안전 관리일 것이다. 경제산업성이 밝힌 것처럼 이번 사고의 출발점은 비상 전원을 포함한 모든 전원을 상실한 것에 있으며, 이는 원전 안전의 중대한 실패일 수밖에 없다. 규모 9.0의 대지진과 15m가 넘는 쓰나미는 원전 안전의 '상정 외(想定外)'라는 주장은 변명에 지나지 않는다. 또한 도로 파괴나 정전, 발전기의 침수 등은 원전의 안전 관리 매뉴얼에 반드시 포함되어야 할 사항인데도 중요시되지 않았기에 이번 사태의 피해가 확산된 것이다. 이를 보면 일본의 원전은 안전하다는 원전 안전 신화 안에 안주하던 일본은 원전의 중대 사고 자체를 상정하지 않았던 것은 아닐까 하는 의구심마저 든다. 따라서 이번 사태로 전원 상실 시나리오에 대한 대책이 보강될 것이다.

일본은 2008년 이래 물리적 보장 조치(safeguard), 원전의 안전(safety), 핵 안보(security)라는 3S를 원자력 평화 이용의 중심적 요소로 간주해왔다. 이번 사태는 원전의 안전 문제(safety)로 발생한 위기이나, 일본의 국가 안전보장(security)을 위태롭게 하는 사태로 발전했고, 육상자위대의 절반 가까운 병력이 피해 복구에 동원되었다. 원전의 안전과 국가 안보는 긴밀히 연관되어 있다는 사실을 역설적으로 보여주는 것이 후쿠시마 원전 사고라고 할 수 있다. 이런 점에서 앞으로는 원전 안전의 재검토 과정에서 안보라는 관점이 반영되거나, 혹은 안보의 관점 안에 원자력 안전을 포함하는 새로운 사고가 요구된다.

(3) 원자력 안전 관리 거버넌스

후쿠시마 원전 사고의 초기 대응을 둘러싸고 정부와 안전 규제기관이 제대로 협력하지 않았으며, 원자력 안전 규제기관이 역할을 하지 못했다는 비판이 제기되었다. 원자력 안전 규제기관인 원자력안전보안원이 원자력 진흥을 관할하는 자원에너지청과 같은 행정 부처(経済産業省)에 소속된 것이 문제라는 것이다. 이런 점에서 원전 안전에 대한 규제와 원자력 추진을 분리해야 한다는 주장이 설득력을 얻었다. 일본은 한국과 마찬가지로 원자력 진흥기관이 원전 안전을 규제할 책임을 동시에 맡아서, 객관적이고 실효적인 안전 규제가 이루어지지 않는다는 비판이 과거부터 있었다. 미국 원자력규제위원회(NRC: Nuclear Regulatory Commission)처럼 행정부에서 독립된 규제기관이 필요하다는 것이다. 또한 원자력 안전 문제의 최고 심의·의결기관인 내각부의 원자력안전위원회가 실질적 역할을 담당하지 못한다는 지적도 많아, 원자력안전위원회와 원자력안전보안원을 통합해 독립 행정기관으로 하는 것이 안전 규제에 효과적일 수 있다는 주장이 설득력을 얻었다.

한편 원전 사고에 대응하는 과정에서 컨트롤 타워가 보인 혼선에 대한 지적도 많다. 사고와 관련해 관방장관이 매일 2회의 기자회견을, 도쿄전력과 원자력안전보안원이 개별적으로 회견을 열었다. 각 기관별로 필요한 대응과 대국민 설명을 한다는 취지로 개별 기관이 각각 원전 사고 관련 정보와 이에 대한 대응을 밝힌 것이지만, 발표가 제각각 이루어져 진척 상황을 제대로 알지 못하는 외부에서 볼 때에는 혼란으로 느껴졌다. 또한 관계 성청은 각 성청별로 필요한 정보를 제공했으나, 정보 공유가 제대로 되지 않아 필요한 정보를 찾는 것도 매우 어려운 상황이었다. 이러한 공조 실패는 원전의 중대 사고 시 컨트롤 타워가 충분히 기능하지 못해 발생한 문제로, 이에 대한 보완도 필요할 것이다.

(4) 초기 대응 매뉴얼과 문제 해결 로드맵

사고의 초기 대응에 실패한 가장 큰 요인은 원전의 중대 사고에 대응하는 매뉴얼이 제대로 갖추어지지 않아, 원자로 격납 용기를 수관하는 작업이 늦어지고, 전원 상실에 대한 대비 등 긴급 안전 대책이 부실했던 점이라고 할 수 있다. 특히 비상 전원의 확보와 수소 폭발 방지 등의 초기 대응이 가장 큰 문제였다고 지적된다. 이런 점에서 초기 대응을 위한 '의사 결정 프로세스'를 확립하는 것이 주요한 과제로 남았다.

또한 해외의 제안 등이 신속히 수용되지 않았다는 점도 지적된다. 사고 발생 직후, 미국이 적극적인 지원의사를 밝혔으나 도쿄전력이 거절했고, 사태가 확산되자 뒤늦게 미국과 프랑스 등의 개별 조언을 수용했다. 이는 도쿄전력과 일본 정부의 자체적인 문제 해결 의지에 따른 것이지만, 결과적으로 초기 대응 부실을 가져왔다고 할 수 있다. 따라서 원전 사고 시 즉각 가동될 수 있는 국제적인 네트워크가 앞으로 필요할 것으로 보인다. 그리고 즉각적인 초기 대응을 위해서 미국과 러시아, 프랑스 등 다양한 원전 사고의 경험을 공유하는 국제적이고 종합적인 사고 대응 네트워크의 형성이 필요할 것이다.

한편 비록 늦었지만 도쿄전력과 일본 정부가 사고 해결을 위해 제시한 로드맵은 일정한 평가를 받았다. 이번 사고의 문제 해결을 위한 로드맵은 앞으로 일어날 수 있는 원전 사고의 해결 방향과 수순을 정하는 데에 상당히 기여할 것으로 보인다.

(5) 정보공개와 전달

원전 사고가 발생했을 때, 적절한 정보를 신속하게 전달하는 것은 사고를 수습하는 데에 불가결하다고 할 수 있다. 그러나 후쿠시마 원전 사고는 적절한 정보의 신속한 전달이 원활히 이루어지지 않아 일본 국내와 국제사회에서 상당한 불신감을 조성했다. 이에 따라 일본 국민 대부분은 정부 발표를 불신했는데, 한 예로 ≪産経新聞≫이 2011년 5월에 시행한 여론조사에서 원전 사고에 관한 정부의 발표를 '신뢰할 수 없다'는 여론이 80.8%를 차지했다. 또한 국제사회에 원전 사고의 정보를 전달해야 할 일본 외무성도 필요한 정보를 신속히 전달받지 못했고, 이에 따라 국제사회를 상대로 적절한 설명이 이루어지지 않았다.

도쿄전력은 후쿠시마 제1원전 3호기에서 수소 폭발이 일어나기 하루 전에 원자로 건물 내의 비정상적으로 높은 방사선량을 확인하고도 이를 은폐했다고 한다. ≪朝日新聞≫에 따르면 3호기 건물에서 수소 폭발이 일어나기 하루 전에 시간당 300mSv[1mSv(밀리시버트)는 국제방사선방호위원회(ICRP: International Commission on Radiological Protection)가 규정한 일반인의 연간 노출 한도]가 검출되었고, 이는 원전 작업자의 연간 피폭 한도인 250mSv를 감안할 때 매우 높은 수치였다. 그러나 도쿄전력은 이러한 사실을 은폐했고, 결과적으로 정부의 대응은 늦어질 수밖에 없었다. 원전 내부의 방사선량 등 구체적 수치를 신속히 공개하고 원전 작업자와 국가가 원전의 상황을 공유해야만 사고에 적절히 대응할 수 있을 것이다. 그런데 이번 사고는 정부의 정보 전달이 불투명하고 사고의 영향을 과소평가한 측면이 많아, 초기 대응에 부실을 불러왔다고 할 수 있다. 따라서 원전 사고 시의 정보 제공과 정보 공유 네트워크를 확립할 필요가 있을 것이다.

(6) 국제 협력

이번 사고의 경우, 사고 직후에 일본 정부가 주변국과 관계국에 통보하거나 필요한 협조를 요청하지 않았다. 앞서 지적한 것처럼, 사태가 걷잡을 수 없을 정도로 확대되고 나서 미국과 프랑스 등에 협조를 요청했으며, 사고 등급을 7단계로 올리고 오염수를 방류한 이후에야 한국과 중국 등 주변국에 원전 전문가를 보내 설명하고 협조를 요청했다. 사고 발생 직후부터 국제사회를 상대로 정보 전달과 설명이 부족해 국제사회의 불신을 초래했다고 할 수 있다. 다만 미국은 일본에 원전을 공급한 국가이며, 사고 원인 규명 등에 일정한 책임을 공유하고 있으므로, 원전 사고 직후부터 총리 관저에 미국의 원전 전문가가 상주하며 미일 원전 공조팀이 발족할 때까지 원자력안전보안원의 전문가와 의견을 교환했다고 한다.

그러나 사고 이전에 필요한 미국과의 협조는 적절히 이루어지지 않았다. 예를 들면, 미국의 연구기관이 후쿠시마 원전과 동형(110만 kW의 마크 II)의 원자로에서 전원이 상실되었을 때의 시뮬레이션을 시연해 보고서를 미국 원자력규제위원회에 제출한 적이 있었다. 시뮬레이션은 외부의 전원과 비상용 디젤발전기가 상실되고 비상용 건전지만 작동하는 것을 전제로 했는데, 비상용 건전지가 4시간 사용 가능한 경우, 5시간 만에 연료 노출, 5시간 반 후에 수소 발생, 6시간 후에 연료 용융, 7시간 후에 격납 용기가 손상되는 결과를 얻었다고 한다(≪朝日新聞≫, 2011.3.30). 후쿠시마 원전의 비상용 건전지는 8시간을 사용할 수 있지만, 후쿠시마 원전도 시뮬레이션과 같은 순서로 사고가 발생했고, 도쿄전력에 따르면 1호기는 지진 발생 16시간 만에 노심 대부분이 용융했다고 한다.

이러한 미국의 경험이 일본의 원전 관리에 적용되지 않았던 것은 전원 상실이라는 사태를 상정하지 않았던 일본의 안전 관리에 있다고 할 수 있다. 일본의 원자력안전위원회는 1990년 원전의 안전 설계 심사 지침을 결정할 당시, "송전선의 복구와 비상용 교류 전원의 복구가 가능하므로, 장시간에 걸친 전원 상실은 고려할 필요가 없다"라고 결론짓고(≪朝日新聞≫ 2011.3.30), 미국의 경험을 무시한 것이다. 이러한 점을 볼 때 원전의 안전 관리를 위해 평상시부터 IAEA 등 관련 기관, 원전 공급국과 긴밀히 협력해야 하며, 원전사업자 수준이나 지역 단위에서 협력하는 네트워크의 확립이 필요할 것이다.

3. 한일 원자력 안전 관리 거버넌스 비교

원자력발전소는 설계 단계부터 엄격한 안전기준을 적용해 건설되지만, 원전의 운영과 관리 역시 규정과 절차에 따라 적절하게 이루어져야 한다. 아무리 안전하게 건설된 발전소라 하더라도 운영과 관리에 문제가 발생하면 원전 사고로 이어질 수 있기 때문이다. 따라서 원전을 운영하는 국가들은 일반적으로 원전사업자와 정부, 규제기관이 기능별, 혹은 단계별로 역할을 분담해 안전성을 확보하는 표준 절차를 가지고 있다. 우리나라나 일본 역시 원전에 1차적 책임을 지는 원전사업자가 현장에서 실무적인 안전 관리를 하며, 정부는 관계 법령에 따라 원전 운영에 따른 안전 요건과 지침을 제시하고, 각종 심사와 검사를 통해 시설의 안전성을 점검한다. 정부의 안전 관리 활동은 우리나라에서는 한국원자력안전기술원이, 일본에서는 원자력안전보안원이라는 원전 규제 전문 기관이 대행해 수행한다.

그런데 이번 후쿠시마 원전 사고는 원전사업자(도쿄전력)와 국가, 규제 전문 기관의 역할 분담이나 지휘 계통이 원활히 기능하지 않아 사고를 초기에 수습하지 못했다는 비판이 제기되었다. 특히 초기 대응 과정에서 '원자력재해대책본부', '원자력안전위원회', '원자력안전보안원', '도쿄전력', '관저' 등 관련 기관이 너무 많고 또한 횡적 연결이 잘 되지 않았다는 비판이 제기되었다. 즉, 중대한 사고 발생 시 본부가 컨트롤 타워로서 정보를 집약해 대응 방안을 결정하는 '톱 다운'의 지휘 계통이 기능하지 않았다는 것이다. 그 외에도 이번 사고는 정부의 정보 전달 방식이나 정보 수집 및 정보공개 창구의 일원화에도 문제가 있었으며, 원자력 안전의 최고 기관인 원자력안전위원회의 기능이 전혀 없었다는 점도 지적된다.

1960년대 중반 이래 원전을 운영해 50년에 가까운 원전 운영 실적을 지닌 일본이 후쿠시마 원전 사고에 적절히 대응하지 못한 것은 상상을 초월한 대지진과 쓰나미의 탓도 있겠지만, 원전의 안전 관리 측면에서 정부와 규제기관, 원전사업자의 적절한 역할 분담이 이루어지지 않았으며, 이에 따라 대책본부의 톱 다운의 지휘 계통이 기능하지 않았던 것에서도 그 원인을 찾을 수 있다. 이러한 관점에서 일본의 원전 안전 관리 체계를 미국, 캐나다, 영국, 프랑스와 같은 선진국들의 안전 관리 체계와 비교하고, 우리나라의 원전 안전 관리 체계에 주는 함의를 분석해본다.

1) 원전 선진국들의 원자력 안전 관리 체계

(1) 미국

미국은 대통령 직속이면서도 독립기관의 위상을 가진 NRC가 원자력 안전 규제 및 안전성 연구를 주관한다. 즉, 연방 정부의 국무부가 원자력 외교와 국제 협력, 협정 체결, 핵 비확산 문제를 담당하고, 에너지부가 원자력정책과 원자력산업 전반을 담당하지만, 연방 정부로부터 독립된 기관인 NRC가 원자력시설의 인허가와 안전 규제를 책임지는 안전 관리 체계를 가진다. NRC는 전미 4곳의 지역 사무소와 원전 현장의 주재 사무소를 통해 시설 검사와 운영 검사를 하며, 행정부와는 독립적인 위상으로 대통령과 의회에 동시에 보고한다. 또한 NRC는 대표적인 독립 규제기관으로서, 규제 판단의 전문성과 명확성을 확보하고, 독립적 지위를 지니며, 위원회의 결정이 행정부의 거부권 행사에 종속되지 않는 특징을 가진다.

(2) 캐나다

2000년 행정부에서 분리되어 총리 직속이 된 원자력안전위원회(CNSC: Canada Nuclear Safety Commission)가 핵 물질 규제와 핵 확산 규제를 포함한 원자력 안전 규제를 담당해서, 원자력정책을 입안하고 원전을 운영하는 자원부와는 분리된 안전 규제 조직을 가진다. 그러나 CNSC는 자체 연구 개발 기능이 미약하고 별도의 기술 지원기관이 없어 필요시에는 전문기관에 위탁해 수행한다. 캐나다는 일찍이 원자력발전과 규제기관을 분리해 운영해왔으며, 원자력 진흥기관인 자원부의 원자력공사(AECL: Atomic Energy of Canada Limited)는 설립 초기부터 규제기관의 규제 대상이었다.

(3) 영국

노동연금부(DWP: Department for Work and Pensions) 산하 보건안전위원회의 보건안전집행부의 원자력안전국에서 원전시설, 핵연료시설, 핵무기, 연구시설 등의 안전 규제를 담당함으로써, 원자력산업을 전담하는 산업무역부(DTI: Department of Trade and Industry)와는 별개의 조직에서 원자력 안전 규제가 이루어진다. 기술 지원을 전담하는 조직은 없으나 필요시 보건안전집행부의 전문가나 대학 혹은 기술용역회사, 국가기관 등을 활용한다. 원자력 안전 규제를 담당하는 보건안전집행부는 원자력 개발 이용 부처에서 독립된 공공기관이지만, 노동연금부에서 예산을 지원받으므로 완전한 독립기관의 지위에 있는 것은 아니다. 이에 따라 영국도 현재 안전 규제 전문 기관인 원자력안전공사(ONR: Office for Nuclear Regulation)를 설립 중이다.

(4) 프랑스

프랑스 원자력 행정의 특징은 정부기관의 철저한 분업화라고 할 수 있다. 환경·에너지·지속가능발전부(MRDAD: Ministère de l'Écologie, du Développement durable et de l'Énergie)의 에너지·기후변화총국에서 원자력 정책을 총괄하며, 그 아래의 여러 기관이 원자력 개발에 참여한다. 원전 안전과 정책 조정은 원자력안전청(ASN: Autorité de sûreté nucléaire), 원전 수출은 방사선방호·원자력안전연구소(IRSN: Institut de radioprotection et de sûreté nucléaire), 원자력 에너지 연구 개발과 정보 등의 기술 관리는 원자력청(CEA: Commissariat à l'énergie atomique et aux énergies alternatives)이 각각 전담한다. 즉, 산업부의 원자력청이 원자력 이용 개발의 중심 기관으로서, 원자로의 설계에서 발전에 이르는 원자력 사이클의 모든 분야에 참여하지만, 원자력안전청은 산업부과 환경·에너지·지속가능발전부, 보건부라는 세 부처의 감독과 지도를 받으면서, 원자력 안전과 현장 규제를 담당한다. 원자력안전청은 비록 행정부에 속하지만 한 부처의 지휘와 감독을 받는 것이 아니라 세 기관의 조율을 통해 안전 규제를 시행한다. 지금까지 살펴본 주요 국가의 원자력 진흥 및 안전 규제기관을 정리하면 〈표 9-2〉와 같다.

주요 국가의 원자력 행정체계를 보면, ① 연방제 국가(미국, 캐나다)가 중앙집권적 국가보다 독립적인 안전 규제기관을 운영하고, ② 중앙집권적 국가는 대부분 정부 부처의 형태로 안전 규제기관이 존재하며, ③ 정부 부처가 안전 규제를 담당하는 경우 대부분 전문 기관을 별도로 운영한다. 따

〈표 9-2〉 주요 국가의 원자력 진흥 및 안전 규제기관

국가	진흥 기관	안전 규제기관
미국	에너지부(DOE)	원자력규제위원회(NRC)
캐나다	자원부(NRCan) 원자력공사(AECL)	원자력안전위원회(CNSC)
영국	산업무역부(DTI)	노동연금부(DWP) 원자력안전자문위원회(NuSAC)
프랑스	산업부 원자력청(CEA)	원자력안전청(ASN)
일본	원자력위원회(AEC) 경제산업성(METI) 문부과학성(MEXT)	원자력안전위원회(NSC) 경제산업성(METI) 문부과학성(MEXT)
한국	교육과학기술부 지식경제부	교육과학기술부 지식경제부

라서 원자력 진흥기관이 안전 규제를 수행하는 우리나라와 일본이 예외에 속한다고 할 수 있다.

2) 일본의 원자력 안전 관리 거버넌스

일본의 원자력정책의 근간을 정하는 부서는 내각부에 속한 원자력위원회나, 원자력 안전 정책에 관한 최고의 심의·의결기관은 원자력안전위원회다. 실질적인 현장에서 원자력 안전 규제는 경제산업성 소속의 자원에너지청 산하 원자력안전보안원이 담당하고, 원전의 안전 규제는 일본원자력안전기반기구(JNES: Japan Nuclear Energy Safety Organization)에서 담당하며, 원자력안전보안원이 이를 지원한다.

한편 문부과학성은 연구용 원자로, 원자로 물질, 방사성 동위원소 등의 규제를 담당하며 관련 업무를 원자력안전기술센터에 위탁한다. 다시 말해, 일본은 내각부 직속의 원자력안전위원회가 있지만 일반적인 원전의 안전 관리는 경제산업성이 담당하며, 문부과학성은 원자력 연구 개발과

〈그림 9-1〉 일본의 원자력 행정조직

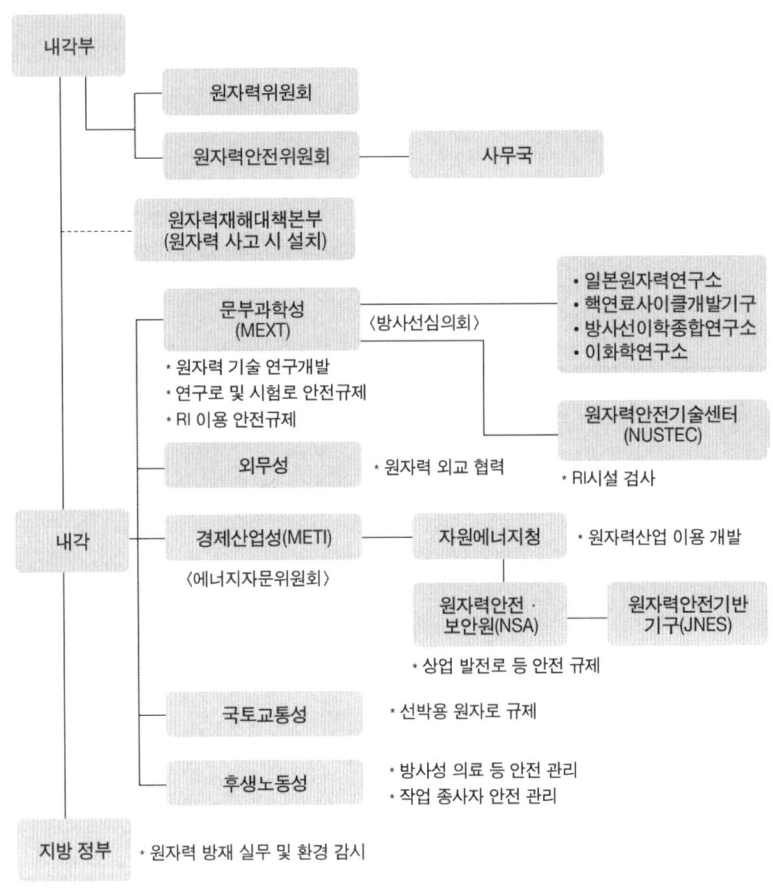

* MEXT: Ministry of Education, Culture, Sports, Science & Technology
* METI: Ministry of Economy, Trade & Industry
* NISA: Nuclear and Industrial Safety Agency JNES: Japan Nuclear Energy Safety Organization

자료: 한국원자력국제협력재단(2007).

연구용 원자로의 안전 규제를 겸하는 이중 구조로 되어 있다. 일본의 원자력 행정조직은 〈그림 9-1〉과 같다. 즉, 일본의 원자력 규제기구는 우리나라처럼 행정 부처 소속 기관으로 운영된다. 이러한 경우, 상급 기관의 정책 목표와 수단에 따라 규제기관의 결정이 영향을 받을 수 있으며, 원자력 진흥과 규제를 겸임하는 기관의 장은 규제보다 진흥을 통해 자신의 업적을 평가 받으려는 경향이 있다. 따라서 대부분의 원전 선진국들은 원자력 규제기구를 독립적 기관 혹은 대통령(혹은 국무총리) 직속의 전문행정위원회로 운영한다.

3) 우리나라의 원자력 안전 관리 거버넌스

우리나라의 원자력 개발 이용과 안전 규제를 위한 행정체계를 구축하는 중심적인 법은 1958년에 제정된 원자력법(2011년에 원자력진흥법으로 명칭 변경)과 2004년에 제정된 원자력 시설 등의 방호 및 방사능 방재 대책법(방호 및 방재법)이다. 원자력진흥법은 원자력의 이용 개발과 안전 규제에 관한 기본 사항을 규정하며, 9·11 테러 이후 원전에 대한 테러 대비와 방호, 방재를 위해 방호 및 방재법을 제정했다. 또한 현재의 원자력 행정체계가 출범한 것은 2008년 3월의 정부조직법 개정을 통해서다. 정부조직법 개정으로 교육과학기술부(현 교육부)가 원자력정책, 연구 개발, 국제 협력과 안전 규제를 전체적으로 담당하고, 지식경제부(현 산업통상자원부)가 원자력산업의 진흥을 담당하게 되었다.

즉, 교육과학기술부는 연구 개발, 국제 협력, 원전과 방사성 폐기물 안전 규제, 핵 비확산, 사용 후 핵연료 관리 등 원자력 행정을 종합적으로 관장하며, 교육과학기술부 원자력안전국은 원자력 안전 규제 정책의 수립, 안전성 심사와 평가, 허가의 발급과 취소에 이르는 원자력 안전 규제 전반을 관장한다. 또한 각 원전 현장에 교육과학기술부의 주재관이 파견되어 현장에서 규제 업무를 담당한다. 다시 말해, 교육과학기술부가 원자력의 이용 개발과 안전 규제를 겸하는 이중적 구조다. 한편 지식경제부는 원자력발전을 통한 전력 생산과 중저준위 폐기물 처분장 부지의 선정, 운영 등 원자력 이용의 일부분만 담당하며, 규제 면에서는 원전의 사업 규제권을 가진다.

또한 우리나라에는 원자력 이용 개발에 관한 주요 사항을 심의하고 의결하는 최고 의결기구로서 국무총리 소속의 원자력위원회(위원장은 국무총리이며, 위원은 위원장을 포함해 9~11인으로 구성)가 있으며, 원자력 안전에 관한 주요 사항을 심의하고 의결하는 기구로서 원자력안전위원회를 두고 있다. 원자력안전위원회는 원자력 안전에 관한 사항, 핵 물질과 원자로의 규제에 관한 사항, 방사성 폐기물의 안전 관리에 관한 사항 등을 심의하고 의결한다. 원자력 안전 규제의 책임은 최종적으로 원자력안전위원회에 있지만, 현장에서 안전 규제를 점검하는 일은 안전 규제 전문 기관인 한국원자력안전기술원이 수행한다.

4) 한국에 주는 함의

(1) 21세기 에너지 담론과 원자력 담론의 모색

1958년에 원자력법이 제정되어 원자력의 평화 이용 체제가 확립된 후 우리나라는 원자력 진흥 중심의 정책을 전개해왔다. 부존자원이 거의 없는 수출 지향의 국가가 국제사회에서 생존하려면 원자력은 필수 불가결한 에너지원이었다. 특히 1990년대 이후 친환경 성장, 지속 가능한 발전이 강조되면서 원자력은 값싸고 안전한 친환경적 에너지로서 전력 생산의 중심에 위치해왔다. 생산 설비나 전력 생산량에서 우리나라는 세계 5~6위권에 있는 원자력 대국이며, 기술면이나 원전의 수출에서도 일본과 경쟁할 정도로 성장했다. 우리나라는 친원전 담론이 주도하는 원자력의 르네상스를 맞고 있다고 할 수 있을 것이다.

한편 시민사회와 반원전 운동 그룹을 중심으로 성장해온 탈원전 담론 역시 점차 지지 기반을 넓혀가고 있으며, 특히 후쿠시마 원전 사고 이후 탈원전 담론은 급속히 확산되고 있다. 안전하고 깨끗한 에너지, 값싼 전력이라는 친원전 담론은 일시에 무너지고, 원자력은 인류의 생존을 위협하는 위험한 에너지라는 인식이 과거에 비해 설득력을 얻어가고 있다. 이러한 현상은 과거부터 탈원전 담론이 강했던 유럽은 물론, 우리나라와 일본 등 아시아 국가에서도 급속히 확산되고 있다.

후쿠시마 사고 이후 두 담론의 대립이 격렬해지고 있으며, 정부도 지금까지 해왔던 방식으로는 신규 원전이나 원자력 관련 시설의 부지 확보조차도 어려워질 전망이다. 더 나아가 원자력발전을 에너지정책의 중심으로 위치시켜온 지금까지의 정책도 상당한 반대와 저항에 부딪힐 것이다. 이러한 상황에서 기존의 원자력 확대 정책을 고집하면 국민적 갈등과 대립을 심화할 것이며, 원자력산업 자체의 발전이나 원자력의 안전성 측면에서도 부정적 영향이 있을 것으로 보인다.

따라서 이번 기회에 정부와 관련 부처는 국가의 원자력정책을 전면 재검토해, 국민의 이해와 동의 위에 원자력정책을 전개하는 것이 바람직할 것이다. 구체적으로 말하면 기존의 전력 수요를 고려해 기존의 원전은 안전을 최우선 가치로 하면서 계속 운영하되, 설계 수명이 끝난 원전은 폐쇄하는 방향으로 정책을 전환하고, 신규 원전은 에너지 수급 전망을 총체적으로 고려해 최소한으로 건설하는 것이다. 이와 동시에 원전 신규 건설 계획의 차질로 발생하는 전력손실을 감당할 수 있는 새로운 에너지원의 개발과 활용으로 정부의 에너지정책을 전환해야 할 것이다. 예를 들면 이탈리아나 독일처럼 새로운 에너지정책의 제시, 신재생에너지 사용의 확대, 천연가스와 LNG의 활용 등을 통해 원전 확대를 최대한 억제하는 한편, 에너지와 자원의 절약, 열병합발전의 활용과 같은 효율적인 에너지 소비 등을 에너지정책의 중심에 놓아야 한다. 다시 말해 필요한 만큼 에너지를 충분히 생산한다는 '생산을 위한 에너지 담론'이 아니라, 에너지 사용을 효율적·경제적으로 해서 필요한 에너지를 최소화한다는 '효율과 절약의 친환경적, 지속 가능한 에너지 담론'을 채택해야 할 것이다. 원자력정책 역시 필요한 수준에서 최소한의 발전을 통해 원자력 의존도를 점차 낮추어나가는, 즉 '최소 원전의 최대 안전'의 원자력 담론을 추진해야 한다.

(2) 원자력 전략의 재검토: 성장에서 안전으로

다음으로 원전의 안전을 최우선 가치로 삼는 원자력정책으로 전환할 필요가 있다. 원전 사고는 확률은 낮으나 발생 시 대형 사고로 발전할 위험성이 있으며, 경미한 사고라 하더라도 공공의 피해나 사회적 파급효과가 큰 만큼 원전의 안전과 방호 관리에 우선적 가치를 부여해야 한다. 그러나 최근 우리나라는 원전의 안전 확보보다는 원전 수출을 통한 성장이라는 가치에 비중을 두고 있다. 후쿠시마 사고 이후 원전 안전의 재검토 등을 시행했지만, 원전 안전에 최우선 가치를 두는 정책으로 변화하는 모습은 보이지 않는다. 이러한 정부의 방침은 원자력정책 입안이나 원자력 행정 전반에 파급되어 안전보다 성장을 중시하는 정책이 다양한 원전 안전의 문제를 유발할 가능성이 높다고 할 수 있다.

우리 정부도 일본처럼 원자력정책의 전환을 적극 검토해, 설계 수명을 마친 원전의 수명 연장과 신규 원전의 건설 계획을 재검토해야 한다. 30년의 설계 수명을 마친 고리 1호기가 10년을 연장 운행하도록 결정되었고, 월성 1호기도 수명 연장을 심사 중이다. 앞으로 정부는 정보공개를 통해 원전 수명 연장 심사 보고서를 공개하고 수명 연장을 원점에서 재검토할 필요가 있다. 전력의 30% 이상을 원자력에 의존하는 우리의 현실에서 원전의 즉각 폐쇄는 불가능하지만, 열병합발전·재생에너지 등의 비중을 높여 신규 원전 건설을 중지하는 발상의 전환이 필요하다.

(3) 행정조직의 개편

일본과 유사한 원자력 안전 규제 시스템을 가진 우리나라는 후쿠시마 원전 사고로부터 많은 시사를 받을 수 있다. 특히 원자력 진흥을 담당하는 지식경제부가 원전의 안전 규제를 맡은 점, 원자력 안전에 관한 최고 의결 기관인 원자력안전위원회가 실질적인 안전 규제의 중심 기관으로 기능하지 못하는 점을 우선 지적할 수 있다. 따라서 원자력진흥위원회와 원자력안전위원회의 위상을 대통령 직속의 독립 행정기관으로 격상하고, 산하에 전문 기관과 행정 지원 부서를 확충해 정책 수립과 안전 규제를 실질적으로 주도할 수 있도록 해야 할 것이다. 이는 현재 우리나라의 원전 안전 규제 시스템이 원자력발전사업과 안전 규제 기능의 분리·독립을 의무화하는 국제 규범에 역행하고 있기 때문이며, 좀 더 객관적인 안전 규제를 위해서도 중요하다고 할 수 있다.

또한 현장의 안전 규제에서도 중복된 업무는 단일화가 필요할 것이다. 예를 들면, 원자력진흥법에 근거해 주재관실에서 시행하는 현장 검사와 한국원자력안전기술원의 정기 검사, 품질 검사가 부분적으로 중복되며, 원전 현장에 파견된 주재관실과 방재관실의 업무 역시 중복되어 인력 낭비라는 지적도 많다. 따라서 현장의 주재관실과 방재관실을 단일 조직으로 정비할 필요가 있다고 할 수 있다. 마찬가지로 한국원자력안전기술원과 한국원자력통제기술원을 통합해 일원화할 필요도 있을 것이다. 이러한 변화를 통해 미국의 NRC와 같은 독립 안전 규제기관을 만들면 안전 규제

기관의 독립성과 자율성을 확보할 수 있으며, 원자력 행정의 구심력을 확보하면서도 현장 중심적 검사 체제로 전환할 수 있을 것이다.

한편 우리나라는 본부가 현장 안전 규제에 대한 대부분의 권한과 책임을 가진 본부 중심의 규제 체제다. 이러한 경우 문제가 발생했을 때 현장 중심의 필요한 조치를 이행하는 데에 문제가 있을 가능성이 지적된다. 예를 들어, 원전 현장의 정기 검사 등도 본부에서 현장으로 출장을 가서 안전 규제 업무를 수행하는 실정이다. 후쿠시마 원전 사고도 원전 현장과 도쿄 본부의 업무 협력이 원활하지 않았던 점이 문제로 지적되었다. 따라서 현장 소장이 1차적인 책임을 지고 문제를 해결할 수 있게 하는 제도의 보완이 필요할 것이다. 그리고 이러한 현장 중심 체제로 이행하는 바탕 위에서 규제 당국, 원전사업자, 지방자치단체, 지역 주민 간의 의사소통과 협조 체제를 구축해야 한다.

4. 한중일 원자력 안전 협력의 모색

1) 원자력 안전 국제 협력

원자력 안전은 개별 국가의 책임을 넘는 국제사회의 공동 관심사이며, 국제사회는 원자력 사고에 공동 대응하기 위한 협력 체계를 구축해왔다. 원자력 국제 협력은 대부분 IAEA를 통해서 이루어지며, 경제개발협력기구(OECD: Organisation for Economic Co-operation and Development) 산하 원자력에너지기구(NEA: Nuclear Energy Agency, NEA는 참여국 간의 협력을 통해 안전하고 환경 친화적이며, 경제적인 에너지원으로 원자력의 개발을 지원하기 위한 기구로서, 주요 정책을 결정하는 운영위원회와 산하 7개 상설위원회를 중심으로 운영되고 있음)의 여러 위원회를 통해서도 활발한 원자력 국제 협력이 이루어진다. IAEA는 원자력 안전에 관해 국제 협약의 추진, 국제회의를 통한 해결 방안 모색, 국제적 안전기준 개발과 제공, 기술 협력과 지원 등을 하고 있다. IAEA는 원자력 안전을 위해 1986년에 '원자력 사고의 조기 통보에 관한 협약'을, 1987년에는 '원자력 사고 또는 방사능 긴급사태 시 지원에 관한 협약'을 발효했다. 또한 IAEA는 '원자력 안전 협약'과 '사용 후 핵연료 및 방사성 폐기물 관리의 안전에 관한 공동 협약'을 제정해 국제적인 원자력 안전 협력 체제를 구축했다.

원자력 안전에 관한 다자간 협력 네트워크 중에서 우리나라가 적극적으로 참여하는 다자간 협의체는 국제원자력규제자회의(INRA: International Nuclear Regulator's Association), 다국간설계평가프로그램(MDEP: Multinational Design Evaluation Program)이 있다. INRA는 원자력 선진국들의 안전 규제 책임자 간 국제 협력 협의체로 1997년에 설립되었으며, 우리나라는 2006년에 정식으로 가입했다. INRA는 회원국은 물론 전 세계에서 운영 중인 원전과 새로 건설될 원전의 안전성 증진을 위한 국제 공조 방안을 협의하고 세계 원자력 안전 정책 방향을 결정하는 역할을 한다. 한편 MDEP는 신규 원전의 설계 안전성을 증진하고자 국제 공동의 안전성 확인과 표준화된 규제 체계 수립을 목적으로 2004년에 제안되었다.

한편 아시아 지역에서는 원자력 안전에 관한 교육, 훈련, 정보 및 지식 관리, 원자력 안전 정보를 제공하려는 목적으로 '아시아원자력안전네트워크(ANSN: Asian Nuclear Safety Network)'가 구축되어 있으며, 한중일 3국이 ANSN의 허브를 담당한다. ANSN은 아시아 지역의 원자력 이용을 확대하려는 움직임이 가속화함에 따라 중국, 베트남, 인도네시아 등 원자력 후발국을 중심으로 원자력 개발 계획을 수립하고, 이에 따른 국제 협력을 강화하는 역할을 한다. 한중일 3국이 공여국이며, 인도네시아, 말레이시아, 필리핀, 태국, 베트남이 수혜국이다. 또한 ANSN은 원자력 안전 지식과 경험의 공유를 통해 아시아 지역의 원자력 안전성을 향상하는 데에 기여하고 있다.

원자력 안전에 대해서는 다양한 형태의 국제 협력이 이미 이루어지고 있지만, 원전 사고 시 국제사회가 협력해 공동의 문제 해결을 지향하는 협의체는 아직 존재하지 않는다. 체르노빌 원전 사고나 후쿠시마 원전 사고와 같은 최악의 원전 사고가 일어날 경우에 대비해, 원전 선진국들이 가진 지식과 경험을 공유하며 사고 초기에 문제를 해결하기 위한 국제 협력이 이루어질 수 있는 국제 네트워크의 형성이 요구된다. 원전 사고 시 신속하게 공동 대응을 하려면 참여 각국이 회원국들의 원전에 대한 기본 정보를 공유해야 한다. 대응 방안에 참여국들의 합의가 필요하다는 점에서 현실적인 어려움을 안고 있지만, 후쿠시마 사고와 같은 최악의 사고를 가정한다면 이러한 협의체의 설립은 필요하다고 할 수 있다.

2) 한중일 원자력 안전 협력

한중일은 아시아 지역 최대의 원전 소유국이며, ANSN의 허브 국가인 만큼 현재도 다양한 형태의 협력을 시행 중에 있다. 현재 한중일이 시행하고 있는 원자력 안전에 관한 3국 간 협력은 '한중일원자력안전규제책임자회의(TRM: Top Regulators' Meeting)'와 '한중일원자력안전정보교환회의'가 있다. TRM은 한중일 3국의 원전 안전 부문의 대표적인 협력체로서, 한중일 원자력 안전의 주요 현안에 대한 의견교환과 정보교환을 통해 동북아 지역의 원자력 안전 능력을 향상하고 원자력 안전 협력의 추진 체제를 구축하기 위한 협의체다.

TRM 회의는 2008년에 제1차 회의가 개최되었으며, 2009년 서울에서 열린 제2차 회의에서 우리나라는 3국 간 원자력 사고 및 고장 정보의 조기 통보 체제 구축, 원자력 사고 및 비상 대응 관련 정보와 전문가 교류 등을 제안했으며, 한중일 사고 정보 교환 체계 시행의 필요성을 강조했다. 2010년 베이징에서 열린 제3차 회의에는 한중일 3국의 원자력 안전 주요 이슈에 대한 의견 및 정보 교환을 통해 동북아 지역의 원자력 안전 역량 제고 및 협력 체제의 구축 방안 등을 협의했다. 또한 후쿠시마 원전 사고 이후인 2011년 11월 도쿄에서 열린 제4차 회의에서는 '한중일원자력안전협력이니셔티브'에 합의했다.

한중일원자력안전정보교환회의는 TRM 회의와 병행해 개최되는 회의로서, 방사성 폐기물의 처분과 관리, 지진 안전성, 규제와 관련한 정보 공유, 원전의 피로 감시 시스템 등을 논의한다. 한중일원자력안전정보교환회의에는 TRM 회의에 참가하는 3국의 3개 기관 외에, 3국의 안전 규제 기술 지원기관인 한국원자력안전기술원, 일본의 원자력안전기반기구, 중국의 원자력안전센터가 참여한다. 또한 한중일이 참여하는 '아시아원자력협력포럼(FNCA: Forum for Nuclear Cooperation in Asia)'의 국가조정관회의와 각료급 회의가 있다. FNCA에는 한중일 등 10개국이 참가하며, 아시아 지역 원자력의 평화적 이용에 관한 토의가 주목적이다. 최근은 원자력 개발 도상국에 대한 지원을 목적으로 하는 '아시아원자력교육훈련프로그램'을 중점적으로 논의하고 있다.

한편 3국 간 협력체 외에도 다양한 형태의 양국 간 원자력 안전 협력도 이루어지고 있다. 원자력협력협정을 체결한 중국과는 양국 간 공동위원회를 통한 정부 간 협력이 이루어지고 있다. 한중 간의 대표적인 원자력 협의체인 한중원자력공동위원회는 지난 2000년 제1차 회의를 개최한 뒤 매년 양국에서 교대로 회의가 진행되어왔다. 2010년 11월에 중국 베이징에서 열린 제9차 한중원자력공동위원회에서는 원자력발전과 원자력 안전 등 5개 분야에서 양국 간 협력 강화 방안을 논의했다. 한중원자력공동위원회는 원자력 안전 분야를 주요 의제 중 하나로 삼고 있어, 원전 운전 경험의 정보교환, 원자력 비상 관리 등도 논의되었다. 후쿠시마 원전 사고 이후인 2011년 12월에 서울에서 개최된 제10차 회의에서는 원자력 안전 공조 체제 등이 논의되었다.

2011년 원자력협력협정을 체결한 일본과의 원자력 협력은 1990년에 체결된 '협력각서'에 따라 격년으로 양국 간 원자력협의회를 개최해왔으며, 양국은 원자력 안전을 담당하는 전문 기관 간 규제정보교류회의를 2004년부터 개최하고 있다. 일본과의 규제정보교류회의는 우리나라의 한국원자력안전기술원과 일본의 일본원자력안전기반기구 간에 개최되며, 원전 안전 정보 및 검사, 조사 연구 분야의 인적 교류를 포함한 정보교환 등을 주요 협력 내용으로 한다. 또한 양국은 원자력 안전 분야의 협력을 강화하고자 한일원자력안전회의를 개최하고 있다. 한일원자력안전회의는 제7차까지 원자력협의회와 병행해 개최하다가 일본 측의 제안으로 지금은 별도로 개최하고 있다.

중일 간에도 중일원자력공동조정위원회가 매년 개최되고, 중국의 중국국가핵안전국(NNSA: National Nuclear Safety Admonistration)과 일본의 경제산업성 간에 안전 분야 정기회의가 개최되며, 원전 사고와 고장 정보도 매년 교환한다. 한편 교육과학기술부는 미국, 일본, 영국, 중국 등 7개국과 원자력 안전 규제 협력에 관한 약정을 체결해, 원자력 안전 분야의 정보교환과 공유, 전문가 방문과 교환 등의 교류를 진행하고 있다. 정보교류회의는 양국의 원자력 안전 관리의 실효성을 높이고, 원자력 안전 분야의 협력을 강화하는 것을 주요 목적으로 한다.

그러나 앞에서 지적한 것처럼, 원자력 안전 협력이 한중일 3국이 참여하는 다자간 협의체에서 중점적으로 논의된 바는 거의 없다. 다만 한중 공동위원회나 한일원자력안전규제정보교류회의 등에서 논의하는 만큼 한중일 원자력 안전 분야의 협의체 구상은 실현될 가능성이 있다고 할 수 있다. 2011년에 한중 양국은 총리 회담을 통해 일본 후쿠시마 원전 사태에 공동 대응하기로 하고, 비상시에 원전의 안전 정보를 교환하고 방사능 확산을 방지하기 위해 협력하기로 했다. 또한 한중일 3국 정부는 2011년 3월에 개최된 외무장관회의에서 재난 관리와 원자력 안전 분야 협력을 강화하기로 합의하고, 3국의 재난 관리 기관장 회의를 열어 구체적인 협력 방안을 모색하기로 했다.

3) 포스트 후쿠시마: 새로운 원자력 협력의 모색

(1) 원자력 안전 협력 네트워크 구축

우리나라의 원자력 국제 협력은 원자력진흥법 제9조에 근거한 '원자력진흥종합계획'에 따라 수립되어 시행되고 있으며, 제3차 계획의 6개의 정책 목표 중 '국가 원자력 위상 강화를 위한 원자력 외교 및 국제 협력 추진'이라는 정책 목표에 근거해 추진되고 있다. 국제 협력의 추진을 위한 세 가지 추진 과제가 설정되어 있는데 '원전의 안전 협력'은 빠져 있다. 또한 2000년부터 '원자력국제협력기반조성사업'을 시행하고 있지만, 이 사업은 원자력의 해외 진출 조성에 우선순위를 두어서 원자력 안전의 국제 협력은 중요시하지 않는다.

한중일 3국이 맺은 다자간, 양자 간 협력관계를 보면, 원자력 안전에 관한 협력 네트워크는 미약하다고 할 수 있다. 3국 간 협의보다 양국 간 협의, 즉 한중공동위원회의 안전 분야 협력, 한일정보교류회의의 안전 분야 협력 등이 오히려 예외적으로 활발히 이루어진다고 할 수 있다. 특히 중국과의 원자력 안전 분야 협력은 1994년에 체결된 한중원자력안전협력의정

서에 따라 원자력시설의 안전 검사, 검사 기술 교류, 방사선 방호 및 비상 대책, 정보 교류 등의 협력을 하고 있다. 중국은 다양한 노형을 도입해 건설하고 있으나, 이를 규제하는 제도가 충실히 갖추어지지 않은 상황이다. 따라서 중국은 한국이 다양한 노형을 보유하고 있다는 점에서 규제 분야의 협력 강화를 희망하고 있다. 특히 원자력 비상 관리 분야는 방사능 방재 기술 능력을 높여 인접 국가로서 원전 사고에 대비한 정보 통신 및 기술 지원 체계를 구축하려는 것으로서, 비상 통신망 체계 구축과 주기적인 비상 통신 훈련 개최에 중국의 적극 참여가 기대된다.

이러한 점에서 한중일 3국 간의 협력 네트워크의 구축은 충분한 협력의 토대를 갖추고 있다. 먼저 한중일 양국은 양국 간 원자력 협정에 따라 원자력 안전 분야에서 그동안 협력해왔으며, 한중일 3국 간의 규제자 회의도 매년 개최되고 있다. 따라서 3국 정상 간에 합의만 되면 실효성 있는 원자력 안전 공동체를 구축할 수 있을 것이다. 2011년 5월에 개최된 한중일 정상회담에서도 3국 간의 원자력 안전 협력을 강화하기로 선언한 것을 살려, 현재 한중일 간에 운용 중인 TRM을 확대하고 재구성해 원자력 사고의 비상 대응, 원자력 안전 정보교환 등의 협력 네트워크를 포괄하는 원자력 안전 공동체 구축을 서둘러야 할 것이다. 한일과 한중은 물론 중일도 양자 간 원자력 협정을 체결하고 있으므로, 한중일 원자력 안전 관리 협력이나 원자력 사고 시의 공동 대응 체계 구축 등 실질적인 3국 간 협력체를 구성하기 위한 토대는 충분히 갖추어져 있다.

(2) 양국 간 협력을 넘어 지역 협력체 구축

이번 후쿠시마 원전 사고는 일본만의 피해로 그치지 않는 원전 사고의 특징을 여실히 보여주었다. 국경을 넘어선 방사성 피해, 오염수 방출에 따른 해양오염, 농산물 오염 등으로 주변 국가에 영향을 미치고 있다. 따라서 한중일이 협력할 수 있는 여러 분야 가운데 우선은 원자력시설의 안전과 사고 시의 공동 대응, 원자력시설에서 해양과 대기로 방출하는 방사성 물질로 비롯된 환경과 해양 오염 문제의 공동 대응 등의 협력을 우선적으로 추진해야 할 것이다. 현재 한중일이 시행하는 TRM에 더해 원전과 원자력 사고에 관한 공동 대응을 포함한 협력 네트워크의 신설이 시급하다고 생각된다. 이제는 양국 간 협력을 넘어선 지역의 안전 협력을 추진해야 할 단계인 것이다.

후쿠시마 원전 사고 이후 한중일 3국은 3국 간 협력의 필요성을 강하게 느끼고 있다. 한중일이 원전과 안전 규제 등에 관한 정보 공유 네트워크를 확립하고, 원전이나 원자력 관련 사고 시의 긴급 대책 등에 협력한다면, IAEA를 통한 협력보다 상대적으로 구체적인 협력이 가능한 지역 간 협력이 이루어질 수 있을 것이다. 예를 들면 한중일 3국 중 어느 한 국가가 핵연료 운반 과정에서 바다에 침몰했을 때 어떻게 협력할 것인가 등에 관해 현재는 아무런 대책을 가지고 있지 않으며, 후쿠시마 원전 사고와 같은 사고 시의 협력 체계도 갖추고 있지 않다. 따라서 3국 간 정보 교류와 사고 시의 비상 대응 네트워크의 형성은 필요하고도 중요한 협력이라고 할 수 있다. 한중일 원전 안전 협력기구에 관해서는 2011년 5월에 개최된 한중일 외무장관회담에서 원전 안전에 관한 공동 기구에 대한 논의가 있었으며, 이어 개최된 한중일 정상회담에서 원자력 안전 협력에 관한 공동 합의문이 채택되었다. 한중일 3국이 재해나 테러, 사고 발생 시의 방사능 유출 유무에 관해 통보하고 정보를 공유하는 시스템을 구축하자는 것이다.

현재 아시아 지역에는 역내 국가 간의 원자력 평화 이용에 대한 협력을 증진하기 위한 기구인 FNCA가 있다. FNCA는 일본이 주도하는 포럼으로, 일본 원자력위원회, 문부과학성, 원자력산업회의 등이 사업을 담당하며, 연구용 원자로 이용이나 방사선의 이용, 방사성 폐기물 관리 등 원자력의 이용 확대에 초점을 맞춘 회의다. 따라서 FNCA에서는 원자력 안전에 관해서는 논의하지 않으며, 아시아 국가들을 대상으로 하는 원자력 안전 공동체와는 거리가 있는 조직이라고 할 수 있다. 따라서 한중일의 원자력 안전 공동체가 구축되면 앞으로 이를 아시아 국가들을 대상으로 하는 지역 공동체로 확대해 발전시켜나갈 수 있을 것이다.

(3) 포스트 후쿠시마 시대의 주도와 핵 안보 정상회담

그간 한일, 한중, 중일의 양국 간 원자력 협력을 보면 안전 협력보다는 원전의 수출이나 원자력 이용을 위한 기술 협력 등에 비중을 두어온 것이 사실이다. 이제는 이를 한 단계 더 발전시킨 공동체 구성을 본격화해야 할 것이다.

그러나 원자력의 안전 협력 공동체 구상(원전 정보 교환 등을 통한 안전 협력, 사고 시의 비상 대응)에 일정한 어려움이 있는 것이 사실이다. 예를 들어, 원전 정보나 비상시의 긴급 대응 매뉴얼 등을 공개하고 협의하면 자국의 민감한 정보나 취약점을 노출할 수밖에 없으며, 이에 따라 국제적인 감시와 비판의 대상이 될 수도 있다. 또한 한일은 아시아의 원전 시장에서 경쟁하는 처지여서 자국의 취약한 정보를 공개하는 데에 소극적일 수 있으며, 안전 규제에 취약한 중국 역시 3국 간의 안전 공동체 구상에 소극적일 수 있다. 그러나 원전에 안전 문제가 발생하게 되면 자국뿐 아니라 주변 국가에게 매우 큰 피해를 줄 수밖에 없는 원자력의 속성상 한중일의 원자력 안전 공동체가 필요하다는 것이 후쿠시마의 교훈이라고 할 수 있다. 따라서 한중일은 우선 원전 정보 교류와 원자로 비교 연구, 안전성 평가 등 평상시에 가능한 협력 체계 위에, 원전 사고 시 3국이 즉각 공동 대응할 수 있는 비상시의 협력 체계를 결합하는 것이 필요하다. 그리고 이러한 공동체 구상이 포스트 후쿠시마 시대를 열어가는 주요한 출발점이 될 것이다.

특히 2012년에 핵 안보 정상회담을 개최한 우리나라의 입장에서는 국제적 이슈를 우리가 주도하고 합의를 이끌어낼 수 있도록 해야 할 것이다. 이런 점에서도 다음의 세 가지 의제 설정이 가능할 것으로 생각된다. 먼저 기존의 핵 안보(security)의 개념을 안전(safety)과 안보(security)로 확장하는 국제적 합의를 이끌어내는 것이다. 2008년에 일본에 열린 G8 정상회의 이후 국제사회는 원자력의 물리적 방호(safeguard), 원전의 안전(safety), 핵 안보(security)의 이른 바 3S 개념을 확립했다. 그러나 후쿠시마 사고는 원전의 안전과 국가 안보는 분리할 수 없는 문제임을 인식시켰고, 핵 안보만큼 원전의 안전이 중요함을 지적했다. 또 다른 한편으로 원전이 물리적 공격을 받는다면, 이는 안전 문제이면서도 동시에 안보 문제가 된다는 점이다. 따라서 2010 워싱턴 핵안보정상회의가 핵 테러 대책 등 핵 안보에 초점을 맞춘 회의였다면, 2012 핵안보정상회의 이후는 핵 안보와 원자력 안전을 결합하는 전략이 필요할 것이다.

다음으로는 기존의 한중일 안전 협력을 기반으로 전 세계적인 원자력 안전 공동체를 제안해볼 수도 있다. 후쿠시마 사태를 계기로 한중일이 원자력 안전 관리 협력 및 원자력 사고 시의 공동 대응 체계 구축 등 원자력 안전 공동체를 형성할 수 있다면 이를 토대로 전 지구적인 원자력 안전 공동체의 형성을 제안할 수 있을 것이다. 이 공동체는 IAEA와의 협력 위에서 IAEA의 상설 기관으로 구성한다면 가장 실효성 있는 안전 규제 공동체로 자리 잡을 수 있을 것이다.

5. 결론

후쿠시마 원전 사고 이후 일본의 간 총리는 원전정책의 전면 재검토를 선언했고, 독일 등 유럽 국가도 안전을 최우선시하는 정책 전환을 서두르고 있다. 그러나 우리 정부는 '원전 르네상스'라는 원전 확대 정책과 원전 수출을 유지 중이다. 정부는 원자로 21기를 보유한 상황에서 2024년까지 원전을 35기, 2030년까지 40기로 늘리고, 현재 34%인 발전 비중을 2030년까지 59%로 늘리겠다는 구상을 유지하고 있다. 이렇게 되면 부산과 울산 사이에 12기의 원전이 가동되며, 이는 원전 밀집 지역의 반경 30km 내에 무려 320만 명의 인구가 거주하는 상황을 초래할 수도 있다. 우리 정부의 시계는 아직 후쿠시마 사태 이전에 멈추어 있는 것이다.

후쿠시마 원전 사고가 우리에게 주는 가장 큰 교훈은 우리도 중대 원전 사고에 대응하는 매뉴얼을 사전에 확립해놓아야 한다는 점이다. 2011년 5월에 정부는 최악의 자연재해가 발생하더라도 원전이 안전하게 운영될 수 있도록 장단기 안전 대책 50가지를 내놓았다. 대책에는 쓰나미에 취약한 고리 원전의 해안 방벽을 높이는 방안, 비상 전력 공급시설에 방수문과 방수형 배수펌프 설치, 차량 장착형 비상 발전기 확보, 핵연료 손상으로 발생한 수소를 제거할 설비 설치 등이 포함되었지만, 테러 공격 대책, 대형 정전 사고 발생 시의 대책 등은 빠져 있다. 특히 사용 후 핵연료 저장소의 경우 일반 콘크리트 건물로 내진 설계만 되어 있어, 로켓 공격이나 폭격 등에 취약하다는 지적이 많다. 원전의 안전 문제는 국가의 안보 문제에 직결되는 만큼 이러한 문제에는 철저한 대비책이 준비되어야 할 것이다.

후쿠시마 사고가 우리에게 주는 교훈을 정리하면, 전원 상실 시의 원전의 안전 태세 점검, 초기 대응 매뉴얼(비상 대응 체계 구축)의 작성, 정전 상황 등 가혹한 조건하에서의 훈련, 국가 레벨의 긴급 사태 시 의사 결정 프로세스의 확립, 기존 원전의 안전 관리 재점검, 원전 사고 시의 정보 제공 및 정보 공유의 방법 등 여러 가지가 있지만, 국가 정책을 원전의 안전 관리를 최우선으로 하도록 전환하는 것이 가장 중요하다고 할 수 있다. 또한 원자력 안전 규제의 독립성, 자율성과 원자력 행정조직의 구심점을 확보하는 행정체계의 변화가 필요할 것이다. 우리나라에서 원전의 비상사태가 발생하면, 현행법으로는 원자력안전위원장을 본부장으로 하는 '중앙방사능방재대책본부'를 구성하게 되어 있다. 그러나 실제로 중대 사고가 발생하면, 본부장인 원자력안전위원장이 관련 정부기관이나 지방자치체와 의견을 조율하기는 매우 어려울 것으로 판단된다. 본부장을 대통령이나 총리로 하는 조직 개편과 함께, 대응 매뉴얼과 로드맵을 사전에 작성해두어야 할 것이다.

한중일 원자력 협력 공동체 구상은 민감한 정보의 공유, 각국의 산업 보안 문제 등의 과제를 안고 있으나, 포스트 후쿠시마 시대를 열어가기 위한 중요한 전진이 될 것이다. 특히 한중일이 원전 정보 교류 및 원자로 비교 연구, 안전성 평가 등 평상시에 가능한 협력 체계를 만드는 동시에, 원전 사고 시 3국이 즉각 공동 대응할 수 있는 비상시의 협력 체계를 결합하는 공동체 논의를 개시해야 할 것이다.

참고문헌

과학기술부·한국원자력국제협력재단 엮음. 2007. 「원자력 국제협력」 from http://www.icons.or.kr/files/boards/cooper10/1240392426.29.pdf
_____. 2008. 「원자력 국제협력 핸드북」 from http://www.icons.or.kr/files/boards/cooper10/1240393259.66.pdf
과학기술부 엮음. 1999. 『선진 원자력 행정체제 및 정책동향 조사 연구』. 과학기술부.
_____. 2001. 『아시아 원자력협력 포럼(FNCA)에의 효율적 참여방안 조사 연구』. 과학기술부.
_____. 2001. 『동북아 원자력 안전성 확보를 위한 규제기관 협의체 구성에 대한 연구』. 과학기술부.
_____. 2005. 『원자력 국제협력의 효율적 추진을 위한 기반조성 연구』. 과학기술부.
_____. 2006. 『21세기 동북아시대를 대비한 원자력 협력정책 설정연구』. 과학기술부.
교육과학기술부·한국원자력안전기술원 엮음. 2010. 『원자력안전백서』. 교육과학기술부·한국원자력안전기술원.
교육과학기술부 엮음. 2010. 『원자력백서』. 교육과학기술부.
김영평. 2007. 「국가미래 원자력시스템 개발전략 연구」. 한국원자력연구원.
김충곤. 2009. 「우리나라 원자력 행정체계와 발전 방향에 관한 연구」 from http://125.60.48.13/home4/dl_files/edu/015/IM010373.pdf
김효정 외. 2001. 『원자력 안전규제 행정체계 분석 및 모델 정립』. 한국원자력안전기술원.
이병욱 외. 1997. 「동북아 원자력협력체 설립논의에 대한 한국의 대응 방향 설정 연구」. 한국원자력학회 1997년 추계학술발표회 발표 논문.
일본국제포럼. 1996. 『아시아와 원자력 공생을 위하여: ASIATOM 구상의 제안』. 한국원자력연구소 옮김. 과학기술부.
전기수. 2010. 「한국 원자력 행정체제 실태분석에 관한 연구」. 한양대학교 행정자치대학원 석사학위 논문.
최원식. 2006. 「원자력발전소 현장 안전규제 체계에 관한 연구」. 삼척대학교 산업대학원 석사학위 논문.
한국과학재단 엮음. 2009. 『세계원자력환경변화에 대응한 원자력행정체계의 발전방안』. 한국과학재단.

한국원자력국제협력재단. 2006. 「원자력 국제협력 활성화를 위한 국내기반 조성 연구」. 과학기술부.
한국원자력산업회의 엮음. 2010. 『원자력연감』. 한국원자력산업회의.
한국원자력산업회의. 2010. 「원자력산업 실태조사보고」. 한국원자력산업회의.
한국원자력안전기술원. 2004. 「원전 현장규제 활성화 방안연구」. 과학기술부.

글쓴이들

김기석 강원대학교 교수, 미국 캘리포니아 대학교 로스앤젤레스(UCLA) 정치학 박사, 일본정치경제 및 동아시아지역정치 전공

고선규 선거연수원 교수, 일본 도호쿠 대학(東北大学) 정보과학 박사, 비교정치 및 일본선거·정당정치 전공

양기호 성공회대학교 교수, 일본 게이오 대학(慶応大学) 정치학 박사, 일본정치 및 지방자치 전공

김영근 고려대학교 일본연구센터 HK교수, 일본 도쿄 대학(東京大学) 국제관계론 박사, 일본외교·통상정책 및 국제정치경제 전공

김도형 동서대학교 국제학부 객원교수, 일본 히토쓰바시 대학(一橋大学) 경제학 박사, 공공경제학 및 일본경제 전공

정미애 국민대학교 일본학연구소 연구교수, 일본 쓰쿠바 대학(筑波大学) 정치학 박사, 일본정치 및 시민사회 전공

문연주 방송통신심의위원회 연구원, 일본 조치 대학(上智大学) 언론학 박사, 커뮤니케이션 및 저널리즘 전공

이유진 숙명여자대학교 교수, 캐나다 토론토 대학교(University of Toronto) 정치학 박사, 일본정치 및 비교정치 전공

전진호 광운대학교 교수, 일본 도쿄 대학(東京大学) 정치학 박사, 일본정치외교 및 한일관계 전공

한울아카데미 1622
국민대학교 일본학총서(일본국제교류재단 지원)

동일본대지진과 일본의 진로
일본 사회의 패러다임 변화

ⓒ 김기석·고선규·양기호·김영근·김도형·정미애·문연주·이유진·전진호, 2013

엮은이 ǀ 김기석
지은이 ǀ 김기석·고선규·양기호·김영근·김도형·정미애·문연주·이유진·전진호
펴낸이 ǀ 김종수
펴낸곳 ǀ 도서출판 한울
편집책임 ǀ 김경아
편집 ǀ 이황재

초판 1쇄 인쇄 ǀ 2013년 10월 30일
초판 1쇄 발행 ǀ 2013년 11월 15일

주소 ǀ 413-756 경기도 파주시 파주출판도시 광인사길 153(문발동 507-14) 한울시소빌딩 3층
전화 ǀ 031-955-0655
팩스 ǀ 031-955-0656
홈페이지 ǀ www.hanulbooks.co.kr
등록번호 ǀ 제406-2003-000051호

Printed in Korea.
ISBN 978-89-460-5622-0 93300

* 책값은 겉표지에 표시되어 있습니다.